زندگی نامه محمد مصدق

از تولد تا پایان تحصیلات و اخذ تابعیت سویس

نگارش : مهدی شمشیری

ویژگی‌های کتاب

نام: زندگی‌نامه محمد مصدق

(از تولد تا پایان تحصیلات و اخذ تابعیت سویس)

نوبت چاپ: دوم

تاریخ چاپ: ۱۳۹۰ خورشیدی برابر با ۲۰۱۱ میلادی

ناشر: سازمان انتشاراتی   **www.Lulu.com**

MEHDI SHAMSHIRI

Mossadegh's Life from Birth to Graduation
and Acquiring the Swiss Nationality.
2nd Edition 2011
www.lulu.com
© Mehdi Shamshiri 2011 all rights reserved

ISBN 978-0-578-08305-6

فهرست مطالب

صفحه	عنوان

پ

ث

ج

خ

د

۱ - تولد محمد مصدق

نیمهٔ دوم سال ۱۲۵۸ شمسی

(اواخر سال ۱۲۹۶ یا اوائل سال ۱۲۹۷ قمری -

اواخر سال ۱۸۷۹ یا اوائل سال ۱۸۸۰ میلادی)

در زمستان سال ۱۳۵۸ شمسی در خانهٔ میرزا هدایت‌الله، وزیر دفتر وقت، پسری متولد شد که وی را محمد نام نهادند.

در آن زمان که عالیترین مقام مالی کشور را مستوفی‌الممالک می‌نامیده‌اند، میرزا حسن مستوفی‌الممالک رسما" صاحب این مقام بوده ولی میرزا هدایت‌الله، وزیر دفتر، به نیابت از طرف وی عملا اداره امور مالی کشور را به عهده داشته است.

مادر محمد، شاهزاده خانم نجم‌السلطنه، دختر شاهزاده فیروز میرزا نصرت‌الدوله بود که نسبتش با خاندان سلطنتی وقت ایران به ترتیب زیر بوده است:

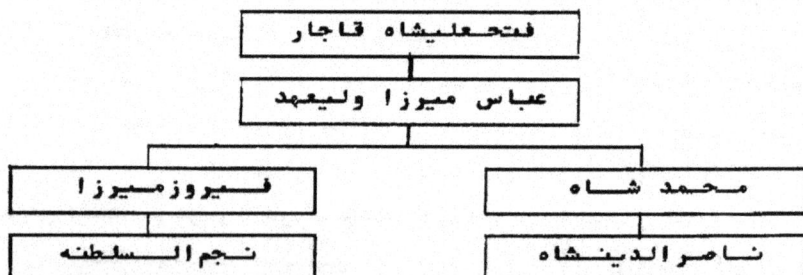

فتحعلیشاه قاجار
عباس میرزا ولیعهد
محمد شاه
فیروزمیرزا
ناصرالدینشاه
نجم‌السلطنه

پرورش مصدق در خانواده‌ای علاقمند

به فراماسونری و اتحاد جهانی اسلام

در سرتاسر دوران قاجار، تقریبا" تمام رجال درجه اول ایران و اکثر رجال پائینتر علنا" به یکی از دو دولت، روسیه‌ی تزاری یا انگلیس وابستگی داشته‌اند، یعنی یا روسوفیل بوده‌اند یا انگلوفیل.

هر یک از سایر کارکنان و حقوق‌بگیران دولت نیز، خواه ناخواه، در گروهی قرار داشته‌اند که به یکی از این رجال روسوفیل یا انگلوفیل وابسته بوده است.

در این شرایط متاسفانه قبح وابستگی به بیگانه تقریبا" از بین رفته بوده است و، با این ترتیب، در حال حاضر اعم از اینکه ما این وابستگی را خیانت بدانیم و یا اینکه آن را اقتضای زمان و نوعی اجبار به حساب بیاوریم باید قضاوت خود را شامل همهء رجال آن زمان بنمائیم و به همین جهت هم هرگاه ما از تمایل سیاسی بعضی از رجال آن زمان به روس یا انگلیس صحبت به میان میاوریم قصدمان جدا کردن وی از دیگران و صدور حکم محکومیت یا تبرئه برای وی نمیباشد بلکه میخواهیم حقیقتی را برای آگاهی خوانندگان گرامی بیان کنیم.

خلاصه اینکه، پس از انعقاد قرارداد ترکمانچای که دولت روسیه به موجب فصل هفتم آن ولایتعهدی عباس میرزا را به رسمیت شناخت و آن را تضمین نمود، اولیاء آن دولت تا مدتی دست برتر را در سیاست ایران در اختیار داشتند.

اما دولت انگلیس به تدریج موفق شده است که در ایران از دولت روسیه پیشی بگیرد و جلو بیافتد.

این دولت از زمان استقرار مشروطیت ببعد به صورت

قدرت برتر در صحنه‌ی سیاسی ایران در آمده، تا جائی که شاید بتوان گفت، در پایان دوران قاجار یکه تاز میدان سیاست در این کشور بوده است.

این موفقیت دولت انگلیس در ایران عمدتا" مدیون اقدامات آن عده از ایادی آن دولت بوده است که از پیشقدمان فراماسونری و مبلغان اتحاد جهانی اسلام در ایران بشمار میروند و متاسفانه به همین جهت از شهرت و محبوبیت قابل‌توجهی نیز برخوردار بوده و هستند.

در اینجا نیز باید توضیح داده شود که نه تنها بسیاری از اولین روی آورندگان به این دو مرام ضد ملی و به اصطلاح اینترناسیونالیسم، بلکه بیشتر پیروان بعدی آنها افرادی وطن‌پرست بوده و شاید صمیمانه به قصد خدمت به بشریت و یا به اسلام به آنها گرویده بوده‌اند.

معهذا این نویسنده یقین دارد که این دو مرام انگلیسی‌ساز بوده و فعالیت نهائی آنها همواره در جهت منافع انگلستان انجام میگرفته است.

در هر حال، بطوری که شواهد موجود نشان میدهد، میرزا هدایت‌الله از زمانی که مستوفی ساده‌ای بیش نبوده، در تشکیلات فراماسونری، که میرزا ملکم خان مؤسس آن بوده، عضویت داشته و احراز سمت وزیر دفتری خود را مدیون فعالیت در گروه انگلوفیلهای طرفدار میرزا حسین‌خان مشیرالدوله بوده و در زمانی که محمد مصدق دوران کودکی خود را در خانه‌ی وزیر دفتر میگذرانده، وی و تعدادی از بستگان نزدیک و دوستان صمیمی‌اش در زمره‌ی محارم و نزدیکان سید جمال‌الدین اسدآبادی (که در آن زمان برای اتحاد جهانی اسلام فعالیت میکرده) محسوب میشده‌اند و خانهٔ وزیر دفتر نیز اغلب محل تجمع این افراد بوده است.

در هر حال، در ارتباط با عنوان بالا و در شرح آنچه که

معروض گردید، ذیلا" مطالبی را فهرستوار ذکر و یا یادآوری کرده و از مجموع آنها، بطور خلاصه، نتیجه‌گیری مورد نظر را به عمل می‌آورد:

(۱) - ارتباط وزیر دفتر با اولین تشکیلات فراماسونری در ایران

در اواخر سال ۱۲۷۴ قمری (تابستان ۱۲۳۷ شمسی و ۱۸۵۸ میلادی) در زمانی که هنوز ایادی انگلیس بصورت دو جناح مخفی فراماسونری و انگلو-اسلامیستی، صفوف خود را از هم جدا نکرده بودند، اولین سازمان غیر رسمی فراماسونری ایران، بنام فراموش‌خانه، توسط میرزا ملکم خان در تهران تاءسیس شده است.

در این سازمان تقریبا" تمام انگلوفیلها و ایادی متنفذ انگلیس، حتی افرادی از قبیل حاج شیخ هادی نجم‌آبادی و سید زین‌العابدین امام جمعه (که هر یک بعدا" رهبری یک جناح انگلو-اسلامیست را بر عهده گرفتند و شخص اخیر پدر زن مصدق نیز بوده است) عضویت داشته و در زمرهء کارگردانان آن فراموشخانه به حساب می‌آمده‌اند. (۱) و میرزا هدایت‌الله (وزیر دفتر بعدی)، نیز (که در آن زمان هنوز یک مستوفی ساده بحساب می‌آمده) در آن سازمان عضویت داشته است.(۲)

با این ترتیب، در زمانی که احتمالا" هنوز نجم‌السلطنه مادر مصدق نیز متولد نشده بوده، میرزا هدایت‌الله در گروه انگلوفیلهای ایران جائی برای خود باز کرده بوده است.

(۲) ـ فعالیت وزیر دفتر در گروه انگلوفیلهای

طرفدار میرزا حسین‌خان سپهسالار

اغلب مورخان ایرانی و خارجی میرزا حسین خان سپهسالار، صدر اعظم ناصرالدینشاه، را فردی انگلیس‌پرست دانسته و دوران صدارت عظمای او را اوج قدرت و نفوذ دولت انگلیس در ایران به شمار آورده‌اند.

محمود محمود راجع به‌این دوره چنین نوشته است:

" ... دوره صدارت میرزا حسین‌خان سپهسالار یکی از آن ادواری است که نفوذ سیاسی دولت انگلیس در این دوره به منتها درجهٔ خود رسیده است. انگلیس‌دوستی ایران در این دوره نقل مجلس محافل تمام سیاسیون جهان بوده.

خود رجال درجهٔ اول انگلستان مانند سر هنری رالنسون، که معاصر بود، همچنین لرد کرزن معروف، که با چشم خود ناظر این جریانها بوده، در ستایش این ایام، که انگلیس‌دوستی دربار ایران به اعلی درجه رسیده است، غلو میکنند ... " (۳)

اسمعیل رائین از قول سر هانری راولینسون انگلیسی و به نقل از کتاب او به نام " انگلستان و روسیه در مشرق زمین " چنین نوشته است:

" ... دولت ایران بموجب‌امتیازی که بنا بر توصیه و تاءکید وی به رویتر داد تمام منابع تولید ثروت مملکت پهناور خود را برای مدت هفتاد سال به بارون رویتر واگذار کرد ... " (۴)

اسمعیل رائین خود در ادامهٔ نقل قول بالا چنین توضیح

داده است:

" در این امتیاز ننگین [امتیازنامه رویتر] که بایستی آن را بزرگترین خیانت دلاکزاده‌ء قزوینی و فراماسون مطیع استاد اعظم انگلیسی خود نامید، همه‌ی وسائل زندگی اقتصادی و سیاسی و خلاصه همه و همه چیز ایران و ایرانی برای مدت هفتاد سال در اختیار دولت انگلستان قرار گرفت.

نظیر این امتیاز تا کنون در دنیا به هیچ مملکتی در مستعمرات و مستملکات، حتی به افراد آن ممالک داده نشده است و از این لحاظ شایان توجه است.

به موجب‌امتیاز مزبور [احداث] همه‌ی خطوط راه آهن ایرانی از بحر خزر تا خلیج فارس در اختیار رویتر قرار میگرفت. ایجاد تراموای شهری در تمام ممالک به عهده‌ء او بود. استفاده‌ء بلامانع از تمام معادن مملکت ایران (به استثنای معادن طلا و نقره)، احداث مجاری آب برای کشت و زرع تا هر اندازه که توسعه‌ی آن لازم باشد به اختیار صاحب امتیاز واگذار میشد. تاءمین بانک در سر تا سر ایران، حق انحصار همه‌ء کارهای عام‌المنفعه[در] همه شهر- های ایران از وظایف او محسوب میشد. و بعلاوه رویتر حق داشت در همه‌ی شهرهای ایران لوله‌ی گاز بکشد. ساختمانها و احداث خیابانهای پایتخت را او میبایستی آغاز کند. به ساختن راهها و سدها و ایجاد خطوط پستی و تلگرافی، تاءسیس کارخانه‌های صنعتی بپردازد و تا مدت ۲۵ سال از عواید همه‌ی گمرکات ایران استفاده کند.

در مقابل اینهمه امتیازات که‌استاد فراماسونری

ایران به بارون رویتر، فراماسون انگلیسی، داده بود، او متعهد میشد که مبلغ شش میلیون لیرهء انگلیسی وام با ربح صدی پنج به ایران بپردازد، و پرداخت این وام در صورتی میسر بود که دولت ایران ضمانت پرداخت و استهلاک آن را میکرد ... (۵)

در کتاب " عصر بی‌خبری یا ۵۰ سال استبداد در ایران " نیز در مورد این امتیازنامه چنین نوشته شده است:

" ... وقتی خبر امتیازنامه رویتر در روزنامه‌های ممالک اروپا منتشر گشت، بقول لرد کرزن بهت و و حیرت خارق‌العاده‌ای به مردم اروپا دست داد. هیچ کس فکر نمیکرد که یک چنین امتیازی با این شرایط در یک کشور، به یک بیگانه داده شود. امتیازنامه‌ای که ایران را دربست به انگلیسها واگذار مینمود و آنها میتوانستند تا مدت هفتاد سال کلیه‌ی منابع حیاتی‌ی کشور را تحت اختیار و سلطه‌ی خویش گرفته، آن را به صورت یک مستعمره انگلیسی درآورند، مستعمره‌ای که بدون جنگ و خون‌ریزی و رنج و زحمت و فقط با دادن چند لیره رشوه به هیئت حاکمهء ایران بدست آمده بود ... (۶)

" ... اعتمادالسلطنه در کتاب خود مینویسد: پنجاه هزار لیره میرزا حسینخان، صدراعظم، گرفته، همینطورها هم میرزا ملکم‌خان. بیست هزار لیره حاجی محسن‌خان معین‌الملک. بیست هزار لیره منیر الدوله. مبلغی هم اقبال‌الملک. مبلغی هم مردم دیگر که دست‌اندر کار بوده‌اند. مختصر قریب دویست هزار لیره تعارف داده است و صد هزار لیره هم خرج کرده. " (۷)

" ... سر هنری راولینسون مینویسد:

وقتی که این امتیاز به طبع رسید و در دنیا منتشر گردید و دیده شد که دارای این مزایای بیشمار است و تمام منابع ثروتی و صنعتی و فلاحتی سر تا سر ایران به دست انگلیسها افتاده است، هیچ کس قادر نبود این موضوع را پیش‌بینی کند که روزی یک چنین امتیاز مهمی به دست یکی از اتباع دولت انگلیس بیافتد ... " (۸)

در هر حال، در همین ایام که دور گردون با سرعت زیاد بر مراد ایادی انگلیس در گردش بوده است و این افراد به ریاست میرزا حسین‌خان مشیرالدوله، صدر اعظم، کارهای مهم را قبضه کرده و مشاغل حساس را بین خود تقسیم مینموده‌اند، میرزا هدایت‌الله، که از اعضای پرشور و فعال این گروه انگلوفیل محسوب میشده، به سمت وزیر دفتری منصوب گردیده است.

عبدالله مستوفی در این مورد چنین مینویسد:

" ... در همان روزی که دستخط صدارت مشیرالدوله صادر شد، معیرالممالک را هم به وزارت مالیه تعیین کردند. پس جای مستوفی‌الممالک هم شخص متعینی برقرار شد و بعد از چندی قوام‌الدوله، رفیق مروی خودمان را هم بجای نظام‌الملک، که رئیس محاسبات بود وزیر محاسبات کردند ...

همانطور که پیش‌بینی میشد وزارت لشکر هم باز سبز شده بود، این شغل را به میرزا هدایت‌الله، پسر عموی مستوفی‌الممالک، داده بودند. ولی کمی بعد در اوائل ۱۲۹۰، قوام‌الدوله به مرض محرقه، که بعد از هر قحطی بلای جان فقیر و غنی است، در گذشت و میرزا هدایت‌الله، با لقب وزیر دفتر،

رئیس دفتر استیفا شد ... " (۹)

مهدی بامداد راجع به بعد از برکناری مشیرالدوله چنین

نوشته است :

" ... پس از عزل حاج میرزا حسین‌خان مشیرالدوله

از صدارت و روی کار آمدن و همه کاره شدن میرزا

یوسف مستوفی‌الممالک، میرزا هدایت‌الله وزیر دفتر

را ... با همهٔ این دشمنی‌ها و بدگوئی‌هائیکه غیابا "

به مستوفی‌الممالک مینمود، مستوفی او را هم ـ

چنان به ریاست دفتر استیفاء باقی گذاشت.

میرزا حسین‌خان مشیرالدوله، صدر اعظم، در ضمن

سایر اصلاحات، در لباس مستخدمین دولت هم

تغییراتی داد و لباس بلند آنان را به لباس

کوتاه تبدیل نمود. فقط میرزا یوسف مستوفی ـ

الممالک و عدهٔ قلیلی از رجال زیر این بار نرفته

و به همان لباس آباء و اجدادی خود ملبس بودند و

جزئی تغییری هم در آن ندادند. پس از عزل مشیر ـ

الدوله جمعی دو باره لباسهای بلند پوشیدند و

لباس کوتاه را کنار گذاشتند.

از جمله کسانی که لباس کوتاه را ترک نکرد میرزا

هدایت‌الله وزیر دفتر بود ... " (۱۰)

(۳) - ارتباط وزیر دفتر با انگلواسلامیستهای اسلامی به رهبری سید جمال‌الدین اسدآبادی

(۱) - میرزا عیسی وزیر و میرزا هدایت‌الله وزیر دفتر باجناق یکدیگر بوده و هر یک یکی از خواهران میرزا یوسف مستوفی‌الممالک را به همسری داشته‌اند و تصادفاً" هر دو نفر به فاصلهء کوتاهی از یک دیگر در وبای سال ۱۳۱۰ قمری (۱۲۷۱ شمسی) وفات یافته‌اند.

این دو نفر و سید عبدالله انتظام‌السلطنه، برادر میرزا عیسی وزیر، در زمرهء اولین مریدان پر و پا قرص سید جمال‌الدین اسدآبادی محسوب میشوند.

بطوریکه میدانیم، چون میرزا عیسی وزیر فرزند نداشته ، حاجی شیخ هادی نجم‌آبادی، پیشوای روحانی سازمان سری طرفداران سید جمال‌الدین در تهران، را بعنوان وصی خود معرفی کرده بوده و این شخص از محل ثلث ماترک میرزا عیسی، مسجد و بیمارستانی در تهران ساخته بوده است.

(۲) - میدانیم، که سید جمال‌الدین اسدآبادی دو مرتبه بنا بر دعوت ناصرالدینشاه به ایران مسافرت کرده است.

دفعهء اول از حدود آذر ماه ۱۲۶۵، به مدتی نزدیک به ۵ ماه در تهران اقامت داشته و دفعهء دوم که اقامتش در تهران ، باز هم از حدود آذر ماه در سال ۱۲۶۸ شروع شده بوده، به مدت ۱۳ ماه به طول انجامیده است.

سید جمال‌الدین اسدآبادی در این هر دو مسافرت به عنوان طرفداری از آزادی و شعار اتحاد اسلام به تاءسیس و ادارهء مجمع یا مجامع سری انگلو-اسلامیستها اشتغال داشته و یکی از همکاران و نزدیکان وی در این هر دو مسافرت میرزا هدایت

-الله، وزیر دفتر بوده است.

(۳) - در نوشته‌های محمد محیط طباطبائی چنین میخوانیم:

" ... انتظام‌السلطنه، وزیر پلیس، شبی او را به سرای مجلل خویش دعوت کرد و در آن شب بسیاری از رجال دولت و عوامل مؤثر مملکتی حضور یافتند. سید سر صحبت را باز کرد و مانند آن واعظ هراتی عصر بایقرا محفلی باب طبع و گوشهائی شنوا یافت. و طوری مطلب را روشن بیان کرد که میرزا هدایت‌الله، وزیر دفتر، از حضار مجلس برای جلوگیری از ادامهء مجلس و ایجاد ناراحتی، به طور بذله‌گوئی گفت: جناب آقا تکلیف ما را معلوم کردند، باید همه امشب برویم و اسب و سلاح خود را در انتظار قیام صاحب امر آماده سازیم.

و بدین ترتیب مجلس را بر هم زد. فردا گزارش سخنان دوشنبه[دوشینه] سید به عرض شاه رسید و وجود سید را بیش از این در طهران برای بقای حکومت استعدادی و آسایش خود مضر بلکه خطرناک تشخیص داد ... " (۱۱)

(۴) - حاج سیاح، که بدون تردید بنا بر توصیهء مقامات انگلوفیلی و به منظور انجام ماءموریتهای معین و انگلیسی‌پسند به ایران آمده بوده است، در زمرهء محارم سید جمال‌الدین محسوب میشده است.

اسمعیل رائین که نام این شخص را جزو محارم سید جمال‌الدین ذکر کرده، در مقابل آن توضیح داده است که " از فعالین خانهء سید در مدت اقامت در تهران و هنگام سفر به روسیه بود. " (۱۲)

(۵) - بطوری که از قسمتهای مختلف خاطرات حاج سیاح میتوان استنباط نمود، وی با میرزا هدایت‌الله، وزیر دفتر،

و میرزا عیسی، وزیر، رفت و آمد دائمی داشته و این دو باجناق در حکم صمیمی‌ترین دوستان وی بوده‌اند. حتی بطوری که حاج سیاح در همان خاطرات شرح داده است، در زمانی که به علت ارتباط و دوستی با ظل‌السلطان، مورد بی‌مهری امین‌السلطان، صدر اعظم وقت، قرار گرفته بوده و مزاحمتهائی برایش فراهم کرده بوده‌اند تنها کسانیکه در رفتارشان نسبت به وی تغییری حاصل نشده بوده است، همین دو نفر بوده‌اند. (۱۳)

نتیجه گیری- در زمان اولین مسافرت مشهور سیدجمال‌الدین به تهران، که میرزاهدایت‌الله به وی پیوسته، مصدق، در حدود۷ سال داشته واز این زمان تا مسافرت دوم‌سید جمال‌الدین به تهران که‌مصدق ده ساله شده بوده است و سالهای پس از آن (یعنی درتمام‌دوران نوجوانی و به‌احتمال قوی در دوران جوانی) مصدق فقط تعریف‌وتمجید از سید جمال‌الدین را شنیده است. دراین سالهای اولیهء زندگی که هر عقیده‌ای، چه درست و چه نادرست، همینکه در خاطرکودک عمیقا" نقش بست، دیگرتغییر آن به آسانی امکان‌پذیر نمیباشد، مصدق نیز به سید جمال‌الدین اعتقاد پیدا کرده و درآغاز راهی قرار گرفته که نهایتا" وی رادر سلک علاقمندان به‌اتحاد اسلام جای داده است.

---

(۱)و(۴)و(۵)و(۸)و(۱۲)- فراموشخانه و فراماسونری در ایران - جلد ۱ - اسمعیل رائین - صفحات ۳۹۱ و۴۲۷ و۴۲۷ و۴۲۹ و۳۹۱

(۲) - بیست سال بعد از امیر کبیر - دکتر علی امینی - صفحه ۳۲

(۳) - تاریخ روابط سیاسی ایران و انگلیس در قرن ۱۹ - جلد ۳ - محمود محمود - صفحه ۱۰۰۹

(۶)و(۷) - عصر بی‌خبری یا پنجاه سال استبداد در ایران - ابراهیم تیموری - صفحات ۱۱۸و۱۰۷

(۹) - تاریخ اجتماعی و اداری دوره قاجاریه - عبدالله مستوفی - جلد ۱ - صفحه ۱۳۴

(۱۰) - شرح حال رجال ایران - جلد ۴ - مهدی بامداد - صفحات ۴۲۳/۴

(۱۱) - سید جمال‌الدین اسدآبادی و بیداری مشرق زمین - محمد محیط طباطبائی صفحه ۱۲۶

(۱۳) - خاطرات حاج سیاح - حمید سیاح - صفحه ۲۹۹

۲۹ جمادی‌الاول ۱۳۰۳ - ۱۶ اسفند ۱۲۶۴ - ۶ مارس ۱۸۸۶

۲- دریافت مستمری (به عنوان وارث) از محل حقوق فیروز میرزا نصرت‌الدوله

طبق روشی که در آن زمان مرسوم بوده، همینکه یکی از حقوق بگیران دولت وفات می‌یافته، دو سوم حقوق او را بین بازماندگانش تقسیم میکرده‌اند و از آنجا که حقوق دولتی شخص متوفی، جزو " ماترک " وی به حساب نمی‌آمده، به اینجهت در شمول قوانین و مقررات ارث هم قرار نمیگرفته است و معمولاً" تقسیم آن بین بازماندگان شخص متوفی طبق نظر پادشاه و یا حکمران ایالت انجام میگردیده، که هر چند غالباً" این تقسیم با قوانین ارث منطبق بوده است (از محل یک سوم باقیمانده از حقوق کارمندان متوفی، اضافه حقوقها یا حقوقهای جدید را تاءمین می‌کرده اند)

خود مصدق روش مزبور را بشرح زیر بیان نموده است:

" ... هیچ حقوق یا اضافه حقوقی داده نمی‌شد مگر اینکه قبلاً" محل آن تعیین شده باشد و محل حقوق جدید یا اضافه حقوق، معمولاً" ثلث متوفیات بود. (۱) به اینطریق که هر کس فوت مینمود اگر وارثی داشت یک ثلث از حقوق او و الا تمام آن در اختیار دولت قرار میگرفت که بهر کس میخواست میداد ... " (۲)

فیروز میرزا نصرت‌الدوله (پدر بزرگ مادری مصدق) که در تثبیت پادشاهی محمد شاه پدر ناصرالدین شاه خدمات ارزنده‌ای انجام داده بوده و از این جهت همواره خود را طلبکار میدانسته، در ایام زندگی حقوق بسیار گزافی دریافت میداشته است و همینکه در تاریخ بالا وفات یافته تمام بستگان درجه ۱ و

۲ وی توانسته‌اند از این نمد برای خود کلاهی دست و پا نمایند و به نواشی برسند.

چون وظیفهٔ تنظیم پیشنهاد مربوط به تسهیم و تقسیم حقوق فیروز میرزا بین بازماندگان او را میرزا هدایت‌الله، وزیر دفتر به عهده داشته، از این جهت یک حقوق ۱۲۰ تومانی (۳) هم برای مصدق که، نوهٔ فیروز میرزا محسوب میگردیده و، در آن زمان ۶ یا ۷ سال بیشتر نداشته، دست و پا نموده است.

---

(۱) - حقوق یا اضافه‌حقوق جدید، علاوه بر محل ثلث متوفیات، از دو محل دیگر هم پرداخت میشده است:

الف - از محل مالیات " املاک جدیدالنسق " یعنی املاکی که در نقاط مختلف ایران در طول سال قبل کشف و یا تازه احداث و آباد شده بوده است.

ب - از محل " تفاوت عمل " یعنی اضافه مالیاتی که بعضی سالها به حکمرانان ایالات نسبت به سال قبل تحمیل میشده و یا اینکه حکمرانان جدید بیش از حکمرانان سابق پرداخت آن را تقبل میکرده‌اند.

(۲) - خاطرات و تاءلمات مصدق - بکوشش: ایرج افشار - صفحه ۳۳

(۳) - همان - صفحه ۵۰

۳- تحصیلات ابتدائی و مقدماتی

در آن زمان معدودی از شاهزادگان و ثروتمندان درجهٔ اول کشور قسمتی از بیرونی خانهٔ خود را به مکتب خانهٔ دائمی و خصوصی برای پسران خود و بستگان درجهٔ یک و احیانا" بعضی از دوستان و آشنایان نزدیک اختصاص داده و یک نفر آخوند را

برای معلمی و اداره‌ء آن استخدام می‌کرده‌اند. این آخوند در تمام روز در مکتب‌خانه حضور داشته و غالباً" از نظر موضوع درس و زمان تدریس تابع شاگردان خود بوده است. به این معنی که لله‌ها و نوکرها هر روز در اوقاتی که پدر یا مادر کودک دستور میداده‌اند وی را به آنجا میبرده‌اند و مکتب‌دار موظف بوده است که هر یک از کودکان و جوانان را در هر ساعتی که وارد میشده‌اند بپذیرد و به تدریس مطلب یا کتاب خاصی که هر کودک بر حسب سابقه و سن و سال خود مشغول خواندن و آموختن آن بوده است ادامه دهد.

با این ترتیب موضوع غیبت و عقب افتادن از درس به صورتی که در مدارس امروز وجود دارد در آن مکتب‌خانه‌های اختصاصی مطرح نبوده و حتی غالباً" در مهمانیها و یا مسافرتهای چند روزه یا طولانی امکان ادامه‌ء تحصیل در مکتب خانه‌های میزبانان نیز موجود بوده است.

تا آنجا که میدانیم در خانه‌ء میرزا هدایت‌الله وزیر دفتر یکی از این قبیل مکتب‌خانه‌ها وجود داشته که فرزندان و فرزندزادگان خود او همراه با فرزندان تعدادی از بستگان و دوستانش در آن بتحصیل معلومات ابتدایی و مقدماتی میپرداخته‌اند.

احمد متین دفتری که نتیجه (فرزند نوه) وزیر دفتر بوده راجع به مکتب مزبور مطالبی به شرح زیر ابراز نموده است:

> "... در خانه‌ء وزیر دفتر (واقع در خیابان شاهپور - گذر وزیر دفتر) یک مکتب خانگی بود که پدرم و اعمام من درس خود را در آنجا شروع کرده بودند. بعد که نوبت به طبقه‌ء بنی‌اعمام من رسیده بود، یکی دو سال آخر، قبل از آنکه بساط آن مکتب برچیده شود منهم الفباء را آنجا یاد گرفتم و یک لله‌ء بسیار خشن داشتیم که چوب و فلک را در مکتب

خانه غالبا" به کار می‌انداخت و از او میترسیدیم ... " (۱)

در اینکه مصدق تحصیلات مقدماتی را در همین مکتب خانگی فرا گرفته است جای تردید وجود ندارد، اما در عین حال به احتمال زیاد (باعتبار شاهزادگی مادرش) متناوبا" همراه با بعضی از شاهزادگان از مکتب‌های درباری نیز استفاده میکرده و آشنائی وی با زبان فرانسه نیز مربوط به این مکتبها بوده است.

---

(۱) ـ پانزدهمین سالنامه دنیا ـ ۱۳۲۸ شمسی ـ صفحات ۳/۴

۴ـ کسب عنوان مستوفی اول در ۹ سالگی با دریافت حقوق مربوط

در سال ۱۳۰۶ هجری قمری (۱۲۶۷/۸ شمسی ـ ۱۸۸۸/۹ میلادی) میرزا هدایت‌الله، وزیر دفتر، از حضور ناصرالدین شاه درخواست نموده است که میرزا محمد به عنوان مستوفی اول شناخته شود. ناصرالدین شاه نیز که حقا" این کودک را عضوی از خانوادهٔ خود به حساب می‌آورده، با درخواست مزبور موافقت کرده و میرزا محمد خان ۹ ساله " غوره نشده مویز گردیده " و نامش، هم‌ردیف مستوفیانی که هر یک دارای سالها تجربه در این شغل بوده‌اند، در فهرست حقوق‌بگیران جای گرفته است.

میرزا حسن‌خان اعتمادالسلطنه در جدولهائی که ضمیمه جلد سوم کتاب خیرات حسان نموده است، سازمانهای مهم کشوری و لشکری در زمان ناصرالدینشاه و اسامی افرادی را که در آن

زمان در سازمانهای مزبور عهده‌دار سمتهای عالی بوده اند، نشان داده و ذکر کرده است.

ما، در ستون دوم صفحهء ۲۸ ضمیمهء کتاب مزبور (که تصویر آن را بعد از این صفحه ملاحظه خواهید فرمود) نام " میرزا محمد خان ولد جناب جلالت ماب وزیر دفتر " را جزو اسامی مستوفیانی " که در دفتر خانهء مبارکه خدمت مخصوص ندارند " مشاهده مینمائیم (این کتاب در سال ۱۳۰۷ قمری به چاپ رسیده است).

در آن زمان همینکه شخصی اسما" به پستی منصوب میشده ولو اینکه عملا" انجام وظایف مربوط به آن پست را بعهده نداشته، حقوق مربوط به آن را تمام و کمال دریافت میکرده است، مخصوصا" اینکه اگر چنین شخصی خودش مستوفی بوده و یا اینکه تحت حمایت یکی از مستوفیان درجهء یک قرار داشته است.

مصدق این مطلب را به شرح زیر تائید مینماید:

" ... مستوفیان کسانی بودند که طبق فرمان پادشاه حائز این مقام میشدند و این مقام به دو درجه تقسیم شده بود، استیفای درجه اول و درجه دوم و هر یک از آنها معمولا" حقوقی داشت که در ایام کار و بیکاری از دولت میگرفت و چنانچه متصدی کاری هم بود رسوم معمول و متداول آن را از ارباب رجوع دریافت میکرد ... " (۱)

با این ترتیب مصدق از تاریخ کسب عنوان مستوفی او بی آنکه وظیفه و کاری به عهده داشته باشد از این بابت حقو دریافت مینموده است.

---

(۱) - خاطرات و تاءلمات مصدق - به کوشش ایرج افشار - صفحه ۳۲

در تصویر زیر:

در طرف راست، عکس پشت جلد کتاب "خیرات حسان" و

در طرف چپ، عکس قسمتی از ضمائم همان کتاب چاپ شده است.

در ستون آخر طرف چپ، در دو سطر قبل از آخرین سطر، نام

"میرزا محمد ولد جناب جلالتماب وزیر دفتر" ملاحظه میشود.

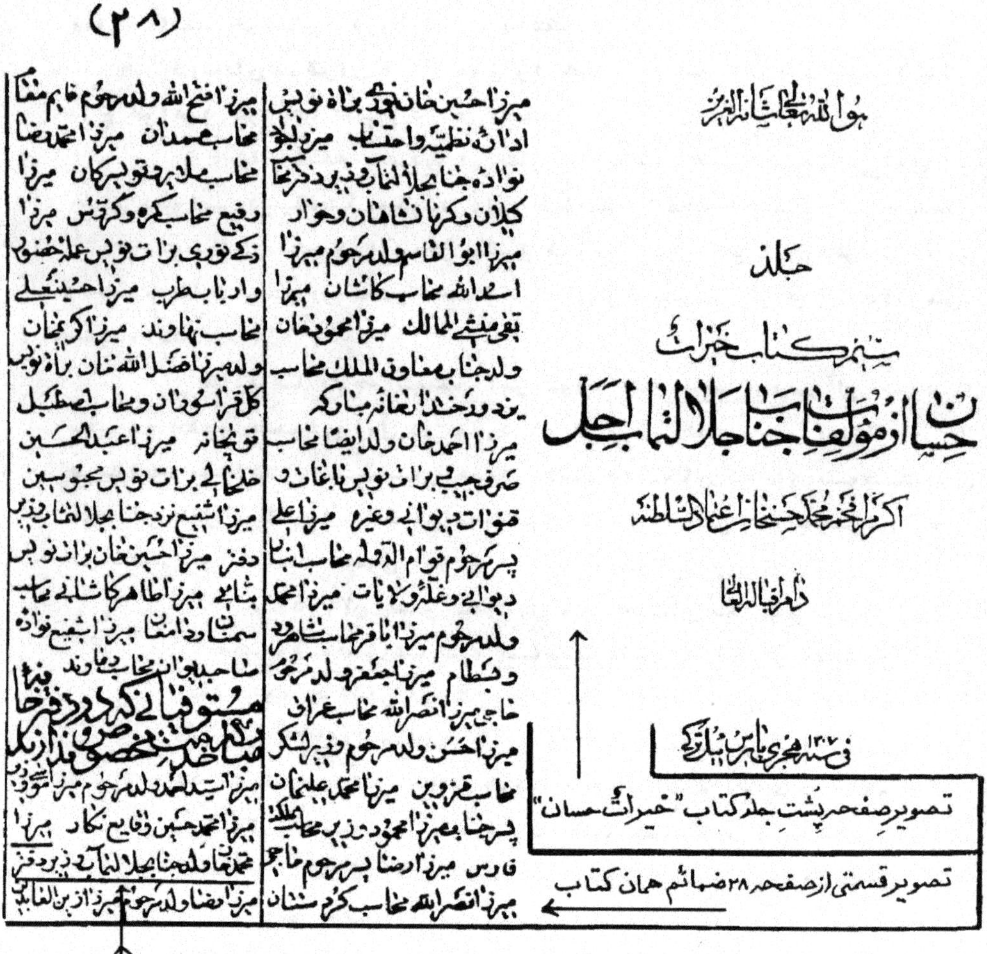

(۲۸)

هو الله تعالی شأنه العزیز

جلد

سیم کتاب خیرات

حسان از مؤلفات جناب جلالتماب اجل

اکرم افخم محمد حسن خان اعتماد السلطنه

دام اقباله العالی

فی سنه ۱۳۰۷ هجری

تصویر صفحه پشت جلد کتاب "خیرات حسان"

تصویر قسمتی از صفحه ۲۸ ضمائم همان کتاب

میرزا محمد ولد جناب جلالتماب وزیر دفتر

میرزا رضا ولد مرحوم میرزا زین العابدین

۵ - دریافت حقوق بابت تفاوت عمل ایالت خراسان

مصدق از سال ۱۳۰۹ قمری حقوق دیگری، از محل تفاوت عمل ایالت خراسان، دریافت میداشته است.

داستان برقرای این حقوق را خود وی به شرحی که ذیلا" درج خواهد گردید، شرح داده است.

با اینکه مصدق از تاریخ کسب عنوان مستوفی اول دو حقوق دیوانی دریافت میکرده ولی ظاهرا" فقط اختیار خرج همان ۱۲۰ تومان مستمری از محل حقوق فیروز میرزا با خودش بوده و تمام یا قسمتی از حقوق مستوفی اول را برای او پس‌انداز می‌نموده‌اند.

شاید با توجه بهمین امر بوده که مصدق پس از حدود ۳ سال که حقوق مستوفی اول در مورد او برقرار شده و مرتبا" آن را دریافت میداشته است باز هم در این داستان که از نوشته‌های خود او نقل میگردد، همان مستمری ۱۲۰ تومانی را بعنوان وجوه دریافتی خود بابت حقوق ابراز داشته است:

> "... در آن عصر یکی از مستوفیان به نام میرزا محمود معروف به صاحب دیوان (۱) و متصدی استیفای، خراسان در کتابچه سال ۱۲۷۱ شمسی (۱۳۰۹/۱۰ قمری و ۱۸۹۲/۳ میلادی) آن ایالت عملیاتی کرده بود که بزرگترین کار خلافی بود که در مالیه مملکت شده و افکار جامعه را به خود جلب کرده بود و اکنون باید دید که آن کار خلاف در برابر سوءاستفاده‌هائی که در این عصر از مالیهٔ مملکت میشود چقدر بر-خلاف قانون بود و چه مبلغ به دولت خسارت رسیده بود.
>
> مذکور شد که در آن رژیم یکی از اصول برای حفظ توازن جمع و خرج این بود که تا محلی پیدا نشود،

خرجی تصویب نگردد و روی این اصل همیشه بودجهء مملکت موازنه داشت که برای حفظ این توازن میرزا محمود بیست هزار تومان باسم تفاوت عمل و بدون آنکه محل آن را تعیین کند و همچنین از روی چه تناسب والی خراسان از مالیات دهندگان وصول نماید در کتابچهء دستورالعمل آن سال جمع کرده بود و به اسم اشخاصی که حکم برقراری حقوق جدید یا اضافه حقوق داشتند مواجب به خرج نوشته بود.

صدور احکام در آن زمان مشکل نبود و برای ارضای اشخاص مورد توجه و یا پیشرفت کار، صدراعظم، چنین احکامی صادر مینمود و یک فرمولی همیشه به کار میرفت و آن قید از محل بی‌ضرر بود که تا محلی بدست نمی‌آمد نمیبایست به کسی حقوق داده شود و ضرری متوجهء مالیه مملکت نگردد[بگردد؟] که غالبا" این احکام بدون نتیجه در دست صاحبانش میماند.

وزیر دفتر، طبق معمول، کتابچه را تسلیم هیئت رسیدگی مینمود و گزارش هیئت این بود که میرزا محمود بدون اینکه محل وصول تفاوت عمل را معلوم کند و همچنین تناسب مالیات بده هر کس را در نقاط جزء محل تعیین نماید، بیست هزار تومان در کتابچهء دستورالعمل باسم تفاوت‌عمل جمع کرده و معادل آن باسم اشخاصی حقوق بخرج نوشته است که چون برخلاف مقررات است از جمع و از خرج هر دو باید برگردد.

پدرم او را خواست و تاءکید نمود کتابچه را اصلاح کند. میرزا محمود هم که تجهیزاتی کرده بود تا بتواند مبارزه کند و یکی از آن تجهیزات در خانهء

خود ما بود، سری تکان داد و رفت که این کار معنای بسیار داشت.
چند ماه قبل از تنظیم کتابچه، چلچراغ بلور و یک جعبه سازی که دو عروسک رقاص داشت برای مادرم فرستاد که چون پدرم او را خوب میشناخت گفت:
اگر میدانستم اینها را از چه نظر فرستاده است بد نبود.
که مادرم بی اختیار گفت: خودت که از هیچ کس چیزی قبول نمیکنی [!!] این هدیه را هم که برای من آورده‌اند میخواهی رد کنی؟ که چون پدرم از او ملاحظه داشت چیزی نگفت و کار به سکوت گذشت ولی بعد که مادرم از اطاق رفت گفت: خدا عاقبت ما را از اینکار به خیر فرمایاد.
سپس میرزا محمود آمد و مرا خواست و پرسید:
از دولت چقدر حقوق داری؟ که اگر اشتباه نکنم گفتم: ۱۲۰ تومان (۲)- و این همان حقوقی بود که بعد از فوت فیروز میرزا فرمانفرما، پدر مادرم، به من رسیده بود. که با طرز مخصوص به خود گفت:
حیف نیست تو پسر وزیر دفتر باشی و به این جزئی حقوق قناعت کنی، باشد که خودم آن را جبران نمایم.
و بعد از للهء من هم همین سئوال را نمود که گفت: هیچ. به او هم گفت: امیدوارم که خودم جبران بی‌عرضگی تو را بکنم. مستوفی خراسان به این قناعت ننمود و گفت از کیس سفیدی که میگویند طرف توجهء آقاست بپرسند حقوقی دارد یا نه و میخواهد برای خود یا یکی از کسانش حقوقی برقرار شود که گفته بود: نیکی و پرسش؟ اسم برادر او را هم که در کرمان بود و حقوقی نداشت، نوشت و همچنین اسم

خواجهء سیاهی که در خدمت ما بود و میرزا محمود او را خوب میشناخت و میدانست که شخص موءثری است یادداشت کرد و رفت.
کیس سفید که شخصی بود فهمیده و خوش صحبت در ضمن وقایع روز موضوع را برای پدرم نقل نمود که رنگ از صورتش پرید و گفت: من میدانستم میرزا محمود بی جهت برای ما ساز و نقاره نفرستاده است. تجهیزات مشابهی هم در خانهء امین‌السلطان، صدراعظم، و انیس‌الدوله زن مورد توجهء شاه کرده بود.
پس از مذاکرات و تاءکیدی که پدرم برای اصلاح کتابچه نمود، میرزا محمود بیکار ننشست. به تمام کسانی که در خانهء ما وعدهء حقوق داده بود پیغام فرستاد که من وظیفهء خود را انجام داده‌ام باقی مربوط به خود شماست که آنها هم با خود شور کردند و هرکدام در مقابل پدرم عکس‌العملی نشان دادند که شرح وقایع خانهء ما در آن روزها از حوصلهء این اوراق خارج است و فقط کافی است که بگویم پدرم طوری گرفتار بایکوت تطمیع‌شدگان قرار گرفته بود که غالبا" میگفت: خدا مرگم بدهد از دست میرزا محمود خلاص شوم.
ولی با تمام مشکلاتی که در خانه برای زندگی او فراهم شده بود کتابچه را مهر ننمود و میرزا محمود تجهیزات خود را در خانهء امین‌السلطان و اندرون شاه به کار انداخت که صدر اعظم از طرف شاه کتابچه را خواست. پدرم مهر نکرده فرستاد.
صدراعظم آن را مهر کرد و شاه توشیح نمود.
در آن سال میرزا فتحعلی خان شیرازی صاحبدیوان

والی خراسان بود و چنانچه اشتباه نکنم شصت هزار
تومان بخزانه داده بود که میبایست از تفاوت عمل
مرسوم و معمول جبران کند. نظر باینکه بیست هزار
تومان محل معینی نداشت نه میتوانست از کسی بگیرد
نه به صاحبان حقوق چیزی بدهد. به این لحاظ از
قبول کتابچه خودداری نمود و این وقایع مصادف بود
با فوت پدرم که اول شهریور ۱۲۷۱ (سه‌شنبه ۲۹ محرم
- ۲۹ اوت ۱۸۹۲) به مرض وبا در طهران فوت کرد
و بعد نمیدانم چه صورتی پیش آمد که صاحبدیوان
کتابچه را قبول نمود. (۳)
استیفای خراسان به همین دلیل از میرزا محمود
منتزع شد و میرزا فضل‌الله خان نوری یکی از
منشیان مخصوص صدراعظم باین سمت منصوب گردید.
میرزا محمود که بیچاره و بدبخت شده بود به صدر
-اعظم تظلم نمود او هم که به علو طبع و سخاوت
معروف بود باغ کنت ملکی خود را که قسمتی از آن
هم اکنون بیمارستان امیراعلم است و آن وقت در
حدود بیست هزار متر مربع بود بلاعوض باو واگذار
نمود. " (۴)

---

(۱) - مشهور به میرزا محمود قره
(۲) - بطوریکه ملاحظه شد، مصدق از سه سال قبل از این تاریخ حقوق مستوفی اول را نیز دریافت میکرده است، اما چون در این تاریخ هنوز ۱۲ سال بیشتر نداشته و فقط اجازهٔ خرج همان ۱۲۰ تومان بابت مستمری فیروز میرزا با او بوده است، از اینجهت در اینجا از حقوق مستوفی اول، که دیگران به نامش دریافت میکرده‌اند، ذکری به میان نیاورده است.

(۳) – با قبول کتابچه، در حقیقت حقوقهائی که میرزا محمود در آن کتابچه برای مصدق، لله مصدق، کیس سفید طرف توجه میرزا هدایت‌الله پدر مصدق، برادر کیس‌سفید در کرمان و خواجهء سیاه منزل مصدق پیش‌بینی کرده بوده، مورد قبول و تصویب قرار گرفته و پرداخت شده است ولی متاءسفانه ما در حال حاضر از مبلغ واقعی آنها اطلاعی نداریم و در هرحال میتوانیم بگوئیم که مصدق از زمان تصویب این کتابچه دارای سه حقوق شده است.

(۴) – خاطرات و تاءلمات مصدق – همان – صفحات ۴۹/۵۱

۶ ـ کسب اطلاعات و معلومات مربوط به مستوفی‌گری

میرزا محمد کوچولو در آن زمان که هنوز مصدق‌السلطنه نشده بود، بعد از کسب عنوان مستوفی اول، بعضی از روزها بجای رفتن به مکتب، همراه پدر به دفتر استیفاء میرفته و نزد مستوفیان قدیمی به تحصیل " سیاق " و سایر مقدمات و اطلاعات مربوط به امور مستوفی‌گری می پرداخته است.

اولین مستوفیانی که مصدق نزد آنان کارآموزی خود را آغاز کرده بوده، عبارت بوده‌اند از میرزا علی‌اکبر موزه (۱) و میرزا محمدرضا مؤتمن‌السلطنه.

میرزا محمدرضا مؤتمن‌السلطنه، شوهر خواهر مصدق، و مستوفی خراسان بوده و با اینکه در سال ۱۳۰۸ قمری وفات یافته است، (۲) شاید همین کارآموزی مصدق در دفتر استیفای خراسان و ادامهٔ آن بعد از مرگ مؤتمن‌السلطنه موجبات آشنائی وی با امور محاسبات دیوانی مربوط به خراسان را فراهم ساخته و باعث گردیده است که وی بعداً " در سال ۱۳۱۴ قمری داوطلب تصدی سمت مستوفی گری آن استان گردد و با پارتی بازی و اعمال نفوذ، به آن سمت منصوب شود.

---

(۱) ـ بعضی از نویسندگانی که شرح حال مصدق را نوشته‌اند، بر این تصور بوده‌اند که وی تصدی سمت مستوفی خراسان را در سال ۱۳۱۴ قمری با سررشته‌داری میرزا علی‌اکبر موزه آغاز کرده است. در حالیکه این مرد در سال ۱۳۰۸ قمری، یعنی در حدود ۶ سال قبل از انتصاب مصدق به سمت مستوفی خراسان، وفات یافته بوده است.

(رجوع شود به صفحه ۱۵۹ ـ جلد ۵ ـ شرح حال رجال ایران ـ مهدی بامداد)

(۲) ـ اعتمادالسلطنه ذیل تاریخ ۷ ربیع‌الثانی ۱۳۰۸ (۲۸

آبان ۱۲۶۹ - ۲۰ نوامبر ۱۸۹۰) در مورد فوت مؤتمن‌السلطنه چنین نوشته است:

" ... از اتفاقات تازه فوت مؤتمن‌السلطنه وزیر خراسان است.

این مرد یا از افراط در شهوت یا محض تملق، دختر وزیر دفتر را گرفته است. چون درست از عهدهء جماع بر نمی‌آید، از نور محمد، طبیب یهودی، معجونی خواسته بود، او هم حب زراریخ داده بود. اگر چه قوهء جماع را زیاد کرده بود، اما در امعاء خراشی پیدا شد. باز افراط کرد. این دفعه شهید راه شهوت شد. مرحوم شد. بسیار آدم قابلی با مکنتی بود ... "

(خاطرات اعتمادالسلطنه - بکوشش: ایرج افشار- صفحه ۸۲۷)

۷ - دریافت لقب " مصدق‌السلطنه " و دریافت‌مستمری بابت حقوق پدر

چند روز بعد از فوت میرزا هدایت‌الله وزیر دفتر که در تاریخ اول شهریور ۱۲۷۱ - ۲۹ محرم ۱۳۱۰ - ۲۹ اوت ۱۸۹۲ اتفاق افتاده، ناصرالدینشاه ، میرزا حسین پسر بزرگ وی را که از دو سه سال قبل از آن به علت بیماری و بستری بودن پدرش عملا" وظایف وزارت دفتر را به عهده داشته است، رسما" به این سمت منصوب کرده و لقب وزیر دفتر را نیز به او بخشیده و دو پسر دیگر وزیر دفتر متوفی، یعنی میرزا علی و میرزا محمد، را نیز به ترتیب به لقبهای مؤثق‌السلطنه و مصدق‌السلطنه ملقب نموده است.

بعلاوه، در همین زمان دو سوم حقوق دوران خدمت میرزا

هدایت‌الله، وزیر دفتر سابق، نیز بر طبق روشی که معمول بوده بین بازماندگانش تقسیم گردیده است. ظاهرا" میرزا حسین، وزیر دفتر جدید، که حقوق خودش از محل اعتبارات جدید تا میزان حقوقی که پدرش دریافت میداشته، افزایش یافته بوده، از دریافت مستمری بابت حقوق پدرش صرف نظر نموده است. (۱)

با این ترتیب مصدق در این هنگام که در حدود ۱۳ سال داشته و هنوز عهده‌دار انجام شغلی نشده بود، چهار حقوق از چهار محل از بودجهٔ دولت دریافت میداشته است:

۱ - مستمری بابت حقوق فیروز میرزا نصرت‌الدوله(پدربزرگ) ، از تاریخ ۲۹ جمادی‌الاول ۱۳۰۳، یعنی روز فوت فیروز میرزا

۲ - حقوق کامل مستوفی اول - از سال ۱۳۰۶ قمری یعنی تاریخ انتصاب اسمی به این سمت

۳ - حقوق جدید - از سال ۱۳۰۹ از محل بیست هزار تومان تفاوت عمل ایالت خراسان

۴ - مستمری بابت حقوق میرزا هدایت‌الله (پدر) - از تاریخ ۲۹ محرم ۱۳۱۰، یعنی روز فوت میرزا هدایت‌الله

---

(۱) - افضل‌الملک در این مورد چنین نوشته است:

" یکی از بزرگیهای وزیر دفتر [میرزا حسین] این است که چون پدر ایشان میرزا هدایت‌الله وزیر دفتر وفات کرد، ایشان از مواجب و مرسوم دولتی پدر بزرگوار خود دیناری نبرده - خودشان صورتی نوشته تمام مرسومات پدری را به سایر ورثه تقسیم کردند ... "

(افضل‌التواریخ - افضل‌الملک - صفحه ۳۵۵)

۸ ـ عزیمت به تبریز به همراه مادر

در آخرین مسافرتی که مظفرالدین میرزا ولیعهد در دوران ولایتعهدی خود از تبریز به تهران انجام داده، میرزا فضل‌الله وکیل‌الملک منشی باشی خود را نیز به همراه آورده بوده است. مظفرالدین میرزا و همراهانش در ایام توقف در تهران که از تاریخ ۸ رجب ۱۳۱۲ (۱۶ دیماه ۱۲۷۳ ـ ۶ ژانویه ۱۸۹۵) تا ۱ ذیقعده ۱۳۱۲ (۸ اردیبهشت ۱۲۷۴ ـ ۲۸ آوریل ۱۸۹۵) یعنی بمدت ۱۱۲ روز به طول انجامیده در خانهٔ عبدالحسین میرزا فرمانفرما اقامت اختیار کرده بوده‌اند و سمت میزبانی آنان را نجم‌السلطنه مادر مصدق‌السلطنه بعهده داشته است. در جریان این توقف، میرزا فضل‌الله با نجم‌السلطنه ازدواج نموده است.

نجم‌السلطنه بعد از این ازدواج به همراه شوهر خود، و در معیت مظفرالدین میرزا، در اواسط بهار سال ۱۲۷۴ شمسی (۱۳۱۲ قمری ـ ۱۸۹۵ میلادی) از تهران به تبریز نقل مکان نموده و مصدق‌السلطنه را نیز با خود به تبریز برده است.

مصدق متجاوز از یک سال در تبریز اقامت داشته و آشنائی وی با زبان آذربایجانی در این ایام صورت گرفته است.

۹ ـ مراجعت بتهران و انتصاب بعنوان مستوفی خراسان

مدت کوتاهی پس از تاجگذاری مظفرالدینشاه در تهران

- اعضای خانواده و بستگان وی و بعضی دیگر از درباریانی که خودشان قبلاً" به اتفاق یا بعد از شاه به سوی تهران حرکت کرده بودند، به این شهر وارد شده‌اند که نجم‌السلطنه و مصدق نیز با آنان همراه بوده‌اند.

نجم‌السلطنه نیز مانند خواهرش حضرت‌علیا (زن مظفر-الدینشاه) پس از ورود به تهران به جرگهٔ مخالفان امین-السلطان، اتابک، پیوسته و در توطئه‌هائیکه برادرش عبدالحسین میرزا بر علیهٔ وی ترتیب میداده فعالانه شرکت میکرده و در بدبین ساختن مظفرالدینشاه نسبت به اتابک نقش موءثری به عهده داشته است.

در هر حال، بعد از آنکه این اقدامات و مخالفتها به سرنگونی اتابک انجامیده و دوران صدارت غیر رسمی و خود-کامگی فرمانفرما با سمت وزیر جنگ آغاز شده، مصدق نیز در ۳۰ آذر ۱۲۷۵ (۱۴ رجب ۱۳۱۴ - ۲۱ دسامبر ۱۸۹۶)، یعنی در ۱۷ سالگی، به عنوان مستوفی خراسان منصوب و مستقلاً" آغاز به کار کرده است.

این امر تا آن زمان بی سابقه بوده (و بعد از آن نیز تکرار نشده است) که شخصی با این سن کم رسماً" و عملاً" پست مستوفی‌گری را در یکی از چهار ایالت بزرگ ایران بعهده داشته باشد.

۱۰ - وضع حقوق و درآمد بعد از انتصاب به سمت مستوفی ایالت خراسان

مصدق از سالها قبل از تصدی سمت مستوفی گری خراسان،

با داشتن عنوان مستوفی اول از حقوق مربوط به این سمت استفاده میکرده است از این جهت بر طبق روشی که در آن زمان معمول بوده ، انتصاب وی به سمت مستوفی خراسان در افزایش حقوق او تاءثیری نداشته است.

اما بطوریکه میدانیم درآمد اصلی مستوفیان ازپنج منبع:
الف - رسوم مربوط به وظیفه ب - رسوم خارج از وظیفه
ج - تقلب و حسابسازی د - هدیه و رشوه هـ - موارد استثنائی و متفرقه.
به دست می‌آمده و معمولا" درآمد یک ماه هر مستوفی از این منابع به چندین برابر حقوق سالانه وی بالغ میشده است!

در اینجا بی‌مناسبت نخواهد بود که راجع به هر یک از منابع مزبور شرح مختصری بیان کردد:

الف - رسوم مربوط به وظیفه

دریافت وجوهی به نام " رسوم " توسط مستوفیان، در دوران ناصرالدینشاه، با اطلاع و شرکت میرزا یوسف مستوفی‌الممالک آغاز گردیده و در ابتدا که به صورت مخفی و محرمانه و به میزانی نامشخص از بعضی مراجعان و حقوق‌بگیران دریافت میشده، حالت یک نوع رشوه‌ء خلاف قانون را داشته است.

اما با افزایش قدرت و اختیارات مستوفی‌الممالک که بتدریج با حفظ سمت خود، بعنوان رئیس امور مالی کشور، بصورت دومین فرد (بعد از ناصرالدینشاه) درآمده است و از آنجا که خودش از وجوه خلاف قانون مزبور سهم میبرده، از اینجهت با موافقت ضمنی وی و بدون اطلاع ناصرالدینشاه، کم‌کم دریافت رسوم توسط مستوفیان به صورت علنی درآمده و مبلغ آن نیز مشخص گردیده است.

با وجود این، شواهد متعددی وجود دارد که ناصرالدینشاه

پس از آگاهی از این امر خلاف، در مورد آن توضیح خواسته و چندین مرتبه نیز به مستوفیان دستور داده است که از دریافت آن خودداری نمایند. اما به علت قدرت و اختیارات فوق‌العاده‌ای که مستوفی‌الممالک در آن دوران به هم زده بوده و احترام زیادی که ناصرالدینشاه نسبت به وی رعایت میکرده، در این مورد مراقبت و پافشاری لازم اعمال نشده و به همین جهت هم هر دفعه پس از مدتی که دریافت رسوم به صورت مخفی در می‌آمده مجدداً" به حالت علنی باز میگردیده است.

بعنوان مثال، ذیلاً" نمونه‌هائی از شواهد مزبور را درج مینماید:

" ... وقتی [ناصرالدین] شاه ضمن صورت مخارج، رقمی به نام رسوم دیده بود. از مستوفی[الممالک] سئوال کرد: رسوم چه صیغه‌ای است؟ مستوفی گفت: رسوم یک صیغه بیشتر نیست. به حضور مبارک که می‌آید پیشکش نام دارد. نزد علماء حق‌الجعاله، (۱) و در بازار حق‌العمل، و نزد مستوفیان رسوم، و نزد وزیران و ارباب دیوان مداخل، و نزد اهل دعا وظیفه و نان‌خانه گفته میشود ... " (۲)

" ... وزیر امور خارجه احضار شده بود. بعد وزیر دفتر (۳) و معاون‌الملک (۴) شاه تغیری به وزیر دفتر فرموده‌اند که چرا محاسبات ولایات نگذشته است و منبعد اگر مستوفی رسوم از کسی گرفته است تنبیه خواهد شد ... " (۵)

---

(۱) - به معنای اجرت یا مزد

(۲) - رهبران مشروطه - دوره اول - ابراهیم صفائی - صفحه ۵۰.

(۳) - میرزا هدایت‌الله پدر مصدق

(۴) - پسر میرزا عباس تفرشی، قوام‌الدوله، که نام خودش

محمدعلی بوده و در سال ۱۳۱۴ قمری، پس از مرگ پدرش ، به قوام‌الدوله ملقب گردیده است.

(۵) - خاطرات اعتمادالسلطنه - ذیل تاریخ ۳ شوال ۱۲۹۸ [۷ شهریور ۱۲۶۰ - ۲۹ اوت ۱۸۸۰]

میزان رسوم

مصدق ضمن تعریف مستوفیان و شرح وظایف آنان، وجوهی را که این افراد بطور علنی بعنوان رسوم از ارباب رجوع و حکام ایالات و ولایات دریافت میکرده‌اند، ذکر کرده است. عین نوشتهء مصدق به شرح زیر میباشد:

" ... مستوفیان کسانی بودند که طبق فرمان پادشاه حائز این مقام میشدند و این مقام به دو درجه تقسیم شده بود: استیفای درجه اول و استیفای درجه دوم.

و هر یک از آنها معمولا" حقوقی داشت که در ایام کار و بیکاری از دولت میگرفت و چنانچه متصدی کاری هم بود رسوم معمول و متداول آن را از ارباب رجوع دریافت میکرد. مستوفی هر ایالت و ولایت مستقل به نام محل کارش نامیده میشد مثلا" مستوفی آذربایجان یا کاشان و[؟] موظف بود چهار وظیفه را انجام دهد:

تنظیم کتابچهء دستورالعمل ولایت و حکام مستقل، حاشیه‌نویسی قبوض صاحبان حقوق، حاشیه‌نویسی فرمان ، و تنظیم مفاصا حساب ولات و حکام مستقل که هر یک بطور اختصار بیان میشود:

(الف) - تنظیم کتابچهء دستورالعمل ولات و حکام مستقل - مستوفی هر محل میبایست کتابچهء دستور- العمل حوزهء خود را تنظیم کند و در موعدی که هیچ

وقت از اوایل سال تجاوز نمیکرد، تسلیم وزیر بقایا نماید.

(ب) ـ حاشیه‌نویسی قبوض ارباب رجوع ـ مستوفی هر محل مکلف بود مبلغ و مقدار حقوق کسانی را که در کتابچه‌ء محل او نوشته بود در حاشیه‌ء قبض آنها تصدیق کند تا بتوانند از والی یا حکام محل مطالبه نمایند و در ازای این کار میتوانست معادل دو صدم حقوق، چنانچه نقد بود، و دو صدم قیمت جنس چنانچه جنس بود، از صاحبان حقوق دریافت نماید.

(ج) ـ حاشیه‌نویسی فرمان ـ نظر به اینکه هیچ حقوق یا اضافه حقوقی داده نمیشد مگر اینکه قبلا" محل آن تعیین شده باشد و محل حقوق جدید یا اضافه حقوق معمولا" ثلث متوفیات بود، به اینطریق که هر کس فوت مینمود اگر وارثی داشت یک ثلث از حقوق او و الا تمام آن در اختیار دولت قرار میگرفت که بهر کس میخواست میداد. لذا مستوفی هر محل میبایست حقوق متوفا را که در کتابچه‌ء او به خرج آمده بود در حاشیه‌ء فرمان تصدیق کند و در ازای این کار معادل یک چهارم حقوقی که به وراث متوفا و یا به دیگران داده میشد، به عنوان حق‌الزحمه و فقط برای یک مرتبه بخواهد.

(د) ـ تنظیم مفاصاحساب ولات و حکام مستقل ـ والی هر ایالت و حاکم هر ولایت مستقل بعد از انقضای هر سال میبایست حساب سنه‌ء مالی خود را به وزارت مالیه بدهد و کلیتا" اسناد خرج وجوهی که برطبق کتابچه‌ء دستورالعمل و حوالجات وزیر خزانه پرداخته بودند به مستوفی محل تحویل نمایند که

مفاصا حساب آنان را تنظیم کند و به این مفاصا هیئتی که وظیفهء آن رسیدگی به محاسبات بود و سررشته‌دار کل در راءس آن قرار داشت رسیدگی مینمود و یکی از اعضای آن که مستوفی ضابط اسناد خرج بود اسناد خرج را میگرفت و در حضور سایرین باطل و آنها را ضبط مینمود. سپس وزیر مالیه و صدر اعظم آن را مهر مینمودند و شاه توشیح میکرد. مستوفی هر محل و همچنین وزیر مالیه و وزیر بقایا، بتناسب اهمیت آن محل رسم‌الحسابی داشتند که والی یا حاکم محل موقع تحویل اسناد خرج میبایست تاءدیه کند ... " (۱)

---

(۱) ـ خاطرات و تاءلمات مصدق ـ همان ـ صفحات ۳۲ و ۳۳

ب ـ رسوم خارج از وظیفه

بطوری که میدانیم و در نوشتهء مصدق هم دیدیم در آن زمان درآمد مالیاتی هر ایالت و ولایت بطور جداگانه تعیین میگردید و " ... مستوفی هر محل مکلف بود مبلغ و مقدار حقوق کسانی را که در کتابچهء محل او نوشته شده بود در حاشیهء قبض آنها تصدیق کند تا بتوانند از والی یا حاکم محل مطالبه نمایند ... " (۱)

اما اغلب اوقات برای افراد ذینفع امکان نداشت که خود برای دریافت حقوق یا مستمری به ایالت یا ولایتی که حقوقشان به آنجا حواله شده بود مسافرت نمایند و یا از طریق افراد فامیل و آشنا این کار را انجام دهند، مخصوصا" اینکه اطمینان هم نداشتند که در صورت مسافرت به شهر مورد نظر

دریافت مطالباتشان در مدت کوتاهی امکان پذیر باشد. ولی چون مستوفیان باقتضای وظایف خود بطور دائم با حکمران و مستوفیان ایالت و ولایت مربوط به خود در تماس و ارتباط بودند و از این جهت با کم کردن مبلغی در حدود سی یا چهل درصد (تومانی ۳ یا ۴ ریال) از وجه اسمی هر حواله بقیهٔ آن را نقداً" پرداخت میکردند و بعداً" همراه با حواله‌های دولتی و وجوه متعلق به شاه و دولت از حکمران مربوط وصول مینمودند.

---

(۱) - خاطرات و تاءلمات مصدق - همان - صفحه ۳۳

ج - تقلب و حسابسازی

تمام سعی و کوشش مستوفیان (که اکثریت قریب به اتفاق آنان از اهالی چند شهر کوچک نزدیک به هم یعنی آشتیان، تفرش و گرکان بودند)[۱] فقط و فقط در جهت تحقق این اهداف بود که:

اولا" - با پیچیده کردن و دشوار ساختن روش ادارهٔ امور مالی کشور، امکان فهم و درک کارهای خود برای دیگران را غیر ممکن سازند.

ثانیا" - با شخصی کردن کارها در سطح بالا (یعنی جلو- گیری از اینکه افراد دیگری غیر از مستوفیان درجه یک به اسناد و مدارک مربوط به حوزه‌ها دسترسی و از آخرین اطلاعات راجع به هر حوزه آگاهی داشته باشند) برکناری و تعویض خود را عملا" مشکل بلکه غیرممکن نمایند.

ثالثا" - از ورود اغیار به طبقهٔ مستوفیان با منتهای شدت جلوگیری به عمل آورند و در مورد مستوفیان درجه یک فقط فرزندان و بستگان درجه اول آنان اجازهٔ کارآموزی نزد آنان و آگاهی از محل اسناد و مدارک مربوط را داشتند و به این ترتیب

حتی پس از مرگشان نیز برای دولت انتخاب فردی خارج از خانوادهء خود آنان به جای آنان بسیار مشکل بود.

رابعا" - هر پیشرفت و تکاملی که مستوفیان در دورهء قاجاریه در روشهای ادارهء امور مالی به عمل آوردند منحصرا" در جهت تحقق این هدف بوده که هر چه بیشتر امکان کشف تقلبها و حسابسازیهای خود را از بین ببرند.

مستوفیان اوراق و دفاتر خرج و درآمد را با خط سیاق مینوشتند که حتی اغلب مردم باسواد آن روزگار نیز چیزی از آن نمیفهمیدند. بعلاوه اوراق و اسناد مربوط به هر " مستوفی اول " به خود وی تعلق داشته و در خانهء خود او نگهداری میشده است و چون آگاهی از روش تنظیم آنها محتاج سالها کارآموزی بوده، از این جهت امکان نداشته است که خارج از طبقهء مستوفیان، شخصی که تحصیل سیاق‌نویسی را هم کرده باشد بتواند از آنها سر در بیاورد، حتی برای یک مستوفی فوق‌العاده مجرب نیز بی‌نهایت مشکل بوده که بتواند تقلب‌هائی را که مستوفی دیگر در حسابهای محل مربوط به خود انجام داده است، کشف نماید. با این ترتیب " مستوفیان اول " با خیال راحت و با این اطمینان که تقلب‌ها و حسابسازیهای آنان هرگز فاش نخواهد شد به انواع سوءاستفاده‌ها مبادرت میکرده‌اند.

مورگان شوستر آمریکائی، اولین مستشار مالی که بعد از مشروطیت با تصویب مجلس شورای ملی، بعنوان " خزانه‌دار کل " استخدام گردید، مشاهدات خود را در مورد دیوان استیفاء و مستوفیان آن زمان چنین شرح داده است:

" ... امروزه طریقهء وصول مالیات در ایران به همان سبک و شیوهء ازمنهء انجیلی میباشد

... در ایران هیچگاه دفتر محاسبات مالیاتی وجود نداشت که بشود اطلاع کامل، ولو غیر صحیح هم باشد، از مأخذ کل عایدات داخلی حاصل نمود و دولت

بتواند بر آن اعتماد نماید. ایران برای سهولت وصول مالیات به هفده یا هیجده ولایت و ایالت منقسم است و در هر یک از آن حصص (۱) شهر یا قصبهء بزرگی است که مرکز حکومتی آن ولایت بشمار است ...

ریاست مرکزی از ماءخذ و محلهاشیکه باید مالیات وصول شود اطلاع کاملی نداشت، بجز تصور موهومی که در اذهان مستوفیان یعنی محاسبین دولتی طهران بود. ایشان مسبوق بودند که مثلا" چه مبلغ از کدام حصه از فلان ایالت باید وصول شود. مثلا" پیشکار مالیهء تبریز دفتری برای خود داشت که آن را کتابچه یا دستورالعمل مینامید و هر ماءمور جزئی هم تا وقتی که ماءمور بود، کتابچهء مخصوصی راجع به میزان مالیات ابوابجمعی خود داشت.

آن کتابچه‌ها بوضع مخصوص ایران بر پارچه‌های کاغذ کوچک و بدون جلد نوشته شده بود که به سهولت میتوان آن را در جیب حمل نمود. آن کتابچه (فرد)ها را بشکل مخصوصی نوشته بودند که مشکل بلکه محال بود که هر ایرانی هم آن را بفهمد.

از نسلها و ازمنهء سالفه مردمانی در ایران میباشند که آنها را مستوفی میخوانند. پیشه و شغل اکثر آنها ارثی است که از پدر به پسر رسیده است آنها ... از طریقهء پیچیده و درهمی که مالیات هر محل به وسیلهء آن حساب یا وصول میشود مطلع بودند. هر یک از پیشکاران یا ماءموران جزء کتابچه‌های مالیاتی نقاط ابوابجمعی خودشان را ملک طلق خود میدانستند نه متعلق به دولت، و اگر کسی میخواست از تفصیل آن کتابچه‌ها مسبوق شود یا بداند که

مالیات هر محل چقدر وصول شده و چقدر آنرا برای خود ذخیره و پس‌نهاد نموده‌اند مستوفیان مزبور متغیر و غضبناک میشدند.
آن صاحب‌منصبان محترم بواسطهٔ اطلاع مخصوصی که از طریقهٔ پیچیده مالیات مملکت دارا بودند بالنسبه بسایرین در خدمت مرجوعه‌شان دوامی داشتند.
اینان از اول وهله ورود ما را که راههای مداخل بی غل و غششان را تهدید میکند، مخل با تقلبات و حیله‌های خود می پنداشتند.
مواجب ایشان بالنسبه به مسئولیتشان بسیار کم بود. مستوفی که در تهران بیشتر از همه مواجب داشت ماهی یک صد و سی و پنج دلار (صد و پنجاه تومان) میگرفت. اگر بگوییم ثروت و دولتی که هر یک از ایشان در ظرف چند سال جمع و ذخیره کرده بودند پس‌انداز مواجبشان نبوده از حقیقت پر دور نخواهیم بود. سلوکشان با من گستاخانه و جسورانه بوده و از دادن هر قسم اطلاعی از خدمات خود بکلی تحاشی و امتناع داشتند ... " (۲)
مجدالاسلام کرمانی یکی از انواع تقلب مستوفیان را بشرح زیر بیان نموده است:
" ... وزیر مالیه و مستوفی مرکزی ابدا" خبر از عایدات ولایات ندارد و لاعن شعور یک سر جمع بر آن شهر می‌بندند و یک مبلغ هم با اسم تفاوت عمل که عبارت است از آنچه حکام کم‌کم زیاد کرده‌اند و هر ساله هرکس حاکم شده مبلغی زیادتر از ماءخذ سال قبل برعهده گرفته و به اسم تفاوت‌عمل خوانده می‌شود. وزیر مالیه آن مبلغ را ضمیمهٔ اصل سرجمع نموده و از حاکم سند میگیرد و آن حاکم هم در مقابل

آن جمع، خرجی میتراشد و سند خرج خود را به دفتر می‌سپارد و مفاصا حساب می‌گیرد و ترتیب دفتر خرج هم تقریبا" مثل دفتر جمع است ولی فرقی که دارد این است که دفتر و کتابچه خرج به خرد معین شده اما چه تعیینی که هزار مرتبه از عدم تعیین بدتر است و نمیتوان باور کرد که از هزار قلم یک قلم آن صحیح و مطابق واقع باشد.

مثلا" مینویسند: مواجب و مستمری شاهزادگان عظام که حواله‌ء کرمان است سرجمع چهل هزار تومان. آن وقت در ذیل آن ریز میدهند و به خرد تشخیص مینمایند به این قسم:

- ورثه‌ء شاهزاده عبدالصمد میرزا هزار تومان - ورثه‌ء شاهزاده فلان‌السلطنه دو هزار تومان و هکذا ... در صورتی که معلوم نیست ابدا" چنین ورثه در خارج وجود دارد یا ندارد. بلی همینقدر معلوم میشود که یک وقتی چنین شاهزاده‌ای بوده و دو هزار تومان از محل کرمان حقوق میبرده، کم‌کم مرده از میان رفته و مستوفیها به ملاحظه‌ء آنکه محل از دست خودشان خارج نشود، اسم شاهزاده را تغییر داده، یک لفظ " ورثه " اضافه کرده‌اند و آن را برای خودشان یا کسان و بستگان خود ضبط نموده و یا آنکه به هر سبزی فروش و امثال آن فروخته‌اند.

طایفه‌ء علماء و سادات چند هزار تومان - و در ذیل آن هم بهمین قسم یک مشت اسامی موهومه ثبت مینمایند. چه بسا اشخاصی که در دفاتر مالیه ولایات به اسامی مختلفه دارای حقوق هستند. مثلا" آقا میرزا مصطفی آشتیانی، پسر مرحوم میرزا آشتیانی، چند محل به اسم آقای میرزا مصطفی مجتهد

آشتیانی مستمری داشته و از چند محل به اسم آقا شیخ مصطفی ـ حاج میرزا مصطفی ـ مصطفی خان و بترتیب و هکذا. حتی در توپخانه مواجب یک نفر سرهنگ را میبرده ... " (۳)

" ... مستوفیان عظام ... هر چه به هر اسم که خواستند فرمان صادر کردند و احدی از بستگان و کسان بلکه خدمتکاران خود را محروم نکردند. حتی آنکه با اسامی مختلفه حقوق دیوانی بردند. مثلا" میرزا حسن مستوفی به چندین اسم و عنوان مواجب و مستمری در دفتر برده : میرزا حسن، حسن خان، حسن آقا، ملا حسن، شیخ حسن، و، و، و ... " (۴)

---

(۱) ـ جمع حصه، به معنی بخش ها

(۲) ـ اختناق ایران ـ مورگان شوستر ـ ترجمه : ابوالحسن موسوی شوشتری ـ صفحات ۳۱۵/۳۱۹

(۳) ـ تاریخ انحلال مجلس ـ فصلی از تاریخ انقلاب مشروطیت ایران ـ احمد مجدالاسلام کرمانی ـ مقدمه و تحشیه : محمود خلیلپور ـ صفحات ۹۷/۹۸

(۴) ـ همان ـ صفحهء ۹۵

(با توجه به حقوقهای متعدد و خلاف قانون که با تقلب ـ کاریهای مستوفیان از چند محل به یک نفر داده میشده، پرداخت چهار حقوق ظاهرا" قانونی به مصدق که خودش مستوفی اول و پدرش سرپرست کل مستوفیان بوده، مطلبی عجیب شمرده نمیشده است.)

د - رشوه و هدیه

مستوفیان، علاوه بر حقوق و انواع درآمدهای علنی و غیر- علنی که از راههای نامشروع و حسابسازی و تقلب تحصیل میکردند، معمولاً" برای انجام هر کاری که میبایست برای ارباب رجوع انجام دهند (و بطور مشخص " رسومی " در مورد آن تعیین نشده بود) توقع دریافت رشوه هم داشته‌اند.

مثلاً" همینکه شاه دستور برقراری حقوق یا مواجبی را در مورد شخص معینی صادر مینموده، بلافاصله حکم مربوط صادر می- گردیده ولی اجرای آن و پرداخت حقوق متعلقه تا پیدا شدن محل به تعویق میافتاده است و شخص ذینفع میبایست آنقدر دعا بخواند و در انتظار بماند تا اینکه یکی از حقوق بگیران قبلی وفات یابد و از محل ثلث حقوق او محل خالی پیدا شود. در این صورت نیز غالباً" هنگامی که آن شخص مراجعه مینموده، آگاهی می‌یافته که محل مزبور به منتظرالحقوقهای دیگر داده شده است!

اما واقعیت امر این بوده که مستوفیان همواره تعدادی محل حقوق خالی موجود داشته‌اند ولی آنها را فقط در اختیار کسانی قرار میداده‌اند که رشوهء قابل توجهی از آنان دریافت کرده باشند.

شرح زیر از قول ارفع‌الدوله موءید این مدعا میباشد. وی بعد از شرح این مطلب که به پاداش خدماتش در تعیین مرز خراسان با روسیه و بنا به تقاضای صاحب‌اختیار، از طرف ناصرالدینشاه به سمت جنرال آجودانی حضور منصوب شده، چنین نوشته است:

" ... شاه رو کرد به یحیی‌خان وزیر امور خارجه (چون اجزای وزارتخارجه بودم) فرمود: همین فردا این منصب را با پانصد تومان مواجب بنویسید و بفرستید مهر کنیم.

بعد از این فرمایش شاه پا شد. همه را مرخص کرد.
آمدیم بیرون ... در فرمان جنرال آجودانی که پانصد تومان مواجب معین شده بود، هر چه منتظر شدم از مواجب اثری پیدا نشد. هر چه به مستوفی ماءمور این کار اظهار میکردم میگفت: صبر کنید تا محل پیدا شود. منهم خجالت میکشیدم بپرسم محل چه چیز است؟ و صبر کردم ... هر چه پول آورده بودم با خودم تمام شد ... یک سرقلیان فیروزه داشتم عسکربیک برد پیش طرف رهن گذاشت به پنج هزار تومان. آورد، دادم به سرهنگ [که مبلغی از ارفع‌الدوله قرض خواسته بود.] گفت: شما که صاحب پانصد تومان مواجب هستید، چرا سر قلیان گرو میگذارید؟ و خیال کرد که این کار را عمداً" کردم که دیگر از من قرض نخواهد. گفتم: از پانصد تومان دیناری به من نرسیده و منهم تقریباً" در حال شما هستم.
فرمان را آوردم نشان دادم. نگاه کرد، گفت: ای بیچاره بدبخت! با این فرمان به شما، پول نمی‌شود.
گفتم: چطور؟ گفت: اینجا نوشته‌اند پانصد تومان از" محل " به شما بدهند. این حواله یخ است.
پرسیدم: محل چه چیز است؟ گفت: محل غایب متوفا. گفتم: توضیح بکنید. گفت: یعنی یکی از نوکرهای دولت که پانصد تومان مواجب داشته باشد تا فرار نکند و نمیرد به شما مواجب نخواهند داد و گفت: صریح به شما میگویم از این فرمان این قدر دست مردم هست که بیچاره‌ها ماهیانه به اطباء میدهند که هر کس صاحب مواجب است در شرف مردن است به آنها خبر بدهند که قبل از مردن آنها

فرمان به اسم خودشان صادر نمایند و این فرمان مبالغی مخارج دارد که به مستوفیها باید داد. گفتم: تکلیفم را فهمیدم که چه باید بکنم ... " (۱)

(۱) - ایران دیروز - خاطرات ارفع‌الدوله - صفحات ۱۶۰/۶۴

هـ - موارد استثنائی و سوءاستفاده از مقام

(الف) موارد استثنائی

از آنجائی که نگهداری حسابهای درآمد و هزینهٔ کشور برعهدهٔ مستوفیان قرار داشت، از این جهت در هر زمان که قرار بود اقدامی با اهمیت و بزرگ انجام گردد، مثلاً" خرید و فروش دولتی کلانی صورت پذیرد و یا وجوه گزافی در راه معین دیگری به مصرف برسد، مأموران اجراء با مستوفیان مربوط تبانی می‌کردند و مشترکا" مبلغ قابل‌توجهی از وجوه دولت را اختلاس مینمودند.

اما در طول سلطنت مظفرالدینشاه (که رکورد حماقت در میان تمام پادشاهان ایران بنام وی ثبت شده است) بسیاری از رجال کشور بطور علنی به غارت و چپاول اموال دولتی می‌پرداختند، از جمله اینکه موافقت این پادشاه نفهم را با بخشیدن املاک سلطنتی به خودشان به دست آوردند. منتهی برای اینکه او را گول زده و وانمود کنند که املاک مزبور را با پرداخت وجه آن از وی خریداری مینمایند قرار گذاشتند که معادل مالیات سالانه!! هر یک از املاک را به عنوان بهای آن به حضور مبارک اعلیحضرت! تقدیم دارند. یعنی در حدود ده درصد درآمد نقدی و

جنسی ظاهری و اسمی هر روستای خالصه به عنوان قیمت آن تعیین گردید.

ما میدانیم که درآمد واقعی هر روستای خالصه چندین برابر پول و جنسی بوده که بخزانهء دولت میرسیده و از کشاورز و مباشر روستا گرفته، تا ماءمور دولت و حاکم ایالت مربوط همگی به سهم خود از درآمد واقعی مزبور میدزدیده و نهایتا" جزئی از آنرا به عنوان "جمع خالصگی" به دولت تحویل میداده اند.

حال این درآمد دروغی و غیر واقعی را به منزلهء درآمد حقیقی و واقعی هر روستای خالصه وانمود کردند و با تقدیم کمتر از یک دهم آن بحضور مبارک! شاهانه، آن روستا را مالک شدند.

عبدالله مستوفی بعد از شرح قسمتی از غارتگریهای این رجال درباری در خزانه و کاخهای سلطنتی چنین نوشته است:

"... بعد به خالصجات پرداختند. فرمانفرما، یافت‌آباد را که هزار تومان و هزار خروار جمع خالصگی داشت و پشت دروازهء تهران واقع است به ده تومان و ده خروار جمع اربابی فرمان صادر کرد. [یعنی یک صدم آنچه که بعنوان درآمد، بعد از دزدیهای تمام ماءموران و مسئولان، به دولت تحویل می‌شده است]

حکیم‌الملک، فیلستان ورامین و خانهء خیابان الماسیه را به همین طورها مالک شد.

هر جا ده خالصه کم‌خرج پردخلی بود، فرمان مالکیت صادر کردند. چنانکه فریمان خراسان با دو هزار و چهار صد تومان خالصگی که عشر عایدی آن بود، گیر حکیم‌الملک آمد ..." (۱)

اما اگر مظفرالدینشاه به علت حماقت ذاتی خود قادر نبود ضرری را که به این ترتیب بر دولت وارد میشده است درک نماید، حکام ایالات و ولایات ومستوفیان عظام و سایر

ماءموران دولتی که عاملان اجرای این خرید و فروشها بودند بخوبی از سود کلانی که از این راه نصیب خریدار میکردیده، آگاهی داشته‌اند و بهمین‌جهت با اینکه هر کدامشان تعدادی از این املاک خالصه را شخصا" خریداری و یا به عبارت صحیحتر، مزورانه غصب و تصاحب کرده بودند، با وجود این حاضر نبوده‌اند قبل از آنکه از سایر خریداران مبلغی رشوه به عنوان " رسوم " و " هدیه " دریافت کنند به وظایف خود عمل کرده و به تسلیم فرمان و واکذاری ملک به خریدار و امضای اسناد مربوط مبادرت نمایند.

ظاهرا" مبلغی که خریدار میبایست با این ترتیب خرج نماید به پنج تا شش برابر وجهی که به شاه تقدیم کرده بود، بالغ میشده است.

شرح زیر از قول مجدالاسلام کرمانی، تا اندازه زیادی وضع فروش! املاک خالصه در آن زمان را روشن میسازد. لازم به تذکر است که این شرح مربوط به آن قسمت از املاک خالصه‌ای است که خریدارانشان خارج از طبقهء مستوفیان و حکام ایالات بوده‌اند:

> "... در بستن قیمت که ابتدائا" قرار دادند مطابق مالیات ابوابجمعی هر دهی از قرار تومانی یک تومان بابت تقدیم به شاه بدهند و چون مدتی کذشت و اغلب خالصجات را مردم[؟!] میخریدند، آن وقت ملتفت شدند که خبط کرده‌اند و بر قیمت افزودند و حال آنکه اکر از قرار تومانی پنج تومان هم اعلان میدادند البته مردم میخریدند و باز هم در صورتیکه تومانی یک تومان بیشتر بشاه عاید نشد اقلا" تومانی چهار بلکه پنج تومان از کیسهء خریدارها خارج شد نهایت حکام ولایات کرفتند و مستوفی و وزیر دفتر و وسائط بردند و خوردند.

مثلا" حکام ابتدا مبلغی به صیغهء تقدیم میگرفتند تا اجازهء خرید یک دهی را میدادند و بعد از آنکه آن اجازه را بطهران میفرستادند و فرمان بر طبق آن صادر میشد و برمیگشت آن وقت هم مبلغی میگرفتند تا فرمان را اجرا دارند و ملک را تصرف خریدار بدهند. این بود که حکام ولایات دو مقابل شاه از این کار فایده تحصیل کردند.

اما مستوفیها رسما" از قرار تومانی دو ریال میگرفتند، ولی به اسم تعارف و رشوه و ... و ... و ... و ... اقلا" یک تومان میگرفتند.

وزیر دفتر هم اسما" از قرار تومانی سه هزار میگرفت که فرمان را حاشیه کند ولی با تعارف عزب دفتران، و تعارف آنها که پشت دفتر فرمان را خطوط کج و معوج چلیپا میکشیدند، اقلا" تومانی یک تومان میگرفتند. مخارج صحهء همایونی هم تومانی یک تومان میشد یعنی اشخاصی میگرفتند که فرامین را بحضور میبردند و به صحهء همایونی میرسانیدند ... " (۲)

با این ترتیب بطوریکه ملاحظه شد وزیر دفتر و مستوفیان عظام جمعا" مبلغی که حداقل دو برابر سهم شاه بوده است از این غارتگری استفاده میبرده‌اند.

مصدق که مدت کوتاهی بعد از به سلطنت رسیدن مظفر-الدینشاه، به سمت مستوفی خراسان منصوب شده و مدت کوتاهی نیز بعد از فوت او از این سمت کناره‌گیری کرده است، در تمام غارتگری‌های مستوفیان در این دوران، که فروش املاک خالصه نمونه‌ای از آن میباشد، سهیم و شریک بوده است.

در آغاز چهاردهمین دورهٔ مجلس شورای ملی که مصدق با اعتبارنامهٔ سید ضیاءالدین طباطبائی، نخست‌وزیر کودتای ۱۲۹۹ شمسی، به مخالفت برخاست. سید ضیاء در دفاع از خود، خطاب به مصدق، اشاره‌ای داشت که او اموال خود را از راههای:

" مستوفی‌گری و خرید خالصه و از کاغذ [سند] سازی و از چه و چه ... " (۳) به دست آورده است.

و مصدق در جلسهٔ بعد، ابتدا این غارتگری بیشرمانه و عجیب را توجیه کرده و آن را بحساب آبادی املاک خالصه گذاشته است و بعد هم چون احتمال زیاد میداده که سید ضیاء از محل و موقعیت خالصه‌هائی که وی خریداری کرده است، آگاهی نداشته باشد، از این جهت مطلب را با منتهای مهارت به شرح زیر و به ترتیبی بیان نموده است که نه تاءیید خرید خالصه باشد و نه تکذیب آن و در عین حال مستوفیان نیز در مورد گرفتن تومانی یک تومان به عنوان رشوه و هدیه تبرئه، شده باشند:

" ... خوب است آقا [سید ضیاء] بفرمائید که مستوفی بودن چه عیبی برای من میشود؟ من در دورهٔ استبداد ده سال مستوفی بودم. خوب است بفرمائید که آن مستوفیها تماماً" در عرض سال چه مبلغ به مالیه خسارت میرساندند؟ و بعضی از رؤسای امروز و یا همین وزرائی که در انتخابات امسال دخالت نمودند به قدر یک قرن مداخل آنها به جیب نزدند؟ (۴) نه به تمام رؤسای امروز میشود ایراد گرفت و نه به هر کسی که مستوفی بوده است میتوان بد گفت. هر کس در جامعه مقامی دارد. من اگر خالصه هم خریده باشم دزدی نکرده‌ام و از مالیهٔ مملکت چیزی بجیب نزده‌ام[!!](۵) مگر در این سالهای اخیر مردم املاک خالصه نخریدند؟ (۶)

مگر دولت برای اینکه املاک آباد شود خالصجات

را به مردم انتقال نداد؟
با اینحال از آقا خواهانم که آن خالصه‌ای که من از دولت خریدم و آن مبلغی که من از این راه به دست آوردم تعیین کنند ... " (۷)

---

(۱) ـ تاریخ اجتماعی و اداری دوره قاجاریه ـ جلد ۲ ـ همان ـ صفحات ۱۲ و ۱۱

(۲) ـ تاریخ انحلال مجلس ـ فصلی از تاریخ انقلاب مشروطیت ـ همان ـ صفحه ۱۲۱

(۳) ـ سیاست موازنهء منفی در مجلس چهاردهم ـ حسین کی‌استوان ـ صفحه ۴۳

(۴) و (۶) ـ مصدق همواره برای توجیه کارهای خلافی که مرتکب میشده، شخص یا اشخاص دیگر را که به انجام خلافهای بزرگتری مبادرت کرده بودند مثل میزده و با این ترتیب خلاف یا خلافهای خود را بی‌اهمیت و خود را بی‌تقصیر و یا حداقل کم‌تقصیر جلوه میداده است.

(۵) مثل اینکه املاک خالصه مالیهء مملکت نبوده و خرید-نشان به مبلغی معادل یک صدم تا یک دهم مالیات اسمی آنها که چند صد برابر از قیمت واقعی آنها کمتر بوده، دزدی محسوب نمیشده است.

(۷) ـ سیاست موازنهء منفی در دوره چهاردهم ـ همان ـ صفحه ۵۴

(ب) ـ سوء استفاده از مقام

احمد متین دفتری، نتیجهء میرزا هدایت‌الله وزیر، ضمن مقاله‌ای تحت عنوان " خدا رحمت کند دراز نویسها را " که در

پانزدهمین سالنامهء دنیا به چاپ رسیده، در مورد فراشخانه[!] که در بیرونی خانهء وزیر دفتر وجود داشته، چنین نوشته است:

" ... وزیر دفتر در بیرونی خود یک فراشخانه مفصلی هم داشت که بعضی از بدهکاران بدحساب دولت را مدتها در آنجا توقیف میکردند [!] و احیانا" بعضی از آنها را در حیاط جلو پنجره دفتر مخصوص وزارتی روی زمین میخواباندند و به فلک میبستند و فراشها بغل بغل ترکه‌های درخت چنار به پای آنها خرد میکردند و در فصل زمستان به کف پای لخت مضروب برف میمالیدند و این صحنه را که ما از پنجرهء مکتب خانه تماشا میکردیم آنقدر دوام داشت که مضروب تسلیم، یعنی حاضر به تاءدیه دین مالیاتی خود بشود و اگر سماجت میکرد او را به امر رئیس دفتر لنگان لنگان بفراشخانه میبردند که چند روز دیگر باز او را برای چوب و فلک در صحن حیاط دراز کنند ... " (۱)

اما بدکار بدحساب دولت کسی بوده که یا توسط خود وزیر دفتر به این خصوصیت شناخته میشده و یا اینکه یکی از مستوفیان اول وی را به این عنوان معرفی میکرده است و از آنجا که کسی بعدا" در مورد این افرادی که به چوب و فلک بسته شده بوده‌اند از وزیر دفتر یا از مستوفی که او را معرفی کرده بوده، باز-خواستی به عمل نمی‌آورده است، از این جهت بکرات اتفاق افتاده بوده، که مستوفیان از این راه اغراض خصوصی خود را بکار برده و به تصفیه حسابهای شخصی خود با دیگران میپرداخته‌اند.

ضمنا" همین فراشهائی که وظیفه داشته‌اند که بدهکاران بدحساب دولت را به بیرونی منزل وزیر دفتر برده و در آنجا زندانی کنند و یا به چوب و فلک به بندند، در هنگام ایاب و ذهاب وزیر دفتر به دربار و یا دیوان استیفاء در قسمتی از

مسیر او با هیاهو و فریاد و با ترکه‌هائی که در دست داشته‌اند مانع حرکت سایر مردم شده و به این ترتیب به خرج دولت وضعی نظیر حرکت موکب ملوکانه برای وی به وجود می‌آورده‌اند .

حسن اعظام قدسی این نحوهٔ تشریف فرمائی وزیر دفتر به دیوان استیفا را چنین شرح داده است :

" ... یک روز دیدم عده‌ای [که هر یک] ترکهٔ بلندی در دست دارند ، از دو طرف حرکت میکنند و از جلو مکتبخانه عبور کردند و مانع از حرکت سایرین بودند .

در این بین وزیر دفتر که جبهٔ بلندی پوشیده با کلاه دراز در وسط صف فراشها قرار داشت و پشت سرش عدهٔ زیادی از مستوفیها و عزب- دفترها و ارباب رجوع حرکت میکردند تا سر خیابان فرمان-
فرما (شاهپور) و از آنجا وزیر دفتر سوار کالسکه و بقیه هم بعضی سوار درشکه و یا اسب و قاطر به دنبال کالسکه به راه افتادند که به وزارت مالیه بروند ... " (۲)

فراشان و فراشخانه مزبور ، برای وصول مطالبات دولت در هر سال مالی جاری از بدهکاران بدحساب به وجود آمده بودند و وصول مطالبات سال و سالهای قبل دولت از بدهکاران بدحساب را شخص دیگری به عنوان وزیر بقایا به عهده داشته است .

البته کسی که ، با داشتن پول، از زندان و چوب و فلک وزیر دفتر نترسیده و در پایان سال مالی باز هم به دولت بدهی داشته معمولا" یا یکی از شاهزادگان معزز درباری و یا یکی از رجال مقرب دولتی بوده است . از این جهت در این قبیل موارد مذاکرات ملتمسانه وزیر بقایا و بردن شکایت از او پیش شاه ، بیش از روشهای خشونت‌آمیز مؤثر واقع میشده است با این وجود وزیر بقایا که داروغهٔ دفتر استیفاء نیز نامیده میشده به

نوبهٔ خود فراشخانه‌ای داشته و در صورت لزوم از فراشهای حکومتی نیز استفاده میکرده است.

اما برای یک نفر مستوفی اول، همواره این امکان وجود داشته است که در صورت بروز اختلاف و دشمنی شخصی با یک نفر دیگر، فوراً" به وزیر بقایا اعلام نماید که او و یا حتی پدرش جزو بدهکاران سابق دولت میباشند و با این ترتیب او را بدست فراشان وزیر بقایا به چوب و فلک زندان دچار نمایند.

شرح زیر که از خاطرات ممتحن‌الدوله نقل شده است مؤید این مدعا میباشد:

" ... روزی میرزا عباسخان [تفرشی]، قوام‌الدوله، یکی از حواریون علاءالدوله بنده را بوسیلهٔ فراش احضار نمود. وقتی رفتم خدمت او رسیدم، خواهش نمود تلمبه‌ای برای ایشان در روی آب‌انبار میدان کاه‌فروشان که میخواستند در آن آب انبار و کاروان-سرا را تعمیر نمایند، سوار بکنم. چون استبداد و زور بود مجبور بودم امر را اجرا کنم.

آن روز بنده را به اتفاق اسدالله بیک، فراشباشي خود، بدان محل فرستاد و رفتیم و تلمبه و محل نصب آن را دیدم و شناسائی کردم و دیدم تلمبه‌ای نظیر همان تلمبه‌ای است که برای وزیر فوائد عامه نصب شده بود و بعقیده و فکر اینکه در اینجا موقع آن است که دخل و حق‌الزحمه بگیرم. متاءسفانه نمیدانستم که شکار گراز است. لهذا به اسدالله بیک فراشباشی گفتم که: پنجاه تومان حق‌الزحمه بمن بدهید من حاضر خواهم بود، تلمبه را سوار و نصب نمایم. و از اسدالله بیک جدا شده به خانه برگشتم.

چند روزی از این فقره گذشت. صبح یک روز که از

خواب برخواسته، دو گانهء نماز را بجا آورده بودم،
شنیدم دقالباب مینمایند. با آرخالق که در تن
داشتم به در کوچه رفتم که کوبنده در را بدانم
کیست.
بمحض اینکه در خانه باز گشت، دو دست داخل خانه
گشته از بازوهایم گرفته بیرون کشید. دیدم دو فراش
قرمزپوش از دو طرف بنده را احاطه نموده به طرف
خروج از کوچه کشیده، حرکتم دادند. صدا بلند کرده
پرسیدم که بدین افتضاح مرا کجا میبرند. با کمال
خشونت جواب شنیدم که: ده هزار تومان مال دیوان
را خوردهای و باز سئوال میکنی که ترا بکجا میبریم؟
شما رابه انبار شاهی میبریم که ده هزار تومان را
از تو بگیریم.
من طاقت نیاورده شروع به داد و فریاد کرده گفتم:
بابا! ای داد! ای امان. آخر مردم بیانصاف من
کجا، ده هزار تومان مال دیوان کجا؟ آخر چه می-
میگوئید؟ یحتمل عوضی گرفتهاید؟
گفتند: خیر عوضی نگرفتهایم. مگر شما میرزا مهدی
خان مهندس پسر میرزا رضاقلی خان نیستی؟
گفتم: بلی هستم. اما هیچ وقت مباشرتی نداشتهام که
ده هزار تومان باقیدار شده باشم.
گفتند این حرفها ربطی بما ندارد. بیا اینها را به
جناب علاءالدوله وزیر دربار و بقایا بگو.
باز دیدم دست بردار نیستند. با داد و فریاد گفتم:
آخر شما چطور مردم ظالمی هستید؟ بابا بگذارید
لباس بپوشم. بچشم با شما خواهم آمد. گفتند: خیلی
خوب ده تومان مهلتانه بده تا صبر کنیم. رخت و
لباس بپوشی. گفتم: بابا من ده تومان ندارم. صبر

کنید. دوباره داد زدم: ای داد! بیداد! ای مسلمانان بیائید بشنوید. آخر اینها چه میگویند.
در این موقع جمعی از همسایه‌ها از مرد و زن بیرون آمدند (متاءسفانه میدانستم اینها خون ندارند، غیرت ندارند. مگر چه کمکی میتوانستند با این وضع استبداد بکنند؟) اهل خانه من هراسان کشته دور مرا گرفتند.
یکی میپرسید که: این جوان بیچاره چه گناهی کرده است؟ او را بکجا میبرید؟ آخر بچه علت میبرید؟
ولی این حرفها ابدا" به خرج آنها نرفت و باز مرا میکشیدند. پدر زن پیرمرد بیچاره‌ء من لباسهایم را آورد و در همان کوچه میپوشیدم. در حالی که فراشان میرغضب کل [علاءالدوله] جیبهای مرا کاوش میکردند. مثل اینکه ماءموران چنگیز خان ستمکار دهر بودند. یکی ساعت مرا بدر آورد، دیگری کیف جیبم را بیرون کشید. حتی انگشتر را که فیروزج بود بدر آوردند و مثل غارتگران صاحب شدند. با هزاران التماس و وعده و نوید کاری کردم که اقلا" دستهای مرا ول کنند. پس از پوشیدن لباس در میان آنها حرکت کردم و بدین افتضاح مرا به خدمت اربابشان علاءالدوله بردند.
به محض اینکه داخل اطاق شدم هنوز سئوال و جوابی نشده، همینکه بنده را شناخت که پسر میرزا رضا قلی خان نایب وزارت خارجه و سر سپرده‌ء میرزا سعید خان وزیر سابق وزارت خارجه هستم فورا" امر کرد مرا به محبس ببرند و زنجیر بگردن و کند خلیلی به پاهایم بگذارند و تنگ قجری بکنند و ده هزار تومان بعلاوه هزار تومان پیشکش از من ماءخوذ دارند

تا بعد قراری در اخلاص من داده شود و امر جلاد مستبد کل اجرا و مرا کشیدند و از اطاق بیرون آوردند. همینکه داخل باغ شدیم و چند قدمی به طرف محبس حرکت نمودیم جوانکی که صندوقدار علاء-الدوله بود از عقب رسید و مرا از دست فراشان آزاد نموده و به آنها گفت: این یازده هزار تومان به من حواله شده، من اورا به صندوقخانه برده خودم مطالبه کرده، خواهم گرفت. و دست مرا گرفت و به صندوقخانه برد و در آنجا دستور آوردن یک فنجان چای برای من داد که آوردند و مرتبا" به من میگفت که: بهترین کارها برای تو اینست که فکر ادای وجه نمائی و الا شما را به انبار شاهی خواهند برد و سالها در آنجا خواهی ماند.

تهمت دروغ - من بدبخت به التماس از صندوقدار باشی خواستم که دلیل این مطالبه را بگوید. گفت که: از وزارت بقایا صورتی آورده‌اند که در ده سال هر سال یک هزار تومان دولت به مرحوم پدرتان میرزا رضاقلی خان اضافه مواجب از بابت محل مواجب سلیم‌پاشا خان ماکوئی که از محل عایدات و مالیات خوی دریافت مینموده به او داده است و مرحوم پدر شما هم از آن محل دریافت نموده و هم در رکاب برات صادر میکرده، یعنی از دو جا و دو محل این پول را میگرفت. این است که باید شما این مبلغ ماءخوذهء ده ساله را به دولت و وزارت بقایا و دیوان برگردانید.

بنده از این خبر بسیار متاءلم و متاءسف گشته به صندوقدار گفتم که: این موضوع از اصل دروغ است. چرا که چنانکه مرحوم پدرم میگفت اولا" مبلغ هزار

تومان اضافه حقوق نمیگرفته و مبلغ ششصد تومان به امر اعلیحضرت میگرفت. ثانیا" از دو جا و دو محل نمیگرفته و فقط از همان محل پول میگرفت. ثالثا" اولاد مرحوم میرزا رضاقلی خان منحصر به من تنها نیست بلکه آن مرحوم شش اولاد داشت که هنوز در قید حیاتند. مرا چرا توقیف میکنید؟ پسر را که جای پدر نمیکشند! ای خدا این چه مملکتی است! چه ظلم و ستمی است!

تا هنگام غروب آفتاب در اطاق ماندم. صندوقدار از پی کار خود رفت. فراشی دم درب اطاق ایستاده، مانع خروج من بود. در وقت نهار و شام لقمهء نانی بمن دادند و ساعت بساعت فراش درب اطاق یادآور میگشت: آقا! انبار شاهی بد جائی است. آدم سال به سال رنگ حمام و آفتاب نخواهد دید. شپش شما را خواهد خورد. رطوبت شما را افلیج خواهد کرد. باید فکر پول بکنید. و هزار جور توصیف از سیاه-چال و انبارشاهی که از شنیدن وصف آن هزار خیال و فکر به کلهء من رسوخ میکرد.

قریب به غروب آفتاب صندوقدار آمد. انسانیت نمود فنجان چای برایم آورد. در ضمن به من فهماند که شب را باید به محبس بروم و حکم شده که مرا زنجیر و کند کرده، تنگ قجر بگذارند ... از این خبرها به تنگ آمده، راضی به مرگ خودم شدم. چشمم بقرآنی در طاقچهء صندوقخانه افتاد، آنرا برداشته، بعجز در مقابل صندوقدار گذارده و تقاضا کردم که تدبیر در استخلاص من نماید. آن جوان از این حرکت و سادگی من متاءلم گردید. قلمدان و کاغذی پیش من نهاد و گفت: قلم بردار و کاغذی به جناب حسنعلی

خان امیر نظام، یعنی وزیر فوائد عامه، بنویس و
این اظهار عجز و تمکین و اطاعت که بمن گفتی به
او بنویس و در آن بگو که حاضر هستی همه نوع از
عهدهء خدمات ارجاعی میرزا عباس خان معاون‌الملک
یعنی قوام‌الدوله برآئی بلکه پیشکشی هم به ایشان
بدهی. احتمال میدهم وزیر فوائد عامه بتواند توسطی
و شفاعتی در حق تو بنماید.
زورگوئی قوام‌الدوله - این عبارات و گفته‌های
صندوقدار مرا متوجه نمود که بانی و سبب تمام این
ذلت و خواری و اهانت که در آن روز به من نمودند
همه به علت آن بود که بحق مطالبهء حق‌الزحمه جهت
سوار نمودن و نصب تلمبهء قوام‌الدوله بوده است.
با منتهای یاءس از اوضاع مملکت و خودسری اولیاء
امور عریضه‌ای همانطور که گفته شد به جناب وزیر
فوائد عامه نوشته و صد هزار بار از اظهارات و
پیغام خود توسط اسدالله بیک فراشباشی توبه و
انابه و معذرت خواسته و آن را تسلیم آقای صندوق-
دار نمودم.
مشارالیه بعد از ساعت دو از شب گذشته که آقایان
وزراء در اطاق علاءالدوله حاضر شده بودند
عریضه را به خدمت حسنعلی خان، وزیر فوائد عامه
، رسانده بود. چند دقیقه بعد از همین ساعت مرا
احضار کردند. پس از حضور من به آن مجلس یک
مرتبه تمام مجلسیان شروع به قاه قاه خنده کردند و
مخصوصا" مرحوم قوام‌الدوله با آن وقاحت که
مخصوص خودش بود، گفت: احمق! من تمام عمر از
مردم دستی گرفته‌ام. چگونه تو میخواهی برای نصب
یک تلمبه به تو پول بدهم؟ بیا! دست مرا ببوس و

صیغهء توبه با حضور این آقایان جاری کن و صبح زود برو به میدان کاه‌فروشان و تلمبه را در میان آب انبار کار بگذار تا گفته‌های ترا تصدیق کنم که پدرت اضافه مواجب خود را فقط از یک جا و آنهم در رکاب گرفته است و تو خلاص شوی ... " (۱)

بطوری که ممتحن‌الدوله شرح داده است، وی آن شب با سپردن تعهد مورد نظر قوام‌الدوله آزاد شده و از صبح روز بعد نیز شروع به نصب تلمبه کرده است. وی به علت کم شدن یک پیچ در میان گل و لای، مجبور شده است که شکل و اندازهء آن را روی کاغذ کشیده و در قورخانه با کمک استاد آهنگر و پرداخت مبلغ چهار تومان نظیر آن را بسازد.

بعد از نصب تلمبه، قوام‌الدوله برای تماشای آن رفته و فقط به فراشباشی دستور داده است چهار تومانی را که ممتحن‌الدوله برای ساختن پیچ خرج کرده بوده به او برگرداند ولی این مبلغ را نیز فراشباشی خورده است.

ممتحن‌الدوله بعد از نصب تلمبه برای پس گرفتن پول، کیف، انگشتر و ساعت خود به وزیر فوائد عامه متوسل شده و موفق گردیده است که کیف و پول خود را مسترد دارد و مسلما" از آن به بعد نیز این پند ارزندهء وزیر فوائد عامه را که به او گفته بود: " باید از این میرزا تفرشیها ترسید[!!] " (۲) به گوش گرفته است.

---

(۱) - خاطرات ممتحن‌الدوله - بکوشش: حسینقلی جانشقاقی- صفحات ۲۴۲/۴۶

(۲) - همان - صفحه ۲۴۸

داستان دیگر

میرزا عباس تفرشی، قوام‌الدوله، که مدتی از طرف ناصرالدینشاه به سمت محاسب تهران منصوب شده بود، با استفاده از اسناد مالی مربوط به آن مدت که در اختیار داشت و اطلاعاتی که به اقتضای اشتغال به آن سمت کسب کرده بود، میتوانست حتی سالها بعد از فوت کارمند دولت (آنطوری که در بالا دیده شد) به پسر او هم زور بگوید و همانطور که قبلا" گفته شد، برای این امر فقط کافی بود که مستوفی‌ی اول به وزیر بقایا اطلاع دهد که فلان مبلغ باید از فلان شخص بابت بدهی که خود او یا پدرش از فلان سال به دولت داشته است وصول گردد. چون تمام اسناد مالی مربوط در خانهٔ همان مستوفی نگهداری میشده و غیر از خود او هم کس دیگری از آنها سر در نمی‌آورده از این جهت برای متهم هیچ راهی برای تکذیب ادعای خلاف واقع مستوفی وجود نداشته است.

اما، وزیر بقایا شخصا" و بدون جلب نظر و همکاری مستوفی‌ی مربوط قادر به انجام این قبیل زورگوئیها نبوده زیرا مستوفی میتوانسته است رشته‌های وزیر بقایا را پنبه ساخته و نقشه‌های او را نقش بر آب نماید.

بطور مثال: عبدالله مستوفی شرح داده است که یک روز جمعه به همراه پدر خود (حاجی میرزا نصرالله مستوفی‌ی اول) به حمام رفته بوده، پس از بیرون آمدن از گرمخانه مشاهده کرده است شخصی که قبلا" از گرمخانه بیرون آمده و لباس پوشیده بوده در حال تشکر از پدر او در مورد التفاتش راجع به تفنگها می‌باشد.

عبدالله مستوفی، که در آن زمان در حدود ده سال داشته، نمی‌توانسته است از پدر پیر خود چیزی در این مورد سئوال نماید. اما ۲۶ سال بعد تصادفا" همان مرد تشکر کننده را در خانه دوستی

دیده و داستان تفنگها را از او سئوال کرده و بعد در کتاب خود آن داستان را از قول آن مرد به شرح زیر نقل نموده است:

" ... یک دو سالی بعد از مردن پدرم، روزی فراش قرمز پوشی در خانهء ما آمد که بیائید امین حضور (۱) وزیر بقایا شما را میخواهد، مرا نزد امین حضور برد. دیدم جناب وزیر بقایا قبض رسید یکصد هزار تومان جهت خرید چند هزار قبضه تفنگ از یکی از کارخانه‌های اروپا که به خط و مهر پدرم بود، جلوی من گذاشت و گفت این پول را پدر شما گرفته که تفنگها را از کارخانه بگیرد و برساند. از پیدا شدن عین قبض او معلوم میشود که تفنگها را نرسانده است و ورثهء او بدهکار این یکصد هزار تومان هستند و باید از عهدهء جوابگوئی این قبض رسید برآئید. بتاریخ قبض رجوع کردم دیدم مال ده سال قبل است.

پدر ما در هفت هشت سال آخر عمرش، دیگر تجارت نمیکرد و ملاک شده بود، بنا بر این، دفتر و دستک-های او بر هم خورده و میرزاهای تجارتی پی کار خود رفته بودند و ما هیچ وسیله‌ای برای اطلاع از سابقهء امر نمیتوانستیم داشته باشیم ... به جناب وزیر بقایا عرض کردم: این سند مال ده سال قبل است پدر من هم کسی نبوده است که یک چنین مبلغ هنگفتی را در هشت سال زنده بودنش لابلا کرده و نپرداخته باشد. وزیر بقایا با شدت هر چه تمامتر جواب گفت: عمل دیوان قبض است و برات، اینها که شما میگوئید جواب قبض صد هزار تومان را نمیدهد، مگر اینکه رسیدی از تفنگها بیاورید و الا باید صد هزار تومان را فوراً" بپردازید. من یقین دارم که تفنگ-

های این صد هزار تومان به وسیلهء پدر شما نرسیده است زیرا پدر شما کسی نبوده که تفنگها را تحویل بدهد و قبض خود را پس نگیرد. در هر حال سه روز به شما مهلت میدهم که بروید و بگردید و اطمینان حاصل کنید که چنین رسیدی از تفنگها ندارید و بعد از سه روز صد هزار تومان را از شما میگیرم. از مال دولت نمیتوان ملک و دستگاه بهم زد.

من که از این جملهء آخری بیشتر از سایر بیانات امین حضور حالم به هم خورده بود دیگر حرفی نزدم و برخاستم و به منزل آمدم. با دو برادر یکی بزرگتر و یکی کوچکتر از خودم چند جوال کاغذ کهنهء قدیمی خانوادگی را بر هم زدیم و یکی یکی خواندیم. از رسید تفنگها چیزی بدست نیاوردیم و حتی جزئی اثری هم از این معامله که بتواند دستاویز ادعای تحویل تفنگها باشد پیدا نشد. صبح روز چهارم دو نفر فراش قرمز پوش در خانهء ما سبز شدند، آن روز را با یکی دو تومان خدمتانه طوری با هم کنار آمدیم.

فردا صبح فراشها، صادر و وارد و حتی ورود خوار-بار و یخ را به خانهء ما قدغن کردند و ما سه برادر مثل محبوس در خانه ماندیم. پس فردا کار از این تجاوز کرد، فراشها در خانهء ما کاه دود کردند و بنای فضاحت را گذاشتند و با هیچ قلق و خدمتانه‌ای دست از کارهای توهین‌آمیز خود برنداشتند ...

برادر بزرگم (حاج‌آقا رسول) بمن گفت: اگر میشد خودمان را به حاجی میرزا نصرالله مستوفی می-رساندیم او میتوانست به ما بگوید که این پول بدهی پدر ما هست یا نه؟ اگر واقعاً" پدر ما بدهکار باشد

، چاره‌ای جز ادای مال دیوان نداریم.
من برخواستم از راه پشت بام همسایه که از آن راه نان و خواربار به ما میرسید، از خانه بیرون آمدم و یکسر به خانهء پدر شما رفتم، از اسب و نوکر دم در دانستم که میخواهند به در خانه (دفتر مالیه) بروند. وارد شدم.
کمی بعد پدر شما از اندرون بیرون آمد. نزدیک رفتم خودم را معرفی و مطلب را اظهار کردم. جواب گفت: چنانکه میبینید حالا میخواهم در خانه بروم، عصری بیائید ببینیم چه میشود.
عصر باز از همان راه صبحی از خانه بیرون آمدم و بمنزل شما رفتم. در گوشهء حیاط سمت سایه تختی زده نمد و کتانی روی آن گسترده بودند. پدر شما با لباس مخفف خانگی در گوشهء تخت نشسته، میرزاها بدورش مشغول کار بودند. چشمش که بمن افتاد بیکی از میرزاها گفت: برخیز برو بالاخانه، سند خرج از فلان کیسه کاغذ فلان رنگ را بیاور.
(برای کیسه‌های محفظه‌های اسناد، رنگهای مختلف اتخاذ میکردند که تجسس زیاد لازم نداشته باشد.
کیسه‌های اسناد خرج و حسابهای آنها از قدکهای رنگ رنگ بود) (۲)
میرزا برخاست بعد از یک ربع که هر دقیقه آن به نظر من ساعتی آمد با کیسه کاغذ منظور برگشت، پدر شما کیسه کاغذ را گرفت، محتویات آن عبارت بود از فردهائی که پشت هم گذاشته و از آنها لوله قطوری تشکیل داده بودند. قدری فردها را زیر و رو کرد تا به فرد مطلوب رسید. بعد از کمی مطالعه گفت: پدر شما تفنگها را تحویل داده و رسید آنها

که به امضای وزیر قورخانه است نزد من ضبط و ذمه پدر شما از بابت این صد هزار تومان بری است.
گفتم از این التفاتی که فرموده و خبر خوشی که به بنده دادید بی‌اندازه متشکرم ولی نمی‌دانم با این فراشانی که در خانهٔ ما نشسته‌اند چه باید بکنم؟
گفت: حل اینکار هم آسان است من الساعه شرحی می‌نویسم ببرید منزل امین حضور، تصدیق مرا که به او بدهید فراشهای خود را احضار خواهد کرد.
به یکی از میرزاها گفت: بردار بنویس. میرزا از لولهٔ کاغذ صفحه‌ای پاره کرد و قلم به دست گرفت. پدر شما تقریر کرد و میرزا نوشت. صفحه را از میرزا گرفت، مطالعه کرد و کیسه مهر ثبت خود را از بغل درآورده با کاغذ به میرزا داد. میرزا هم مهر و به من تسلیم کرد. از خانه بیرون آمدم در حالی که خیلی امیدوار نبودم که به این سهولت کار ما ختم شده باشد.
بخانهٔ امین حضور که وارد شدم، او هم بیرونی و کنار حوض آب جاریش نشسته بود. چشمش که به من افتاد گفت: یقین پول را روبراه کرده‌اید که اینجا آمده‌اید؟ من چیزی نگفتم. تصدیق نامهٔ پدر شما را بدستش دادم. گرفت و خواند مثل برفی که در آفتاب تابستان بگذارند وا رفت. دهباشی فراشها را خواند و گفت: فراشها را از خانهٔ این آقا بردارید.
من با خان نائب از در معمولی شق و رق وارد هشتی خانهٔ خودمان شدم. دو تومانی به خان نائب دادم و بدون آنکه با آن دو نفر بدلعاب هیچ حرفی بزنم وارد خانه شدم. خانه از تعرض خلاص شد. قوم و خویشها که این چند روزه بواسطهٔ قدغن فراشها آمد و

رفت را موقوف داشته بودند، همینکه شنیدند که ما خلاص شده‌ایم برای تبریک و تهنیت به منزل ما آمدند، دو سه روزی مثل ایام نوروز خانهٔ ما عید بود ... " (۳)

این شخص چند روز بعد به همراه برادر خود، بمنظور تشکر از حاجی میرزا نصرالله مستوفی مبلغ پانصد اشرفی برای وی برده، ولی او بعنوان اینکه اقدامش جزو وظایف و تکالیفش بوده از پذیرفتن آن خودداری ورزیده است. حال اگر این مستوفی گرکانی با آن وزیر بقایای آشتیانی تبانی کرده و یا قبل از آن تاریخ وفات یافته بود، مسلما" دیگر امکان نداشت که کسی بتواند قبض رسید آن تفنگها را پیدا کند.

---

(۱) - میرزا علی آشتیانی

(۲) - این عمل نیرنگ دیگری بوده که مستوفیان برای شخصی کردن بیشتر کارهای خود بکار میبرده‌اند.

آنان کلمه یا کلماتی که غالبا" بی‌معنی بوده، از حروف اول هفت رنگ اصلی درست میکرده‌اند و بعد اسناد مربوط به هر سال را در یک کیسه به رنگ معین به ترتیب حروفی که در کلمه یا کلمات محرمانهٔ مزبور وجود داشته جای میداده و این کیسه‌های هفت رنگ را به طرزی کاملا" مخلوط و نامنظم در گنجه‌ها یا طاقچه‌های اطاق میگذاشته‌اند.

مثلا" فرض کنید که کلمات اختراعی یک مستوفی " قصب نساز " بوده که از هفت حرف ق - ص - ب - ن - س - ا - ز درست شده و معرف رنگهای قرمز - صورتی - بنفش - نیلی - سبز - آبی - زرد بوده است.

حال اگر این مستوفی فرضی کیسه‌های قرمز رنگ را برای سال ۱۳۰۱ قمری انتخاب میکرده، کیسه‌های صورتی رنگ برای ۱۳۰۲، کیسه‌های بنفش برای ۱۳۰۳ و به همین ترتیب

کیسه‌های زرد برای ۱۳۰۷ انتخاب میشده و در سال ۱۳۰۸ باز هم رنگ قرمز، اما روشن‌تر یا تیره‌تر از دوره قبل، مورد استفاده قرار میگرفته است.

با این ترتیب بدون اینکه در پشت کیسه‌ها تاریخی نوشته شده باشد، مستوفی مربوط میتوانسته است با مشاهده‌ء رنگ هر کیسه، ولو اینکه سالها از تاریخ اسناد موجود در آن میگذشته، سال مربوط به آن را اعلام نماید.

(۳) - تاریخ اجتماعی و اداری دوره قاجاریه - جلد۱ - عبدالله مستوفی - صفحات ۴۲۸/۳۰

۱۱ - ازدواج با دختر پیشوای انگلو-اسلامیست‌های درباری

مقدمه‌ای راجع به خاندان مجلسی

الف - مختصری در معرفی این خاندان

یک نفر درویش نسبتاً گمنام بنام "مقصود علی" در زمان شاه اسمعیل ثانی تا شاه عباس اول در اصفهان زندگی می‌کرده است.

این شخص در سال ۱۰۰۳ هجری قمری (۹۷۳/۴ شمسی - ۱۵۹۴/۵ میلادی)، یعنی در دوران شاه عباس اول، صاحب پسری شده، به نام محمد تقی، که وی نیز، مانند پدرش، صوفی مسلک و درویش مذهب بار آمده است.

این محمد تقی، که در حال حاضر به مجلسی اول شهرت دارد، به نوبهٔ خود صاحب دو پسر و چهار دختر شده که یکی از آنان محمد باقر نام داشته است.

محمد باقر، که شهرت مجلسی را از پدر و پدر بزرگ خود به ارث برده بوده است و میتوان وی را به عنوان یکی از بزرگترین شیادان مذهبی در تاریخ اسلام به شمار آورد، مقارن با فوت شاه عباس اول تولد یافته و در طول زندگی نسبتاً طولانی خود با حقه‌بازی و شارلاتانی، نه تنها موفق شده است که بناحق لقب علامه را به ابتدای نام و شهرت خود و پدرش اضافه نماید و معروفیتی عظیم برای خود و پدرش دست و پا کند بلکه به دروغ و بدون هیچ دلیل و مدرکی خود را به احمد بن عبدالله، مشهور به نعیم (بر وزن هزبر) (تولد ۳۳۶ و وفات ۴۳۰ ق.) مؤلف کتاب حلیه‌الاولیاء بسته که جد این شخص به نام مهران

از دین زردشتی به اسلام گرویده بوده است.

به عبارت دیگر هرگاه حقه‌بازی‌ها و دروغگوئیهای محمد باقر مجلسی نبود و این شخص بر روی برجی بسیار رفیع از دروغ و تزویر و ریا به عنوان علامه!! مشهور نشده بود، در حال حاضر هیچکس نمیدانست که چنین اشخاصی در دنیا وجود داشته‌اند.

همانطور که گفته شد، شیخ محمد تقی تا زمانی که پسرش بزرگ شده و در عرصهٔ زندگی، راه رسیدن به شهرت و ثروت و ارضای هرنوع شهوت را از طریق حقه‌بازی و مردم‌فریبی پیداکرده، در سلک دراویش جای داشته است اما بعداً" که راهنمائی و توصیهٔ پسرش (علامه!! محمد باقر مجلسی) را پذیرفته و از خانقاه به مدرسه روی آورده است بنا به دستور پسرش تعدادی کتاب به نام وی تاءلیف! و انتشار یافته و حتی برای قبولاندن او به مردم، اجازهٔ آخوند شدن خود را نیز از پدرش دریافت داشته است!!

در این رابطه در کتاب قصص العلماء چنین میخوانیم:

" ... مخفی نماناد که مردم وثوقی به آخوند ملا محمد تقی نداشتند و او را داخل در سلک صوفیه میشمردند تا آن که آخوند ملا محمد باقر مجلسی به عرصه آمد و او به پدرش وثوقی پیدا کرد پس در آن وقت مردم نیز وثوق پیدا کردند. و لذا آخوند ملا محمد باقر رساله در اعتقادات در مدت یک شب[؟!!] تاءلیف کرد و در آخر آن نوشته است که: مبادا گمان بد کسی به پدرم نماید که او از صوفیه است، بلکه چنین نیست. زیرا که من معاشر با پدرم بودم، سراً" و جهراً"، و از احوال عقاید او مطلع بوده‌ام. بلکه پدرم صوفیه را بد میدانست، لیکن در بدو امر چون صوفیه نهایت غلو داشتند، پس پدرم به سلک ایشان متسلک شد تا به این وسیله

دفع و رفع و قلع و قمع اصول این شجره‌ء خبیثه
زقومیه نماید و چون نائره شقاوت ایشان را منطفی
ساخت، آن وقت باطن خود را ابراز نمود.
و الا والدم با نهایت ورع و تقوی و زهد و عبادت
و زهادت و تفاوت و نقاوت است ... " (۱)

البته ما میدانیم که:

" در دوره‌ء صفویه‌ء، نه تنها فلاسفه و متفکرین
و آزاداندیشان یکسره منفور و منکوب گردیدند،
بلکه جماعت صوفیان که اکثرا" مردمی روشن‌ضمیر
و صاحب‌نظر بودند، نیز مورد قهر سلاطین قرار
میگرفتند و در عوض، روحانیون قشری و ملانماها رو
به افزایش نهادند.
در دوران قدرت شاه‌عباس مبارزه با متصوفان و
از بین بردن نفوذ آنان به حدی شدید بود که در
عرض سی سال، مهر و علاقه‌ء سیصد ساله‌ای که
نسبت به تصوف وجود داشت، از بین رفت و جای
خود را به تعصب و کینه‌توزی داد.
ملا محمد باقر مجلسی به کشتن صوفیان رای میداد
... " (۲)

در هر حال معنای نوشته‌ء ملا محمد باقر در مورد پدرش
این است که پدر او، در دوران شاه‌عباس، نقش یک جاسوس
دولتی را در میان صوفیه بازی میکرده است. یعنی با منتهای
شقاوت و بدنهادی، خود را به عنوان یک صوفی متعصب در میان
آن فرقه جا زده بوده است تا اینکه اسرار آنان را کشف کند و
به مقامات دولتی اطلاع دهد و وسائل نابودی و قلع و قمع آنان را
فراهم سازد. و باید قبول کرد که تا زمانی که محمد تقی این
وظیفه‌ء کثیف و جنایت‌آلود را به عهده داشته، نه می‌توانسته
است تاءلیفی در مورد عقاید آخوندی و مخالف تصوف داشته باشد

و نه، به عنوان یک آخوند، میتوانسته است که به فرزند خود، ملا محمد باقر، اجازهء آخوند شدن بدهد.

در شرح حال آخوند ملا محمد باقر نیز میخوانیم که:

" ... قبل از او جماعت صوفیه را کثرت و غلو بود، همهء آنها را دفع و قمع و اصول آن شجره را قلع فرمود ... " (۳) که چون این اقدامات سالها بعد از وفات شاه عباس اول صورت گرفته، لذا میتوان گفت که متعاقب بروز داده شدن باطن!! ملا محمد تقی و با استفاده از اطلاعاتی بوده که این شخص از اسرار و تشکیلات صوفیه در اختیار پسرش قرار میداده است.

---

(۱) ـ قصص العلماء ـ میرزا محمد تنکابنی ـ صفحه ۲۳۳

(۲) ـ تاریخ اجتماعی ایران ـ جلد ۳ ـ مرتضی راوندی ـ صفحه ۴۸۳ ـ (نقل از " تاریخ سیاسی و اجتماعی ایران " ـ از مرگ تیمور تا مرگ شاه عباس ـ صفحه ۳۳۶ به بعد)

(۳) ـ قصص العلماء ـ همان ـ صفحه ۲۰۵

ب ـ کرامات دو علامهء!! مجلسی

شرح کرامات هر یک از علمای اعلام! و حجج اسلام! و فقهای بزرگ!، در حقیقت شرح حقه‌بازیها، عوام‌فریبی‌ها و داستان‌هائی از شارلاتانی‌ها، شیادی‌ها و دروغگوئیهای آنان میباشد.

میگویند هر یک از این مفاخیر! (جمع مندرآوردی از مفت‌خور!) دارای تعدادی مرید خر هستند و ارزش هر مرید خر را از یک ده شش دانگ بیشتر دانسته‌اند.

اما آیا هرگز فکر کرده‌اید که مرید خر کیست و با چه علامات و معیارهائی میتوان او را شناخت؟

بدون تردید این قبیل مریدان کسانی هستند که خرافات و

دروغهائی از قبیل کرامات را باور مینمایند و میزان آن موهبت! خدادادی! در آنان نیز به نسبت اعتقادی است که به صحت و درستی این کرامات دارند. (۱)

ذیلا" نمونه‌هائی از کرامات!! این پدر و پسر شیاد و شارلاتان را به استحضار خوانندگان عزیز میرساند:

(۱) - نمونه‌هائی از کرامات مجلسی اول

" ... آن بزرگوار را کرامات باهر است و خود آخوند مزبور در شرح فقیه نوشته است که:
چون حضرت آفریدگار مرا توفیق زیارت حیدر کرار کرامت فرمود، به برکت آن بزرگوار مکاشفات بسیار بر من روی داد که عقول ضعیفه[؟!!] آن را متحمل نمیتواند شد [؟! آن خیل عوام کالانعام که این دروغ شاخدار را باور میکنند همگی دارای عقول قویه می-باشند!!] ... " (۲)

یکی از آن " مکاشفات بسیار " افتخار بزرگ تشرفش به حضور حضرت صاحب‌الامر، امام زمان، بوده که خود او داستان آن را در ادامهء متن بالا شرح داده است و ما دراینجا به منظور جلوگیری از طولانی شدن مطلب از درج آن خودداری کرده‌ایم.

" ... ملا محمد تقی به ریاضت و نحو آن قسمی رفتار کرده، که قاضی از قضاه جن تابع و مطیع او شد[!!!].
از قضا مردی در اصفهان عروسی کرده، در شب زفاف به عروس گفته بود که‌از فلان او اطاق [اطاق او] ذغال بیاور. پس چون عروس بیرون رفت، داماد بر سبیل شوخی اسم غریبی را ندا کرد که: بیا و عروس

را بگیر.

پس عروس دیر کرد، هر چند تفحص کردند، نیافتند. تا ماءیوس گشتند. آن وقت خدمت آخوند ملا محمد تقی مجلسی رفتند و واقعه را گفتند. پس ایشان قاضی [جن] را حاضر کرده، از او عروس را خواستند.

بعد از تفحص بسیار، قاضی [جن] عروس را آورد و گفت: شخصی از جن فلان بلد بعیده حاضر بود، در آن مکان، و اسمش همان بود که به زبان داماد جاری شد[!!] پس او را برداشته و برده بود ... " (۳)

(۲) - نمونه‌هائی از کرامات مجلسی دوم

میزان کرامات هر یک از علمای بزرگ! اسلامی با میزان فضل! و کمال! و دانش! آنان و نیز کثرت ثوابهای آنان! و تقربشان! به درگاه خداوند متعال! متناسب میباشد.

در مورد فضل! و دانش! این علامه‌ء!! بسیار! بسیار! بزرگ!، البته در شیادی و شارلاتانی!، که جای بحث و تردید وجود ندارد و در مورد کثرت ثوابهای وی و تقربش به درگاه خداوند نیز گمان میرود که همین یک مثال زیر کفایت نماید:

" ... نقل شده است از خط آخوند محمد باقر که به این عبارت نوشته است که:

چنین گوید بنده‌ء خاطی محمد باقر بن محمد تقی که شبی از شبهای جمعه در ادعیه‌ء خود مرور میکردم. نظرم به دعای قلیل‌اللفظ و کثیرالمعنی افتاد. خاطرم بر آن قرار گرفت که در آن شب پس بخوانم، پس خواندم. بعد از هفته‌ء دیگر شب جمعه خواستم که

همان دعا را بخوانم، ناگاه صدائي از سقف خانه شنیدم که: ایها الفاضل الکامل [!!!] هنوز کرام‌الکاتبین از نوشتن ثواب این دعا که در شب جمعه سابق خوانده[ای] فارغ نشده‌اند که تو دو باره میخواهي آن را بخواني[!!] ... " (۴)

بنا بر عقیده مسلمانان، تعداد این کرام‌الکاتبین بقدری زیاد است که هم‌اکنون حساب تمام ثوابها و گناههای میلیاردها نفر انسان در سر تا سر جهان را بدون تاءخیر ثبت مینمایند.

ولی ثواب همان یک دعای علامه‌ی!! مجلسي بقدری زیاد بوده که همهٔ آنان در مدت یک هفته از نوشتن عدد آن عاجز شده بوده‌اند! یعني مثلا" نفر اول یک عدد ۹ نوشته و بقیه در مدت یک هفته صفرهای کنار آن را میگذاشته‌اند!!

مؤلف کتاب قصص‌العلماء، بعد از نوشتن این عبارت:

" اما کیفیت کرامات این بزرگوار، پس آن بسیار است برخی را در اینجا نقل مینمائیم: " هفت فقره کرامات علامه!! محمد باقر مجلسي را شرح داده است و ما در اینجا به مصداق اینکه " مشت نمونه خروار است. " فقط به نقل سه مورد اول آنها که شرحشان کوتاهتر از بقیه میباشد، اکتفاء مینمائیم:

" ... اول - چنانکه معروف است که قنداقهٔ آن جناب را به مجلس صاحب‌الامر، مهدي، امام زمان، روحي فداه و عجل‌الله فرجه، بردند[!!!].

دوم - اینکه مسموع شد که بعضي از علماء جن به مجلس درس او حاضر میشدند[!!!].

سوم - اینکه تاءلیفات او از زمان ولادت تا زمان وفات روزی هزار بیت است، که هر بیتی پنجاه حرف باشد و این تاءیید است از جانب خلاق عالم. چه روزی هزاربیت کتابت بسیار عسیر و دشوار است و از اکثر ناس ممکن نیست ... " (۵)

حال تعجب این جاست که نقل کرامات بالا، از جمله کرامت سوم، از سوی کسی صورت گرفته است که خودش روش آن علامه بزرگوار!! در تاءلیف کتب را به شرح زیر بیان کرده است:

" ... طریقه علامه مجلسی آن بود که مثلا" در مسئله نزول باران و رعد و برق میخواست تحقیق نماید، به یکی از شاگردان میگفت که آیات متعلق به باران را جمع کن. پس آن تلمیذ آیات را جمع میکرد و در زیر آن کاغذ سفید میگذاشت تا آخوند ملا محمد باقر در زیر آن بیانات و تحقیقات را بنویسد.

و به تلمیذ دیگر میگفت که اخباری که در این عنوان است از فلان کتاب جمع کن و بنویس و بیاور.

پس آن اخبار را آن تلمیذ جمع میکرد و خبر را مینوشت و تحت آن کاغذ سفید میگذاشت که اگر آخوند بخواهد بیان و تحقیقی بنویسد.

پس آخوند بسا بود که چیزی نمینوشت زیرا آن خبر محتاج به بیان نبود و بسا بود که به نحو چلیپا در تحت آن خبر بیان را مینوشت یا کاغذ سفید زیاد می‌آمد، به همان سفیدی میگذاشت. و نسخه اصل بحار-الانوار به همین نسق است ... " (۶)

" ... این کتاب شامل ۲۶ جلد و در حقیقت دائره‌المعارف شیعه اثنی‌عشری است ... " (۷) که به ترتیبی که شرح داده شد توسط دیگران نوشته شده است.

---

(۱) - بطوریکه خوانندگان عزیز بخاطر دارند، در زمانی که میخواستند روح‌الله خمینی را بر این کشور تحمیل کنند، ایادی وی و خالقان! انقلاب انواع کرامات عظیم و عجیب را به او نسبت میدادند که از جمله‌ء آنها ظاهر شدن تصویر

مبارک! آن حضرت در ماه! بود.

بعد از پیروزی انقلاب اسلامی نیز شایع کرده بودند که حضرت امام! خمینی جریان امور کشور را به امام زمان و یا مستقیما" به خداوند متعال گزارش میدهد و از آنان دستور میگیرد!!

دو بیت زیر را این نویسنده، در آن زمان، بمناسبت مزبور گفته بوده است:

گفت: میدانی خمینی میرود هر شب به عرش؟

شرحی آنجا بر خدا از وضع جاری میدهد!

گفتم: این ره را چگونه میرود؟ با خنده گفت:

خر فراوان است و آقا را سواری میدهد.

(۲) تا (۶) - قصص العلماء - همان - به ترتیب صفحات ۲۳۱، ۲۳۳، ۲۰۸، ۲۰۵/۶ و ۲۰۸/۹

(۷) - لغتنامه دهخدا - برابر نام مجلسی، ملامحمد باقر

ج - بررسی کتاب حلیه‌المتقین به عنوان قطره‌ای از اقیانوس علم!! مجلسی

کتاب حلیه‌المتقین شامل چهارده باب است که عناوین آنها به شرح زیر میباشد:

باب اول - در آداب لباس پوشیدن

باب دوم - در آداب حلی و زیور پوشیدن و سرمه کشیدن و در آینه نظرکردن و خضاب‌کردن

باب سوم - در آداب خوردن و آشامیدن

باب چهارم - در فضیلت تزویج و آداب مجامعت و معاشرت زنان و کیفیت تربیت فرزندان و معاشرت ایشان

باب پنجم - در آداب مسواک کردن و ناخن و شارب گرفتن و سر تراشیدن و شانه کردن و امثال اینها

باب ششم - در آداب بوی خوش استعمال کردن و گل خوشبو بوئیدن و روغن مالیدن

باب هفتم - در آداب حمام رفتن و دارو کشیدن و امثال آن

باب هشتم - در آداب خواب رفتن و بیدار شدن و بیت‌الخلا رفتن

باب نهم - در آداب حجامت و تنقیه و ذکر بعضی از ادعیه و احراز و خواص بعضی از ادویه و معالجهٔ بعضی از امراض

باب دهم - در آداب معاشرت مؤمنان و حقوق اصناف ایشان

باب یازدهم - در آداب مجالس و سلام و عطسه و مصافحه و معانقه و امثال اینها

باب دوازدهم ـ در آداب خانه داخل شدن و بیرون رفتن

باب سیزدهم ـ در آداب سوار شدن و راه رفتن و بازار رفتن و تجارت و زراعت نمودن و چهارپایان نگاه داشتن

باب چهاردهم ـ در آداب سفر کردن

هر یک از چهارده باب مزبور بر دوازده فصل تقسیم شده است، یعنی کتاب حلیه‌المتقین مشتمل بر ۱۶۸ فصل میباشد که در آن تقریبا" به تمام مواردی که انسان در طول زندگی با آنها سر و کار دارد توجه شده و برای آنها دستورها و روش‌هائی یاوه، که حتی غالبا" ضد و نقیض یکدیگر میباشند، تعیین گردیده است.

علامهء! مجلسی در کتاب مزبور صدها بار از قول پیغمبر و هر یک از ائمه مطالبی نقل کرده که بدون تردید اکثریت آنها حقیقت ندارد. بعبارت دیگر سابقهء بسیاری از آن همه حدیث و روایت به همان کتاب و یا سایر کتابهای مجلسی ختم میگردد و هیچ کس نمیتواند قبل از وی اثری از آنها در جائی پیدا کند.

ظاهرا" اخبار، احادیث و روایات مربوط به شیعه، تا مدتها مفقود شده بوده‌اند!! و جمعی از علماء که اولشان کلینی و آخرشان مجلسی بوده است آنها را از عالم غیب! کشف و در کتابهای خود ثبت کرده و از این جهت حق بزرگی بر گردن مردم شیعه مذهب! پیدا نموده‌اند و سهم علامهء! مجلسی در آن کشفیات، با نوشتن بحارالانوار، بیش از دیگران میباشد.

چون در احادیث و روایات بسیار زیادی که در نوشته‌های منسوب به این علامه!، از قول حضرت محمد و سایر ائمهء طاهرین، نقل شده است، تناقضات فراوان وجود دارد، لذا حدیث دروغ دیگری جعل کرده‌اند که آن تناقض‌گوئی‌ها را هم خود آن بزرگواران تعمدا" در مذهب شیعه داخل کرده‌اند!!

در همان کتاب قصص العلماء در این مورد چنین نوشته شده است:

" ... از زمان سید سجاد شش هزار اصل از روایات شیعه، از ائمهء علیهم السلام، جمع شده و بعضی از این اصول مفقود شده بودند و بسیار اخبار متعارضه در آنها وجود داشته که بواسطهء تقیه و مانند آن سبب اختلاف شد.

بلکه بسا بود که ائمه علیهم السلام خود اخبار مختلفه و احکام متعارضه میفرمودند، برای اینکه شیعه به یک مذهب شناخته نشوند که مردم ایشانرا بشناسند و ایشانرا اذیت کنند [؟!!] و لذا در حدیث وارد است که: نحن اوقعنا الخلاف بین شیعتنا فانه ابقی لنا و لهم. یعنی ما اختلاف واقع ساختیم در میان شیعیان خود چه آن اختلاف باقی نگهدارنده‌تر است ما و ایشان را ... " (۱)

آیا قبول همین یک حدیث برای اهل تسنن کافی نیست که بطلان مذهب تشیع را به اثبات برسانند؟ آیا شیعیان جهان بر این اعتقاد نیستند که امامانشان از سوی خداوند متعال برگزیده و منصوب شده‌اند و دستورات دینی که از طرف آنان صادر شده، همگی الهی بوده است؟ آیا دستورات دینی الهی نباید منطقی، معقول، جامع، کامل، یکسان، عمومی و ابدی باشد؟

حال از حدیث بالا معلوم میشود که ائمه شیعه به منظور اینکه اهل تسنن پیروانشان را نشناسند، رعایت تقیه را لازم شمرده‌اند. در اینجا تنها راه منطقی و عاقلانه این بوده است که دستورات الهی، یکسان و ابدی را به آنان بیاموزانند و از آنان بخواهند که به صورت ظاهر خود را همرنگ جماعت سنی مذهب جلوه بدهند ولی در خفا با یکدیگر متحد باشند و دستورات دینی خود را رعایت نمایند. اما به موجب حدیث مزبور، دستورات دینی که

صادر کرده‌اند، همگی دروغی، شخصی و غیر الهی بوده و به همین جهت برای افراد و گروههای مختلف، به صورتهای متضاد صادر شده که طبعا" در میان مردم شیعه مذهب، نتیجه‌ای جز ایجاد تفرقه و دشمنی نداشته و نیز به علت اختلاف و تضاد این دستور- ات با آنچه که اهل تسنن به آنها اعتقاد دارند، مسلما" اصل تقیه نیز رعایت نشده و در این مورد هم نتیجهٔ مورد نظر حاصل نگردیده است.

در هر حال، ظاهرا" حدیث بالا تنها توجیهی است که پیشوا- یان شیعه در مورد وجود آن همه تضاد در کتابهای معتبر! این مذهب تراشیده‌اند و معلوم نیست که در صورت مردود شناختن آن، دیگر چه دلیل دیگری میتوانند در این مورد اقامه نمایند؟

و اما موضوع این بخش بررسی کتاب حلیه‌المتقین بود که از مطلب دور افتادیم.

بطوری که میدانیم، کتاب مزبور دریائی از یاوه‌گوئی و چرندبافی است و در حال حاضر به عنوان یک کتاب جوک! در خانه‌ها برای تفریح و خنده مورد مطالعه قرار میگیرد.

تا آنجا که این نویسنده مشاهده و تجربه کرده است، اکثر علائم بیماری آنفلوآنزای شدید، به شرح زیر میباشد:

۱ - زکام　۲ - درد و آبریزش از چشم　۳ - سر درد شدید

۴ - تب شدید　۵ - درد در بسیاری از اعضای بدن

ما ذیلا" داروها و روشهائی را که علامهٔ! مجلسی، ازقول ائمهٔ اطهار، برای هر یک از آن علائم توصیه کرده است، از کتاب حلیه‌المتقین (انتشارات رشیدی) برای استحضار خوانند- گان عزیز نقل مینمائیم (در هر مورد شمارهٔ صفحهٔ کتاب در داخل پرانتز در مقابل آن ذکر شده است) و تقاضا میکنیم که از آخوندها و پیروان متعصب و حزب‌اللهی آنان بخواهند که اگر واقعا" به علامهٔ! مجلسی و دستوراتی که وی از قول ائمه اطهار بیان نموده است علاقه و اعتقاد دارند، در هنگام ابتلاء به آن

بیماری، حداقل یکی از این دستورات را اجراء نمایند.

هر چند به روایت مجلسی:

" از حضرت امام رضا (ع) منقول است که بیماری برای مؤمن پاک کننده است او را از گناهان، و رحمت الهی است نسبت به او[؟!!]، و از برای کافران عذاب و لعنت است ... " (ص ۱۵۷)

۱ - " در روایت دیگر از آن حضرت [امام جعفر صادق] وارد شده است: در معالجهء زکام که پنبه‌ای را به روغن بنفشه آلوده کند و در وقت خواب بر مقعد گذارد[!!]. " (ص ۱۷۸)

۲ - " در روایت دیگر منقول است که شخصی به خدمت حضرت امام جعفر صادق (ع) شکایت کرد از سفیدی که در چشم به هم رسیده بود واز درد دندان و درد مفاصل فرمود که: فلفل و دار فلفل از هر یک دو درهم ونشادر پاکیزه صاف یک درهم و هر سه را خوب بسای و از حریر بیرون کن و در هر چشمی سه میل بکش و ساعتی صبر کن که سفیدی روی دیده راقطع می‌کند و گوشت چشم را پاک میکند و درد را ساکن میکند. پس چشم را به آب سرد بشوی، بعد از آن سرمهء سنگ بکش. " (ص ۱۸۲)

در ایام گذشته، که جهت حمل بار و مسافرت از حیوانات استفاده میشده، مشهور بوده است که اگر قدری نشادر در موضع مخصوص خر یا شتر بگذارند از شدت سوزش تندتر از استر میدود و تنها مشکل، متوقف ساختن آن در مقصد میباشد!

البته برای ساربان یا چارواداری که چنین آزمایشی بر شترها یا الاغهای خود به عمل می‌آورده، مشکلی برای دویدن در عقب آنها وجود نداشته زیرا میتوانسته است که برای رفع تنگی نفس از نسخهء زیر استفاده کند:

" فضل به خدمت حضرت صادق (ع) آمد و شکایت کرد

از تنگی نفس و گفت: اندک راهی که میروم نفسم تنگ میگردد و می‌نشینم. فرمود: بول شتر بخور تا ساکن شود. " (ص ۱۹۰)

چون ظاهرا" ترکیبات شیمیائی بول الاغ نیز با بول شتر تفاوت چندانی ندارد، لذا میتوان گفت که آن ساربان و چاروادار فرضی همواره دوای تنگی نفس را به همراه داشته است.

ولی در هر حال، گمان نمیرود که کسی از زمان تجویز نسخهء دوای رفع سفیدی در چشم و درد دندان و درد مفاصل تا کنون، که بر دوش الاغها به کره ماه هم رفته‌اند!!، جرئت کرده باشد که مخلوطی از فلفل و نشادر در چشمهای خود ریخته و حاصل این تجربه را به دیگران نشان و یا اطلاع داده باشد.

۳ - در مورد تب نیز بهتر آن است که هرگز برای رفع آن اقدامی بعمل نیاورند! زیرا: " در حدیث معتبر از حضرت امام محمد باقر (ع) منقول است که: ... یک شب تب برابر است با عبادت دو ساله و سه شب تب برابر است با عبادت هفتاد ساله[!!] و از حضرت صادق (ع) منقول است که: یک شب تب کفارهء گناهان گذشته و آینده است ... " (ص ۱۵۶)

" ... از حضرت علی بن الحسین (ع) منقول است که: ... مؤمن چون تب میکند گناهان او میریزد مانند برگ از درخت ... " (ص ۱۵۶) البته چون نویسندهء این سطور مؤمن نیست و یقین ندارد که در اثر تب گناهانش بریزد لذا در هنگام بیماری و بروز تب به دکتر مراجعه مینماید ولی معلوم نیست که چرا این آخوندهای مؤمن برای رفع این موهبت الهی به دکتر مراجعه مینمایند؟!

۴ - " از حضرت امام رضا (ع) منقول است که: ... یکشب درد سر، هر گناهی را برطرف میکند، مگر گناه کبیره [که البته آنها هم، بطوری که دیدیم، فقط با یک شب تب برطرف میشوند.] و از حضرت صادق (ع) منقول است که چون حقتعالی بنده‌ای را دوست دارد، یکی از سه تحفه[!!] از برای او

میفرستد: یا تب یا درد چشم یا درد سر ... " (ص ۱۵۷)

۵ ـ " از حضرت امام محمد باقر (ع) منقول است هر که دردها در بدن خود یابد و حرارت را بر مزاج خود غالب یابد با زنان جماع کند که حرارت را فرو مینشاند[!!] ... (ص ۱۶۳)

۶ ـ " حضرت صادق (ع) فرمود: ... در روز پنجشنبه و جمعه شارب و ناخن گرفتن از درد چشم امان می‌بخشد[!!] ... " (ص ۱۸۲)

خلاصه این که در کتاب حلیه‌المتقین برای تمام امراضی که تا زمان نوشته شدن کتاب شناخته شده بوده‌اند، دعا یا دوائی توصیه شده و نیز برای تمام کارهای انسان از رفتن به مستراح گرفته تا پوشیدن کفش و کلاه و شلوار، از قول ائمه ، روشهائی مخصوص و زمان‌هائی معین پیش‌بینی گردیده و حتی در مورد رنگها و حلال یا حرام بودن و خواص داروئی هر یک از آنها!! مطلبی بیان شده است و بد نیست که در میهمانیها به عنوان یکی از بهترین وسائل خنده و تفریح مورد مطالعه و بحث و تمسخر قرارگیرد.

د - ؟؟؟؟؟؟؟؟؟؟؟؟؟؟؟؟؟؟؟؟؟؟

در سالهائی که دولت انگلستان در حال توسعه متصرفات خود در هندوستان و تسلط کامل بر آن سرزمین بوده است، بسیار ساده‌لوحی خواهد بود اگر تصور نمائیم که سایر کشورهای آسیائی، از جمله همسایگان هندوستان، مخصوصا" ایران، را از یاد برده است.

قبلا" به تفصیل شرح داده شد، که دولت انگلیس بعد از مطالعات و بررسیهای دقیق و عمیق، تصمیم گرفته است که حوزهٔ مذهبی شیعه در اصفهان را نابود ساخته و به جای آن حوزه‌های جدید مذهبی در کربلا و نجف تاءسیس نماید ولی مسلما" از زمانی که بررسیها و مطالعات مزبور آغاز شده، تا زمانی که تاءسیس حوزه‌های نجف و کربلا تحقق یافته، بیکار ننشسته بوده است.

اگر در آن زمان روحانیون بزرگ موجود شیعه، به علت بی‌نیازی از هر جهت، حاضر به پذیرفتن طوق بندگی انگلستان نشده بوده‌اند، پیدا کردن فردی گمنام و شارلاتان، مانند محمد باقر مجلسی،و رساندن وی به قدرت و شهرت، دقیقا" با روش‌های تبلیغاتی که از ابداعات انگلیس بشمار میرود، کار مشکلی نبوده است.

محمد باقر مجلسی با اشاعه کذب و انتساب فضائل، کمالات و کرامات دروغی به خود، با استفاده از شیوه‌های مؤثر تبلیغاتی، به شهرت و قدرتی عظیم دست یافته و نقشی بسیار حساس و اساسی در تضعیف و نابودی سلسلهٔ صفوی بازی کرده است.

اقدامات خانمان برانداز این مرد!، که تکمیل آنها را خواهرزاده، داماد، و جانشین پست‌فطرت و خیانتکارش، میر محمد حسین، به عهده گرفته و نیز انتساب اکثریت قریب به اتفاق پیشوایان انگلواسلامیست و نوکران روحانی نمای انگلیس، از آن زمان تا کنون، به خاندان مجلسی این تصور را در ذهن هر انسان

وارد میسازد که آیا ...؟؟؟؟!

البته از ترس خنده و تمسخر خوانندگان عزیز، از نوشتن بقیه سئوال بالا خودداری شد و فقط چند جمله‌ای از قول محمود محمود، راجع به انقراض سلسلهٔ صفوی در اینجا نقل مینماید:

" ... این سلسله در اواخر عمر خود چنان ضعیف و ناتوان شده بود که یک عده وحشیان غارتگر افغانی بر آن چیره شده، به باقی مانده حیات سیاسی آن خاتمه دادند ... " (۱)

" مورخین ایرانی باید در این موضوع تحقیق کنند که آیا حمله افغانها به ایران بدون محرک خارجی بوده؟... " (۲)

---

(۱) - تاریخ روابط سیاسی ایران وانگلیس در قرن ۱۹ - جلد ۱ - محمود محمود - صفحه ۴

(۲) - همان - زیرنویس همان صفحه

ه - مجموعه‌ای بهم‌پیچیده و سر در گم!! از خویشاوندیهای چند جانبهٔ پیشوایان خیانتکار انگلو-اسلامیست

در گذشته دیدیم که دو شاخه از شجرهٔ خبیثهٔ خیانت که از اولین پیشوایان متنفذ انگلو-اسلامیست در حوزه‌های مذهبی نجف و کربلا بشمار میروند، در شخصی به نام مراد بهم میرسند.

یعنی دو برادر به اسامی ابوالمعالی کبیر و سید عبد-الکریم طباطبائی، که هر یک جد اعلای چندین خاندان مشهور و متنفذ مذهبی بشمار میروند، فرزندان مراد میباشند.

و نیز دیدیم که شخص دیگری به نام محمد باقر اصفهانی ، مشهور به وحید بهبهانی، فرزند محمد اکمل، بنیان‌گذار حوزه مذهبی کربلا به حساب می‌آید.

و بزودی خواهیم دید که بعد از علامهٔ!! مجلسی (دوم)، قدرت رسمی و بلامنازع مذهبی در دست شخصی به نام میر محمد حسین، قرار گرفته است و این شخص که ادامهٔ اقدامات جنایت‌آمیز و خیانتکارانه علامهٔ!! مجلسی در انقراض سلسلهٔ صفوی را بعهده داشته، و از مسببان اصلی تیره‌روزی ایران بشمار میرود ، فرزند شخصی به نام محمد صالح خاتون‌آبادی بوده است.

فرزندان و فرزندزادگان این شخص تا انقراض سلسلهٔ پهلوی همواره مقام رسمی " امام جمعه " در اصفهان و تهران را به عهده داشته و، اگر نه تمام اعضای این خاندان، حداقل تمام امام‌جمعه‌های مذکور از خدمتگزاران صدیق و صمیمی دولت انگلیس بوده‌اند.

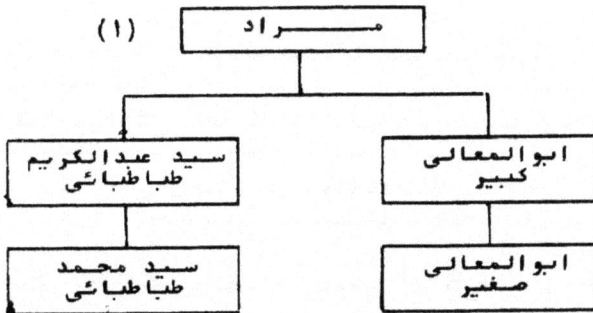

(۱)

مراد
سید عبدالکریم طباطبائی
ابوالمعالی کبیر
سید محمد طباطبائی
ابوالمعالی صغیر

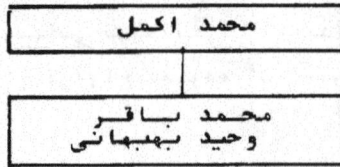

(۲)

محمد اکمل
محمد باقر
وحید بهبهانی

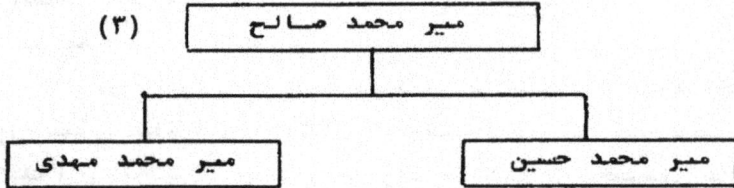

(۳)

میر محمد صالح
میر محمد مهدی
میر محمد حسین

حال، بطور نمونه، ببینید که افراد بالا از طریق خاندان مجلسی و ازدواجهای دیگر بین خود، چگونه در هم پیچیده و به هم پیوند خورده‌اند که حتی امکان تشخیص نسبت قوم و خویشی آنان با یکدیگر به آسانی میسر نمیباشد:

- یکی از دختران محمد تقی، مجلسی اول، به نام آمنه بگم، به همسری مردی بنام ملا صالح مازندرانی در آمده و دو نفر از دختران، او با دو برادر شجره‌نامه شماره (۱) یعنی ابوالمعالی کبیر و سید محمد طباطبائی ازدواج کرده‌اند.

با این ترتیب، مثلا" پسر ابوالمعالی با پسر سید محمد، هم پسر عمو و هم پسر خاله محسوب میشده‌اند.

- دختر محمد باقر، مجلسی دوم، با محمد اکمل شجره‌نامه شماره (۲) ازدواج کرده و از این ازدواج وحید بهبهانی تولد یافته که به نام پدر بزرگ مادری خود محمد باقر نامیده شده است. پس دو زن، موضوع بند بالا، عمه‌های مادر وحید بهبهانی بوده‌اند.

- دختر دیگر محمد تقی، مجلسی اول، که او نیز عمهٔ

دیگر مادر وحید بهبهانی بوده با میر محمد صالح خاتون‌آبادی شجره‌نامه شماره (۳) ازدواج نموده که فرزندشان میر محمد حسین نام داشته است.

– این میر محمد حسین، با دختر دائی خود، محمد باقر، مجلسی دوم، ازدواج کرده و با پدر وحید بهبهانی، باجناق شده است. یعنی فرزندان وی با وحید بهبهانی خاله‌زاده‌های یکدیگر نیز محسوب شده‌اند.

– از ازدواج ابوالمعالی کبیر با نوهٔ دختری مجلسی اول، پسری بنام میر ابوطالب متولد شده که با دختر ملا عبدالله، پسرمجلسی اول ازدواج کرده که یکی از دخترهای حاصل از این ازدواج، به همسری سید محمد طباطبائی در آمده است.

– بطوریکه در شجره‌نامه شماره (۱) ملاحظه میشود این سید محمد طباطبائی حاصل ازدواج سید عبدالکریم طباطبائی با نوهٔ دختری دیگر مجلسی اول بوده است.

– از ازدواج دختر ملا عبدالله (پسر مجلسی اول) با سید محمد طباطبائی دختری متولد گردیده که زن آقا محمد باقر، وحید بهبهانی گردیده است.

– ابوالمعالی صغیر، پسر ابوالمعالی کبیر، نتیجهٔ دختری مجلسی اول، خواهر آقا محمد باقر، وحید بهبهانی را به زنی گرفته که حاصل آن سید علی، مشهور به صاحب ریاض بوده است.

– آقا محمد باقر، وحید بهبهانی دختر خود را به خواهرزاده خود، سید علی، صاحب ریاض، داده که از این ازدواج سید محمد مجاهد، خیانتکار مشهور، متولد شده که ارشدترین فتوا دهندهٔ آغاز جنگ دوم ایران بر علیهٔ روسیهٔ تزاری بوده است.

پیوندهای خویشاوندی داخلی خانواده‌های انگلو-اسلامیست با یکدیگر، که فقط قسمتی از آن، بطور نمونه و تا سید محمد

مجاهد، به استحضار خوانندگان عزیز رسید، مرتبا" تا زمان
حاضر ادامه یافته و شاید نتوان روحانی صاحب نامی را در
یکی دو قرن اخیر پیدا کرد که در خدمت به انگلستان نبوده و
یا بدون بستگی به این مجموعهء عظیم و بهم پیچیده به شهرت و
قدرت رسیده باشد.

مثلا" ما در مورد سید محمد طباطبائی، فراماسونر عضو
لژ بیداری ایران (۱)، یکی از دو پیشوای روحانی نهضت مشروطیت
ایران و یکی از دو نفری که، برای اولین بار در تاریخ تشیع
، (توسط سفارت انگلیس) به لقب آیت‌الله ملقب گردیده
است، چنین میخوانیم :

" ... پسر ... آقا سید صادق طباطبائی ... و آن
مرحوم پسر مرحوم آقا سید مهدی است که ... او
پسر مرحوم آقا میرزا سید علی کبیر [نوهء
ابوالمعالی صغیر در شجره‌نامه شماره (۱)] است
که معروف آفاق بود، والدهء آقا میرزا سید علی
خواهر آقا محمد باقر [اصفهانی ـ وحید] بهبهانی
اعلی‌الله مقامه است ...

والدهء ماجدهء مرحوم آقا سید صادق دختر مرحوم
آقا سید محمد مجاهد است ... آقا سید محمد
مجاهد پسر مرحوم آقا میرزا سید علی صغیر،
صاحب ریاض معروف به شرح کبیر است که
خواهرزادهء آقای بهبهانی است. والدهء والدهء
آقا سید صادق دختر آقا سید مهدی بحرالعلوم
است و والدهء آقا سید محمد مجاهد دختر آقای
[محمد باقر، وحید] بهبهانی است و والد ایشان
محمد اکمل داماد مرحوم مجلسی [دوم] اعلی‌الله
مقامه [شجره‌نامه شماره (۲)] است ... " (۲)
با این نسب عالی! مسلما" پیشوائی وی در نهضت انگلیسی

ـساز مشروطیت و اعطای جایزهء اولین لقب آیت‌الله، از طرف سفارت انگلیس، به وی امری عجیب و دور از انتظار بشمار نمی‌آید.

در بررسی ارتباطات چند جانبه و بسیار در هم پیچیدهء مجموعهء انگلو-اسلامیستی مورد بحث بنام محمد صالح عرب، از پادوها و ایادی انگلیس، بر میخوریم و در شرح حال وی چنین میخوانیم:

" مشهور به داماد پسر آقا سید حسن است که داماد سید [علی] علامه صاحب‌الریاض بوده، در در حفظ حدود و حمای حقیقت غیرتی شدید داشت. از این جهت فتنه‌ای در شهر کربلا بر پا کرد که جماعت کثیر در آن واقعه به قتل رسید و خود مشار-الیه را اسیرا" به دارالسعادهء قسطنطنیه بردند و به اقدام امناء این دولت مقارن سنین اوایل جلوس همایونی [ناصرالدینشاه] از آنجا به طهران آوردند ... " (۳)

" ... عرب بودن بواسطهء تولد او و نشو و نمای او در کربلا است و گر نه ایرانی است و متاءسفانه از علمای آلت دست سیاست که در موقع گرفتاری ایران با انگلیسها هر چه توانست به تحریک عثمانیها[؟!] برای ایران درد سر درست کرد ... " (۴)

" ... اولاد نرینه از او نماند و از بناتش یکی در خانهء شریعتمدار آقا سید عبدالله [بهبهانی] [دومین پیشوای روحانی مشروطیت و دومین گیرندهء لقب آیت‌الله بعنوان جایزه از سفارت انگلیس] خلف‌الصدق آقا سید اسمعیل بهبهانی علیه‌الرحمه است ... " (۵)

پس هرگاه فرض کنیم که سید عبدالله بهبهانی، از

طریق پدر و مادر و یا اجداد پدری یا مادری خود، هیچگونه بستگی دیگری با مجموعهء انگلو-اسلامیتی مورد بحث نداشته است، در اینجا میبینیم که دو پیشوای روحانی نهضت مشروطیت، از طریق همان مجموعه، بدون نسبت با یکدیگر نبوده‌اند.

و نیز در شرح زندگانی آیت‌الله‌العظمی! بروجردی، آخرین مجتهد بی‌رقیب عالم تشیع، (که پسرش داماد روح‌الله خمینی میباشد) چنین نوشته شده است:

" ... سید محمد طباطبائي بروجردي، جد پنجم آیت‌الله بروجردي، دختر زادهء علامه مجلسي اول ، و سید مهدي بحرالعلوم، عموی جد دوم آن مرحوم، و سید جواد طباطبائي، جد سوم وی، و حاج میرزا محمود بروجردی، عموی جد نخست او، همه از مراجع تقلید و پیشوایان مردم و فقها و دانشمندان[؟!!] بلند پایه عصر بوده‌اند ... " (۶)

" ... خاندان آیت‌الله بروجردي از سه سوی به علامه مجلسي اول نسبت میرسانند: نخست این که یکی از دو دختر ملا صالح همسر سید عبدالکریم طباطبائي بوده و او پدر سید محمد طباطبائي است. دوم این که دختر میر ابوطالب، پسر بزرگ ابوالمعالي کبیر، داماد ملا صالح مازندراني و آمنه بیگم، همسر سید محمد طباطبائي بوده است. سوم این که همسر ابوطالب نامبرده هم دختر ملا عبدالله مجلسي، پسر مجلسي اول بوده است ... " (۷)

---

(۱) - فراموشخانه و فراماسونری در ایران - جلد دوم - اسمعیل رائین - صفحات ۷۶ و ۴۵۳

(۲) - تاریخ بیداری ایرانیان - بخش اول - صفحه ۶۱

(۳) ـ الماثر و الاثار ـ جلد اول ـ صفحه ۲۰۰
(۴) ـ همان ـ توضیحات باب دهم ـ صفحه ۷۵۴
(۵) ـ همان ـ صفحه ۲۰۰
(۶) ـ زندگانی زعیم بزرگ عالم تشیع، آیت‌الله بروجردی ـ چاپ دوم ـ علی دوانی ـ صفحه ۷۳
(۷) ـ همان ـ زیرنویس صفحات ۸۳/۸۴

خاندان امام جمعه تهران

خانوادهٔ همسر مصدق

مصدق دختر زین‌العابدین ظهیرالاسلام، پنجمین امام جمعهٔ تهران را به زنی گرفته است.

مادر زن مصدق دختر ناصرالدینشاه قاجار، ملقب به ضیاءالسلطنه (متولد ۱۲۷۲ قمری ـ ۱۲۳۴/۵ شمسی ـ ۱۸۵۵/۶ میلادی) بوده و این لقب بعد از فوت مادر زنش به زن وی اعطاء شده است.

خاندان امام جمعه در بین خانواده‌های سرشناس کشور، احتمالا"، دارای طولانی‌ترین سابقه در خدمت به انگلستان میباشند و ما در اینجا به معرفی افراد این خاندان می‌پردازیم:

میر محمد صالح خاتون‌آبادی و پسران وی

میر محمد صالح خاتون‌آبادی، که دیدیم دختر محمد تقی مجلسی (۱) را به زنی داشته، ظاهرا" اولین شخصی است که، از این خاندان، در اواخر دوران صفویه به عنوان امام جمعه منصوب گردیده است.

مهمترین رشتهٔ ارتباطی خاندانهای مشهور به آل شریف و آل شریف‌امامی به مجموعهٔ درهم پیچیده و سر در گم انگلو-اسلامیست‌ها از طریق همین محمد صالح خاتون‌آبادی بوده است. زیرا شخصی به نام محمد طاهر اصفهانی با خواهر محمد صالح ازدواج کرده و از وی فرزندی به نام ابی‌الحسن متولد گردیده که به اعتبار و با راهنمائی دائی خود ترقی کرده و به صورت سر سلسله آل شریف امامی در آمده است.

مهندس جعفر شریف‌امامی، که وی را استاد اعظم و اداره کنندهٔ سازمانهای فراماسونری در زمان محمد رضا شاه پهلوی در ایران میدانند، و به دفعات متعدد به وزارت و دو مرتبه هم به نخست‌وزیری رسیده و مدتی نیز ریاست مجلس سنا را به عهده داشته است، از همین خاندان میباشد که فراماسونری را بر انگلو-اسلامیسم ترجیح داده بوده است.

دختر همین ابی‌الحسن، به نام فاطمه به همسری شخصی به نام آقا محمد کبیر در آمده و یکی از فرزندان حاصل از این ازدواج دختری به نام آمنه بوده که مادر بزرگ شیخ محمد حسن، مشهور به صاحب جواهرالکلام، اولین مرجع تقلید تام شیعیان جهان میباشد.

در هر حال، دو پسر از میر محمد صالح خاتون‌آبادی، دارای اسامی میر محمدحسین و میر محمدمهدی بوده‌اند که میر محمدحسین با دختر دائی؟ خود، یعنی دختر ملا محمدباقر مجلسی، ملاباشی شاه سلطان حسین ازدواج میکند و بعد از فوت وی به سمت ملاباشی شاه سلطان حسین منصوب میگردد.

این دو نفر در کشاندن شاه سلطان حسین به خرافات و دور ساختن وی از واقعیات دنیا و زندگی، نقش اساسی داشته و مسبب واقعی تیره‌روزی ایران و تسلط افاغنه بر این کشور بشمار میروند.

شاه سلطان حسین، صدر اعظمی لایق و کارآمد داشته، به

نام فتحعلی خان اعتمادالدوله که وجودش سد راه ملاهای حقه‌بازی بوده است که ترقی و پیشرفت خود را در حماقت مردم میدانسته‌اند و بهمین جهت سردسته این حقه‌بازهای عوام فریب، یعنی همین میر محمدحسین به همراهی تعدادی دیگر از مخالفان صدر اعظم، در نیمه شب ۷ صفر ۱۱۳۳ (۱۸ دسامبر ۱۷۲۰ و ۲۷ آذر ۱۰۹۹) به کاخ شاه سلطان حسین رفته و با نشان دادن نامه‌ای جعلی به شاه، صدر اعظم را متهم به داشتن قصد کودتا و " خروج و بغی " نموده‌اند.

این افراد آنطور تظاهر به وحشت کرده و فریاد و فغان برآورده بوده‌اند که شاه ساده لوح به هراس افتاده و حتی بی‌آنکه نامهٔ مورد ادعا را مطالعه کند، دستور نابودی اعتماد-الدوله را صادر کرده، به دست میر محمد حسین داده است.

" ... [میر محمدحسین] (ملاباشی منصب فضیلت را به جلادی تبدیل نموده، به روایتی به دست خود و به روایتی بدست پسر خود بنوک خنجر چشم فتحعلی-خان را بعد از قید نمودن از حدقه برآورده و اموال او قدری ضبط به سرکار پادشاهی و تتمه به فحوای هباءً" منثورا به دست هر که افتاد متصرف شد.) به دنبال کور کردن و چپاول خانهٔ اعتمادالدوله، او را بیرحمانه در سیه چال تحت شکنجه قرار دادند. گماشتگان ملاباشی بدنبال این عمل در همه جا شروع به بازداشت همکاران و یاران او کردند ... " (۲)

این صدر اعظم خواهرزاده‌ای داشته، به نام لطفعلی خان، که شکست‌دهندهٔ محمود افغان در کرمان بوده است. او را هم دستگیر کردند.

" ... دست او را بسته، سر او را شکسته و دو شاخه نموده به اصفهان رسابیدند.

بر طبق خواهش امراء ملبس به لباس نسوان نموده
، بر گاوی واژگون سوار کرده، دم گاو را به دست
او داده بودند.
لوطیان شهر استقبال او کرده و چند سگی را به هیئت
کتل اسب پیش او میکشیدند و از اطراف و جوانب
تف و لعنت و اهانت بی‌نهایت نموده، حبس نمودند
... " (۳)

با این ترتیب مهمترین موانع هجوم افاغنه را برطرف کرده و " ... علما و فضلا و فقها و عرفا و صلحا و زهاد هر روز به خدمت سلطان جمشید نشان از روی تملق گوئی می‌آمدند و از روی تملق و مزاجگوئی عرض میکردند که: جهان پناها! هیچ تشویش مکن که دولت تو مخلد و به ظهور قائم آل محمد متصل خواهد شد ... " (۴) و زنان با راهنمائی همین ملایان شیاد و حقه‌باز به او میگفتند: " ... هر یک نذر کرده‌ایم که شله‌زردی بپزیم که هفت هزار نخود در آن باشد که هر نخودی را با هزار مرتبه لا اله الا الله خوانده باشیم و بر آن دمیده باشیم و به چهل نفر فقیر بدهیم و دشمنانت را منهزم و متفرق و دور بکنیم ... " (۵) و چون هیچ یک از این حقه‌بازی ها نتیجه نداد و محمود افغان به اصفهان رسید، شاه سلطان حسین " ... به همراه ملایان و درباریان، روز جمعه ۱۲ محرم ۱۱۳۵ (۲۴ اکتبر ۱۷۲۲) [۲ آبان ۱۱۰۱] به فرح‌آباد اردوی محمود افغان راه افتاده ... " (۶) جقه سلطنتی را بر سر محمود نهاد.

" ... محمود بر دشمن چیره شد. بسیار مردم بیگناه را بکشت. به وزیر اعظم محبوس زهر خوراند. لطفعلی داغستانی، همان سرداری که ضرب شصتش را در کرمان چشیده بود، دستگیر ساخت، (جسد او را چهار پاره کرد و هر پاره را به راهی آویخت (۷) ولی [میر محمدحسین] ملاباشی سر و

سر، زنده ماند ... " (۸)

آری، ملاباشی گربه‌ای بوده که خوب میدانسته است که همیشه روی چهار پا و سالم به زمین برسد. وی فتنهء افغان را به سلامتی از سر گذرانده و بعد از آن نیز با اینکه با تصمیمات نادر در دشت مغان مخالفت کرده، مورد عفو این پادشاه، که کمتر کسی را عفو مینموده، قرار گرفته و بالاخره در ۲۳ شوال ۱۱۵۱ (۱۴ بهمن ماه ۱۱۴۴ - ۳ فوریه ۱۷۶۶) به مرگ طبیعی وفات یافته است.

---

(۱) - در " دایره‌المعارف تشیع " (جلد اول - صفحه ۱۶۶)، که بعد از نوشته شدن متن بالا منتشر شده، میر محمد صالح بعنوان داماد محمد باقر مجلسی دوم معرفی گردیده است.
ولی ابوالفضل قاسمی، که در سمت ریاست کتابخانهء مرکزی دانشگاه تهران، به تمام کتابهای موجود در آن کتابخانه و، نیز از طریق ارتباطهای شخصی و سیستم مجانی مبادلهء کتاب بین کتابخانه‌های معتبر عمومی، به کتابهای موجود در کتابخانه‌های ملی و مجلس شورای ملی دسترسی داشته، در کتاب " الیگارشی - خاندان امام جمعه "، به دفعات متعدد و مناسبتهای مختلف، صریحاً"، میر محمد صالح را داماد مجلسی اول و پسر وی میر محمد حسین را داماد مجلسی دوم ذکر کرده و حتی در صفحهء ۴ کتاب مزبور، به نقل از کتاب خطی ریحانه‌الادب (جلد ۲ - صفحه ۱۰۱ - انساب مجلسی - موجود در کتابخانهء مرکزی دانشگاه تهران) نوشته است: دختر میر محمد باقر مجلسی زن میر محمدحسین و خواهر مجلسی مادر میر محمد حسین میشود.
ضمناً" دوستعلی خان معیرالممالک در کتاب " رجال عهد ناصری " (صفحه ۲۴۹) - میر عبدالواسع[سع] پدر

میر محمد صالح را به عنوان داماد مجلسی نام برده است.

با این ترتیب شاید پدر و پسری که به ترتیب دخترهای مجلسی اول و مجلسی دوم را به همسری داشته‌اند، عبد-الواسع و محمد صالح بوده‌اند.

(۲) - الیگارشی - خاندان امام جمعه - ابوالفضل قاسمی - صفحه ۱۱ - قسمتی که در داخل پرانتز ( ) ذکر شده، در آن کتاب به نقل از مجمع‌التواریخ - صفحه ۵۰ میباشد.

(۳) - همان - صفحه ۱۲ - به نقل از مجمع‌التواریخ صفحه ۵۰

(۴) و (۵) - رستم‌التواریخ - محمد هاشم آصف - به اهتمام: محمد مشیری - صفحه ۱۴۳

(۶) - الیگارشی - همان - صفحه ۱۶

(۷) - همان - صفحه ۱۶ - به نقل از عبرت‌نامه خطی - صفحه ۵۱

(۸) - همان - همان صفحه

مختصری راجع به امام جمعه‌های اصفهان

سمت امامت جمعه در اصفهان که در دوران صفویه، ابتدا به محمد صالح خاتون‌آبادی و پس از آن به میر محمد حسین ملاباشی، پسر وی، واگذار شده بود، به عنوان یک حق مسلم برای سادات خاتون‌آبادی تلقی گردیده و در تمام دوره‌های افشاریه، زندیه، قاجاریه و پهلوی همواره بصورت ارث از پدر به پسر (و در صورت نبودن پسر برای امام جمعه متوفی به یکی از منسوبان نزدیک وی از همان خاندان) انتقال یافته است.

قبلاً" گفتیم که دولت انگلستان پس از بررسیهای جامع و عمیق تصمیم گرفت که حوزهٔ مذهبی اصفهان را مضمحل و یا تضعیف ساخته و به جای آن حوزه‌های مذهبی کربلا و نجف را تاءسیس و تقویت نماید.

اما طبیعی است که شهری بزرگ و مهم، مانند اصفهان، ولو اینکه دارای حوزهٔ مذهبی درجهٔ یک نباشد، ولی ضرورت وجود تعدادی مجتهد و پیشوای روحانی مشهور و ظاهراً" بزرگ محلی برای اهالی آن غیر قابل اجتناب بوده است و ما میدانیم در ایامی که بررسیهای مزبور جریان داشته، افرادی گمنام را به صورت علامه‌هائی به شهرت و ثروت رسانده و به خدمت خود در آورده بوده‌اند.

فرزندان، فرزندزادگان و بستگان این علامه‌ها!! در سمت امام جمعگی اصفهان، که تدریجا" بصورت شغلی درباری و اشرافی در آمده و به تدریج از محدودهٔ حوزه‌های علمی و مذهبی عمومی اصفهان خارج شده بوده است، همواره از خدمتگزاران صمیمی دولت انگلیس بشمار میرفته‌اند.

میر محمد حسین سلطان‌العلماء، نوهٔ میر محمد حسین ملاباشی (چهارمین امام جمعه اصفهان) " ... همان کسی است که بهنگام جنگ اول ایران و روس جزء فتوادهندگان جهاد علیه روسیان است. " (۱) آری در آن دوران:

" ... ملایان مذهبی نفوذ زیادی داشتند. بر اثر نفوذ و فتوای آنان منجمله میر محمد حسین سلطان‌العلماء ، نزدیکترین خویشاوند امام جمعه تهران، بود که دو جنگ، بویژه جنگ حساب نشده ایران و روس شروع شد. نقشه آغاز این جنگ، به جهاتی که اکنون مجال طرح و بحث آن نیست، بوسیله انگلیسها کشیده شد و بر ماوروسها تحمیل گردید. دانسته یا ندانسته ، ملایان از مسببین برافروختن آتش جنگ بودند.

با شکست مفتضحانهٔ ما نه تنها پاره‌ای از زرخیز-ترین خاک ما از کفمان بدر رفت بلکه با اصول سیاه قرارداد ننگین ترکمانچای مبانی استقلال ما ضعیف و اسباب دخالت بیگانگان فراهم شد

... " (۲)

چون قبلا" راجع به دلائل آغاز این جنگ، ضمن معرفی یکی دیگر از فتوادهندگان خیانتکار به نام سید محمد مجاهد، با تفصیل بیشتری صحبت شده است، لذا گمان میرود که همین مختصر برای معرفی ماهیت انگلیسی این امام جمعهء اصفهان کافی باشد.

---

(۱) و (۲) - الیگارشی - همان - به ترتیب صفحات ۳۲ و ۳۵/۶

انتقال شاخه‌ای از خاندان امام جمعه اصفهان به تهران

" فتحعلیشاه پادشاهی به ظاهر در امور اسلامی پرباور بود و دلبستگی به مسائل دینی و روحانیت نشان میداد، از این رو به عادت دیرین صفویان تصمیم گرفت، پایگاه دولتی دینی در پایتخت بر پا دارد.

در مرکز شهر جایگاه اسلامی به نام مسجد سلطانی (مسجد شاه) بنیاد نهاد. پس از پایان بنای آن یکی از ملایان با شخصیت خاندان امام جمعه اصفهان (میر محمد مهدی) را به تهران فرا خوانده، به سال ۱۲۲۶ هـ. ق. [۱۱۹۰ شمسی - ۱۸۱۱ میلادی] با امتیاز خاص، مقام امامت (عصای مرصع) او را امام جمعه و متولی مسجد سلطانی کرد. این چنین بنیاد قدرت این خاندان نهاده شد،

تا به امروز [زمان تاءلیف کتاب] که یک صد و شصت و هشت [سال] است، بدون وقفه، امامت جمعه تهران در این خاندان باقی مانده است ... " (۱)

در حقیقت، بعد از آن که فتحعلیشاه به سلطنت رسیده، چون پایتخت به تهران منتقل شده بود، پایه‌گذاران سیاست استعماری بریتانیا درایران، که قبلا" امام جمعه اصفهان را در اختیار گرفته بوده‌اند، مصلحت در آن دیده‌اند که ترتیبی فراهم سازند تا مسجد دولتی آبرومندی در تهران ساخته شود، سمت امام‌جمعگی درباری نیز در تهران به وجود آید و این سمت از همان ابتدا به یکی از اعضای همان خاندان خاتون‌آبادی که امتحان خدمتگزاری و وفاداری خود به انگلستان را داده بوده‌اند، واگذار گردد. از اینجهت با تلقین به فتحعلیشاه به تحقق این اهداف توفیق یافته‌اند.

" ... تاریخ بنای آن [مسجد] در ایوان طرف جنوبی، هزار و دویست و بیست و نه ضبط شده، بنای مسجد عالی و وسیع و دارای گنبد مذهب و شبستانهای بزرگی است ... " (۲)

میرزا زین‌العابدین، که بعدا" پدر زن مصدق شده، در هنگام فوت پدر خود فقط ۹ سال داشته، بدین جهت، تا زمان رسیدنش به ۱۹ سالگی، عموی او بنام میرزا مرتضی صدرالعلماء نیابت امامت را به عهده گرفته بوده است. ما هم در اینجا از این نایب امام جمعه صرف نظر کرده، میرزا زین‌العابدین را به عنوان سومین امام جمعه شناخته و مختصری از شرح حال وی و دو نفر امام جمعه قبل از او را جهت استحضار خوانندگان عزیز ذکر مینمائیم.

قبلا" دیدیم که میر محمد حسین، اولین ملا باشی از این خاندان در دوران صفویه، چگونه توطئه نابودی و زجرکش کردن فتحعلیخان اعتمادالدوله، آخرین صدر اعظم لایق و کارآمد آن دوران، را به مرحلهء اجرا در آورد و ضمن این سه شرح حال نیز

با کمال تعجب خواهیم دید که دو امام جمعه خائن و جنایتکار اول و دوم تهران هر یک به نوبه خود فعالانه در یک توطئه انکلیسی‌ساز قتل یک صدر اعظم لایق و کارآمد دست داشته‌اند! و امام جمعه سوم هم حد اقل از توطئهٔ قتل ناصرالدینشاه، پدر زن خود، آگاه بوده است! و بعدا" نیز ضمن شرح داستان واقعی قتل اتابک، امین‌السلطان، از حدود شرکت امام جمعه چهارم تهران در قتل این صدر اعظم کارآمد مطلع خواهیم گردید:

۱ـ میر محمد مهدی، اولین امام جمعهٔ تهران و توطئهٔ قتل میرزا ابوالقاسم قائم‌مقام

بطوریکه دیدیم، فتحعلیشاه در سال ۱۲۲۶ هـ. ق.، که بنای مسجد جامع سلطانی در شرف اتمام بوده، میر محمد مهدی پسر میر مرتضی پسر میر محمد مهدی پسر میر محمد صالح (داماد مجلسی و پدر میر محمد حسین ملاباشی) را به تهران احضار و طی تشریفاتی ویژه با اعطای عصائی مرصع، منصب امام جمعکی تهران را به او واگذار کرده است.

" ... میر محمد مهدی ۳۷ سال امام جمعه تهران بود ، تا اواخر محمد شاه قاجار میزیست، در سال ۱۲۶۳ هـ. ق. [۱۲۲۵/۶ شمسی – ۱۸۴۶/۷ میلادی] بدرود زندگی گفت . " (۳)

" از کارهای بسیار زیانبخش او در دوران امامت روبرو شدن با میرزا ابوالقاسم قائم مقام و ارتباط با بیگانگان برای نابودی نخست صدر اعظم ضد استعماری ایران بوده است.

شخصیت برتر قائم مقام بر همه روشن است. در میان پژوهشگران و تاریخنویسان حق‌طلب، کسی را

نمیتوان یافت خدمات این وزیر را مورد ستایش قرار نداده باشد.
قائم مقام میخواست ایرانی آزاد و آباد و مستقل و دور از هر گونه نفوذ بیگانه به وجود آورد.
بیگانگان نیز در این روزها که زمان بهره‌برداری از مفاد قرارداد ترکمانچای بود، میخواستند مبانی استقلال ما را سست و لرزان سازند." (۴)
"ما را در این مختصر مجال شناخت نخستین قهرمان ضد استعماری ایران نیست ولی دیدید که قائم مقام چگونه می‌اندیشید؟ چه آرمانهای پاک و ملی سازنده داشت؟ میخواست ایرانی آزاد و آباد و مستقل (به دست ایرانی، برای ایران با فکر ایرانی) بسازد. این اندیشه و آرمان حق‌طلبانه، نه آنوقت سالیان دراز بعد از او، از نظر بیگانگان آزمند و بدخواه، گناه بزرگ و نابخشودنی بود.
قائم مقام با همهٔ دلبستگی سالم و منطقی دینی، با سنت‌گرائی کهنه، با افکار ارتجاعی و آخوندبازی مخالف بود، بیخبر از اینکه فتحعلیخان اعتماد-الدوله، نخست‌وزیر شاه سلطان حسین، نیز مخالف آخوندبازی بود، بهمین جهت با دست نیای میر محمد مهدی، امام جمعه، میر محمد حسین ملاباشی، در سال ۱۳۳۵ ق. [این واقعه در سال ۱۱۲۲ قمری - ۱۰۸۹ شمسی ۱۷۱۰/۱۱ میلادی اتفاق افتاده است] کور و نابود گردید.
آیا باز هم تاریخ تکرار خواهد شد؟ ببینیم اسناد و مدارک چه میگویید؟
گروه مخالفان قائم مقام، دزدان و نادرستان، وطن‌فروشان، گماشتگان بیگانه و بیگانگان بدخواه

بودند، اینان همه با هم جلسات مرتب داشتند، همه در نابودی قائم مقام با هم همدست و همگام شده بودند.

طاعون ایران - این که نمایندهٔ انگلستان در ۷ ژوئن ۱۸۳۵ گزارش میدهد: ملایان در معابر به قائم مقام بد میگویند. بطور قطع در راٴس این مرتجعان امام جمعه قرار داشت. همه از او دستور و الهام میگرفتند.

کمپل [سر جان نیکول رابرت، وزیر مختار انگلیس در ایران،] ... دشمن درجهٔ یک قائم مقام بود. مرتب به وسیلهٔ درباریان و مزدوران بیگانه و خودی شاه را علیهٔ قائم مقام تحریک میکند.

[او گزارش میدهد که؟] (قائم مقام ازامام جمعه بدش می‌آمد. او تشنهٔ خون قائم مقام بود.)

کمپل در گزارش ۲۲ ژوئن ۱۸۳۵، قائم مقام را آفت بدتر از طاعون[؟!] معرفی میکند، می‌نویسد:

امروز عصر شخصی از جانب امام جمعه به دیدنم آمد تا دستگیری قائم مقام را به من تبریک گوید و همچنین مراتب شادمانی و خرسندی امام جمعه و تمام طبقات مردم را ابراز دارد.

آدمیت در تصریح هویت امام جمعه او را میر محمد مهدی معرفی میکند. (۵)

زشتکاری‌های رئیس العلمای تهران - ولی پس از ترور قائم مقام کار دشمنان آنان بالا میگیرد.

عاملی که بیش از پیش به افزایش قدرت امام کمک میکند، روی کار آمدن حاجی میرزا آقاسی است که میر محمد مهدی فرصت خوب می‌یابد، مسجد شاه را به عنوان یک بست و پناهگاه فراهم سازد،

حکومتی در داخل حکومت در تهران به وجود می‌آورد.
حمید الگار بست امام را پناهگاه عناصر دزد و ناپاک میداند که امام جمعه اقتدار سیاسی خود را به وسیلهٔ آنان در پایتخت اعمال میکند ... " (۶)

۲ - میرزا ابوالقاسم دومین امام جمعه و امیر کبیر

یکی از نقاط ضعف شرم‌آور سلاطین قاجار و اکثریت قریب به اتفاق رجال دوران قاجاریه، علاقه به پسران زیبا و جوان بوده است. حتی فتحعلیشاه قاجار با وجود داشتن صدها زن در حرم‌سرای خود (که آنان را بیشتر به توصیهٔ آغا محمد خان قاجار و بمنظور ازدیاد نسل میگرفت) از این انحراف و بیماری مستثنی نبوده است. ایادی بریتانیا نیز به کرات از این نقطهٔ ضعف سلاطین و رجال قاجار استفاده کرده، آنان را به انجام کارهای مورد نظر خود وادار کرده‌اند، یکی از این موارد تعیین جانشین برای میر محمد مهدی بوده، که فرزند ذکور نداشته است.

میرزا ابوالقاسم، برادر زادهٔ میر محمد مهدی، چون در اوان بلوغ دارای آب و رنگی بوده، ماٴموران بریتانیا تصمیم گرفته‌اند که از او به عنوان طعمه‌ای برای جلب فتحعلیشاه استفاده نمایند. وی پس از دیدن تعلیمات ضروری و گذاشتن قول و قرارهای لازم، در هنگامی که نزدیک به بیست و دو سال از سنش میگذشته، در صف علماء به فتحعلیشاه معرفی گردیده است.

این بچهٔ آخوند، در عبا و عمامه، با تعلیماتی که گرفته بوده، موفق شده است، که در همان نگاه اول دل از فتحعلیشاه برباید و او را یک دل نه، بلکه صد دل، عاشق و بیقرار خود

سازد.

شرح این ماجرا را از کتاب الیگارشی نقل مینمائیم:

" میرزا ابوالقاسم خاتون‌آبادی ... در ۲۲ ذیقعده ۱۲۱۵ [تقریبا" ۱۷ فروردین ۱۱۸۰ - ۶ آوریل ۱۸۰۱] در اصفهان پا به جهان میگذارد.

به سال ۱۲۳۷ [ق. ۱۲۰۰/۱ شمسی - ۱۸۲۱/۲ میلادی]

که محمد علی میرزا حشمت‌الدوله (نیای خاندان دولتشاهی) در میگذرد، روحانیون، پیشوایان و بزرگان قبایل و ایلات از هر جا برای دلداری فتح‌علیشاه به تهران می‌آیند.

به همراه میر محمد حسین سلطان‌العلماء، امام جمعه معروف [اصفهان]، نوجوانی در صف بزرگان دیده میشود که مورد توجهء خاص شاه قرار میگیرد.

سلطان‌العلماء او را معرفی میکند که از خاندان امام جمعه و برادر زادهء میر محمد مهدی، امام جمعه تهران است.

شاه میگوید: چون میر محمد مهدی، امام جمعه، را فرزندی نیست، نباید مسند امامت جمعهء تهران از نسل سادات خاتون‌آبادی خالی ماند، ابوالقاسم نزد عمویش در تهران بماند و به عموی خویش در ارشاد مردم و پیشوائی مسلمانان کمک کند.

این چنین وی (با سمت فرزندی و نیابت عم خود در دارالخلافه توطن میکند.) (۷)

امام جمعه چون تقرب و تفقد شاه را به نیابت امامت زیادی می‌بیند، به اصطلاح رشتهء خویشاوندی دیرین خود را با برادرزاده‌اش نو میکند، دخترش را به عقد او در می‌آورد.

دلبستگی زیاد فتحعلیشاه را به میرزا ابوالقاسم

از این واقعه به خوبی میتوان فهمید :
در نوروز هر سال، شاه به دیدن بزرگترین علمای تهران، که در این زمان میرزا مسیح تهرانی بود، میرفت. (چون معبر کوکبه سلطانی به درب خانهٔ امام جمعه رسید، در عرض راه از ارادهٔ نخستین منصرف شد. ملاقات میرزا مسیح را پس از دیدار امام جمعه مقرر فرمود.)
شاه به منزل میرزا ابوالقاسم میرود، این عمل در آن روزها تاءثیر شگرفی در محافل دینی و سیاسی بجا میگذارد.
در منزل امام، شاه (فرمود: روا ندیدم که مکان دیگری را بر این خانه ترجیح دهم و لقای ایشان را بر این ملاقات لازم دارم. بعد از تفقدات شاهانه از آنجا عجل فطور و منازل سایر علماء تشریف نزول ارزانی داشت. در هر مکان فضائل و معانی آنجناب را بر زبان الهام نشان جاری میفرمود که در اندک زمان قبول عامه ارتقاء جست.)(۸)

استقبال شکوهمند

" در این جریان میر محمد مهدی، امام جمعه در اصفهان بود، طبعا" تمام این دیدن شکوهمند بحساب برادرزاده و دامادش گذاشته میشود. از این رو امام وقتی از اصفهان به تهران می‌آید، میرزا ابوالقاسم را سر خری بزرگ برای خود می‌بیند، با عنوان (اکتساب معارف و تکمیل فقه و اصول) (۹) او را به بیرون از ایران، عتبات روانه میکند ولی این عمل، کار را بدتر میکند، پوشش دلبستگی شاه را به میرزا ابوالقاسم عریان میسازد.

بنا بر این (بر حسب تمنای عمش، از جانب خاقان مغفور توقیع همایون به احضارش صادر).(۱۰) میشود، نایب امام با استقبال پر شکوه و شایان وارد تهران میشود.

این وقایع خود نشان میدهد، میرزا ابوالقاسم گر چه هنوز به امامت جمعه نرسیده بود ولی در مقام نیابت، به پایگاه برتر و بالاتر از عمو و پدر زنش جهید.

میر محمد مهدی امام جمعه، در سال ۱۲۶۳ ق. (۱۸۴۶/۷ م.) [۱۲۲۵/۶ ش.] بدرود زندگی میگوید.

بلافاصله کیومرث میرزا ملک‌آرا از طرف محمد شاه ماءمور حمل (عصای مرصع امام جمعه‌گی [جمعگی]) با تشریفات خاص به مسجد شاه میشود و اینچنین میرزا ابوالقاسم رسما" رئیس دینی دولتی

قاجار میشود. " (۱۱)

توطئهء کودتا و سایر اقدامات علیهء امیر کبیر

اگر میر محمد مهدی اولین امام جمعهء تهران و عموی این شخص، در توطئه برکناری و قتل ابوالقاسم قائم‌مقام به تحریک و راهنمائی کمپل، وزیر مختار انگلیس، شرکت داشت، این شخص نیز عینا" پای خود را جای پای عموی خود گذاشت، یعنی در تمام اقداماتیکه به تحریک و راهنمائی کلنل شیل، وزیر مختار دیگر انگلیس، منجر به برکناری و قتل میرزا تقی خان امیرکبیر گردید، شرکت نمود، که از جملهء آنها شرکت در توطئهء کودتای نظامیان علیهء امیر کبیر بوده است:

" در آغاز زمامداری امیر کبیر که بیگانگان بد-خواه، امیر کبیر را شناخته بودند، توطئه کودتائی را علیهء او ترتیب میدهند تا با نابودی وی از اقدامات ضد استعماری امیر کبیر رهائی یابند.
واتسن که این روزها خود با سمت رسمی در سفارت انگلستان بکار اشتغال داشت این گردانندگان کودتا را (کلنل فرانت، کاردار سفارت، میرزا آقاخان نوری، کارگذار استعمار، و میرزا ابوالقاسم امام جمعه،) (۱۲) میداند.
کودتا با برانگیختن نظامیان و افواج آذربایجانی آغاز میشود ولی همینکه مردم آگاه و با وجدان آن روز از این توطئه آگاه میشوند، به قول لسان‌الملک پنجاه هزار کس از مردم دارالخلافه و عراق[؟] انجمن شدند تا به مقابله شتابند. (۱۳)
سازندگان و رهبران کودتا ورق را برمیگردانند، خود به خواباندن آشوب میپردازند. به دستور امام جمعه

(مردم دکانها و بازار و سراها را بسته برای استقامت در برابر سربازان شورش مسلح شدند .) (۱۴)

" ... استنباط نزدیک به واقعیت این است که پایه‌گذاران فتنهٔ شورش همینکه قیام مردم تهران و عراق را مشاهده کردند و شکست دسیسه‌کاری‌های خود را نزدیک دیدند ، با قیافهٔ آشتی‌دهندگان با حسن‌نیت به میدان آمدند .

میرزا آقاخان، ریش بلند خود را ، امام جمعه ، عمامه و ردای خود را ، و آن یکی دیگر که انگلیسی‌الاصل بود ، حق معلمی خود را در میان دو فرقه حائل کردند . آنچه از این میانجیگری حاصل آمد در حقیقت نجات سربازان و محرکان آنها از مرگ حتمی بود نه نجات امیر ... " (۱۵)

بست امام جمعه و برچیدن آن توسط امیر کبیر

" امیر کبیر دشمنان مردم و وطن را خوب میشناخت ، در این جریان واکنش نشان نداد . همینکه کاملا" بر اوضاع چیره شد ، تصمیم گرفت گلستان وطن را از خار و خس بیگانه پاک سازد .

یکی از این عوامل ضد ملی میرزا ابوالقاسم ، امام جمعه ، بود که در برابر دولت بارگاهی به نام مسجد شاه درست کرده بود ، فراشان و قداره بندان هر-کس را میخواستند بازداشت میکردند و با فتوای شرعی به کیفر و یا تسلیم وامیداشتند .

امام جمعه با تمام مراکز ضد ملی داخلی و خارجی راه و رابطه داشت ، از آنان برای استحکام قدرت و افزایش نفوذ خود استفاده میکرد ... " (۱۶)

" ... امیر کبیر رسماً " به تحدید قدرت امام
جمعه میپردازد ... (امیر به محض اینکه دید
امام جمعه احکام سرسری بدست مردم میدهد و مجرمین
را در خانه‌ء خود و مسجد سلطانی به بست می‌پذیرد،
مانع اجرای عدالت است، او را سر جای خود
می‌نشاند. راه پناه گناه‌کاران را به در خانه‌ء او
مسدود نمود و او را از مداخله‌ء در قطع و وصل
مرافعات و صدور حکم محروم و کارش را به همان
پیش نمازی مسجد شاه منحصر ساخت.) (۱۷) و به
قول الکار (لانه‌ء عناصر فرومایه و پست را بهم
زد.) (۱۸) ... " (۱۹)

بعلاوه حامد الکار نوشته است:
" امام جمعه در همان زمان با قدرتهای خارجی
به عنوان شاخه‌های اضافی نفوذ خودش تماس برقرار
کرده بود. امیر کبیر این امر را تحمل نکرد. منظم
کردن امور خارجی را وظیفه‌ء قطعی دولت میشمرد
... " (۲۰)

شرکت در توطئه‌ء برکناری و قتل امیر کبیر

بعد از آنکه امیر کبیر قدرت نامحدود و بی حد و حصر
امام جمعه را کم و محدود ساخت و " دزدان و قطاع‌الطریق "
(۲۱) را که بعنوان بست در مسجد شاه پناه گرفته و " بمنزله‌ء
قوه‌ء مجریه‌ء قدرت او " (۲۲) در آمده بودند، از مسجد بیرون
کرد و بست او را برچید، امام جمعه نیز که با مخالفان امیر
کبیر در تماس دائم بوده با شدت و حدت بیشتری در توطئه‌هائی
که به برکناری و قتل امیر کبیر انجامیده، شرکت کرده است.
خان ملک ساسانی در کتاب " دست پنهان سیاست

انگلیس در ایران " تعداد توطئه کنندگان بر علیهء امیر کبیر را ۱۲ نفر دانسته و در این مورد چنین نوشته است:

" دوازده نفر از اشخاص و سر جنبانان ایران که با کلنل شیل، وزیر مختار انگلیس در تهران، برای مقتول ساختن میرزا تقی‌خان امیر کبیر هم‌کاری و همراهی کرده بودند، اولاد و احفادشان پس از یک صد سال که از قتل امیر کبیر میگذرد، هنوز روی مسندها نشسته و حساس‌ترین پست‌های این مملکت را اشغال کرده‌اند و اسناد خدمتشان هم پشت در پشت در سفارت محفوظ است ... " (۲۳)

در زیرنویس صفحه ۹۴ کتاب " پشت پرده " تاءلیف همین خان ملک ساسانی نیز چنین میخوانیم:

" امیر کبیر با گروهی از روحانی‌نماها، نظیر امام جمعهء تهران، در گیری داشت و جلو دخالتهای ناروای آنها را میگرفت.

از این رو آنان با وی سر مخالفت داشتند.

امام جمعه در شمار عوامل انگلیس در ایران بود و بعدا" با کمک مهد علیا زمینهء سقوط میرزا تقی خان امیر کبیر را فراهم کرد ... " (۲۴)

تجدید بست مسجد شاه و قدرت امام جمعه

بعد از برکناری و قتل امیر کبیر

" ... بعد از مرگ امیر کبیر دست و پای تمام دشمنان ملت باز میگردد، بویژه دو گرداننده کودتای ضد امیر (اعتمادالدوله، امام جمعه).

میرزا آقا خان اعتمادالدوله صدر اعظم ایران

میشود. امام جمعه نیز به مدد همسلک مسند-
نشین خود و اربابان خارجی (قاتلان امیر کبیر)
با تمام قدرت به فرمانروائی دینی خود در تهران
مشغول میشود.
دو باره مسجد شاه به صورت (بست و پناهگاه)
(۳۵) در میآید، بساط آخوندبازی و جانبداری از دزد
و کلاهبردار و متجاوز گسترده میشود. (۳۶) ... " (۳۷)

مرگ امام جمعه

میرزا ابوالقاسم در پنجاه و شش سالگی " ... در سال ۱۲۷۰ ق. [۱۲۳۲/۳ شمسی - ۱۸۵۳/۴] در تهران درگذشت و در جنوب شهر تهران در مقبرهٔ مجللی که پسرش، حاج سید زین‌العابدین، امام جمعه، ظهیرالاسلام، برای او درست کرد و امروز معروف است به قبرستان آقا یا سر قبر آقا دفن گردید. " (۳۸)
این محل بعداً " مورد توجه مردم عوام دور از حقیقت و سیاست قرار میگیرد. " (۳۹)

میرزا زین‌العابدین سومین امام جمعه تهران
(پدر زن محمد مصدق)

" زین‌العابدین ظهیرالاسلام ... در دهم ذیحجه ۱۲۶۱ هـ. ق. [۱۹ آذرماه ۱۲۲۴ - ۱۱ دسامبر ۱۸۴۵] پا به جهان میگذارد ... پدرش میرزا ابوالقاسم، امام جمعه، است. بهنگام مرگ پدر نه سال بیش نداشت، ولی چون امامت جمعه حکم سلطنت را یافته بود، ارثا" به فرزندان منتقل میشد، وی به امامت برگزیده میشود. نیابت امام را میرزا مرتضی صدر-العلماء عمویش به عهده میگیرد. " (۳۰)

کم‌سوادترین امام جمعه در تاریخ اسلام

میرزا زین‌العابدین را به حق بیسوادترین یا کم سواد-ترین امام جمعه در سر تا سر تاریخ اسلام میدانند.

ابوالفضل قاسمی در مورد وی چنین نوشته است:

" کم سوادتر از همه! - ... چون وی از سن نه سالگی به ریاست ظاهری و در ۱۹ سالگی به ریاست رسمی میرسد، نه فرصت و نه دماغ تحصیل و فرا-گرفتن علوم داشت، از این رو در میان پیشینیان و پسینیان خود از همه‌شان کم‌سوادتر بود.

از این رو می‌بینیم اعتمادالسلطنه در خاطرات روز جمعه ۱۹ جمادی‌الثانی ۱۳۰۰ خود، امام جمعه را به بی‌دانشی و بی‌سوادی توصیف میکند و در کتاب دیگرش راجع به او مینویسد:

امام جمعه معلوماتش فقط این است که پسر مرحوم

میرزا ابوالقاسم امام میباشد و اگر کسی از او بپرسد تو چه کاره‌ای اینقدر ناطقه تقریر ندارد که که بیان شغل و منصب خود نماید ... " (۳۱)

زنان و فرزندان میرزا زین‌العابدین

دوستعلی خان معیرالممالک، که با میرزا زین‌العابدین خویشاوندی، دوستی و رفت و آمد خانوادگی داشته، در کتاب رجال عصر ناصری در این مورد چنین نوشته است:

" ... بسال ۱۲۸۸ هـ. ق. [۱۲۵۰ شمسی - ۱۸۷۱ میلادی] ، که در ایران قحطی روی نمود، ناصرالدینشاه به عزم زیارت حضرت رضا، علیه‌السلام، آهنگ ارض اقدس کرد.

دوستعلی خان نظام‌الدوله معیرالممالک که در رکاب شاهانه بود، در یکی از منازل بین راه به وبا مبتلا شد و در کشاکش مرض نذر کرد که اگر از مهلکه جان به سلامت برد، یگانه دختر خود زهرا سلطان خانم را بر سیدی ارزانی دارد[!!]. ملک و همراهانش دست از حیات معیرالممالک شسته بودند ولی قضا را ملک‌الموت از بیمار روی بگردانید و وی بار دیگر جامه‌ی تندرستی پوشید.

چون این خبر به پایتخت رسیده بود، پس از بازگشت معیرالممالک از سفر خراسان، تنی چند از سادات جلیل‌القدر خواستار زهرا سلطان خانم شدند و از آن میان آقا سید زین‌العابدین گوی سبقت را ربود. پس از کسب اجازه‌ی شاه مجلسی در خور آراستند و دخت معیر را بعقد امام جمعه جوان در آوردند.

زهرا سلطان خانم از شوهر خویش سه پسر آورد، به

نامهای [آقا میرزا ابوالقاسم] (۳۲) - آقا میرزا محمد و آقا محمد، و نیز دو دختر آورد که یکی همسر آقا شیخ جعفر سلطان‌العلما و دیگری عیال حاج میرزا احمد آقا پسر حاج میرزا جواد آقا مجتهد شد.

پس از آنکه زهرا سلطان خانم به دار باقی شتافت، آقا سید زین‌العابدین خواستار ضیاءالسلطنه دختر ناصرالدینشاه شد که به او ارزانی گشت.

امام جمعه از همسر دومش دارای دو پسر و دو دختر شد، بدین قرار: آقا سید علی حسام‌الدین میرزا که در نوزده سالگی به مرض خناق در گذشت. آقا سید جواد ضیاءالدین میرزا، ظهیرالاسلام، که از شخصیتهای نامی امروز است و بی‌نیاز از معرفی. ندیم‌السلطنه، که او نیز در سن ۱۲ سالگی، مانند برادر، به بیماری خناق از جهان رفت. و بالاخره شمس‌السلطنه که همسر آقای دکتر محمد مصدق شد و پس از مادر لقب او را یافت و ضیاءالسلطنه خوانده شد ... " (۳۳)

اولین امام جمعه فراماسونر؟

اسمعیل رائین که تحقیقات ارزنده‌ای راجع به فراماسونری در ایران به عمل آورده است، در صفحهء ۵۱۳ جلد اول کتاب خود به نام " فراموشخانه و فراماسونری در ایران " تحت عنوان کارگردانان فراموشخانه ملکم چنین مینویسد:

" ملکم در انتخاب اعضاء مؤثر تشکیلات خود و به اصطلاح امروزی کارگردانان فراموشخانه نهایت دقت را مبذول داشت و از هر طبقه و دسته‌ای و

و بخصوص شاهزادگان، چند نفر را انتخاب نمود و با کمک آنها سازمان خود را وسعت داد. از جمله اشخاص مؤثری که با او همکاری داشتند و جزو دستهٔ اصلی فراماسونهای او بودند، میتوان افراد زیر را نام برد: ... "

در اینجا اسمعیل رائین اسامی ۳۸ نفر را ذکر کرده، که اگر یک اسم تکراری (صدیق‌الدوله) را از میانشان حذف کنیم ، ۳۷ نفر باقی میماند و در هر حال اسم میر سید زین‌العابدین امام جمعه در این لیست در ردیف ششم قرار دارد.

بعلاوه در صفحات ۵۲۴ تا ۵۲۶ همان کتاب، ترجمهٔ گزارش مؤرخ ۱۸ اوت ۱۸۶۱ [۱۱ صفر ۱۲۷۸ - ۲۷ مرداد ۱۲۴۰] (۳۴) بلونه سفیر وقت فرانسه در ایران به وزارت متبوع خود را به چاپ رسانده که ضمن آن چند جملهٔ زیر در مورد امام جمعه وجود دارد:

ملکم خان " ... مکتب و مقررات فراموشخانه را به ایران وارد ساخته و هر کس در ایران که تا اندازه‌ای به اصول شرافت معتقد باشد، امروز در این مکتب در آمده و ابتدا امام جمعه که رئیس مذهبی است در این راه پیشقدم شده است.

با در نظر گرفتن خصائص آسیا، جنابعالی خوب در خواهید یافت که پیوستن امام جمعه به فراموش خانه چه سلاح خطرناکی خواهد بود که به دست شخص کاردان و زیرکی بیفتد و نیز تا چه پایه شاه حق دارد نسبت به این موضوع بدبین و بدگمان باشد ... "

در صفحه ۵۲۶ همان کتاب نیز عکس میرزا زین‌العابدین گراور و در زیر آن نوشته شده است: میرزا زین‌العابدین نخستین امام جمعه فراماسون.

در زیرنویس همین صفحه چنین میخوانیم:

" نخستین روحانی که به فراموشخانه ملکم پیوسته، حاج میرزا زین‌العابدین، امام جمعه، تهران بود که ملکم از وجود او استفاده‌های فراوان برد.

امام جمعه که دارای مشرب سیاسی بوده و به انگلیسها نیز تمایل داشت، در نخستین روزهای تشکیل فراموشخانه به این مجمع سری پیوست. "

هر چند نویسنده این سطور معتقد است که ایادی انگلیس از ابتدا متوجه اهمیت فوق‌العادهء مقام امامت جمعه در پایتخت ایران بوده و در اختصاص این مسند به سادات خاتون‌آبادی اصفهان دخالت داشته‌اند و نیز در وابستگی امام جمعه‌های تهران و اصفهان به دولت انگلیس تردیدی ندارد، معهذا نمیتواند نظر اسمعیل رائین را قبول نماید که میرزا زین‌العابدین از کار-گردانان فراموشخانهء ملکم بوده است. زیرا میرزا زین-العابدین (متولد ۱۰ ذیحجه ۱۲۶۱)، در آغاز و پایان فعالیت فراموشخانه مزبور بترتیب تقریبا" در سنین ۱۳ و ۱۸ سالگی بوده و طبعا" در این سنین نمیتوانسته است یکی از کارگردانان آن فراموشخانه که تعدادی از رجال متنفذ و با سابقه اعضای اصلی آن را تشکیل میداده‌اند، محسوب گردد.

ظاهرا" میرزا ملکم خان همزمان با تشکیل فراموشخانه که مرکب از تعدادی افراد ذینفوذ و اعیان و اشراف وقت بوده ، کلاسهائی نیز مرکب از صدها نفر از فرزندان همین طبقات که در سنین نوجوانی بودند، بطور محرمانه دائر کرده و هفته‌ای چند ساعت در این کلاسها به بهانهء تعلیم اصول مدنیت، انسانیت و اخلاق، اصول فراماسونری را تدریس میکرده و آنان را برای وارد شدن به محافل و مجامع فراماسونری و خدمت به امپراطوری بریتانیا، آماده و علاقمند میساخته است.

این جوانان به اقتضای سن، با علاقمندی فراوان در این

کلاسها و فعالیتهای مربوط به آنها شرکت میکرده‌اند و کارهای تبلیغاتی و دوندگیهای مربوط به فراموشخانه، از جمله رونویسی و توزیع اعلامیه‌ها و جزوه‌های فراموشخانه را به عهده داشته‌اند.

به احتمال قوی ورود میرزا زین‌العابدین، که از سن ۹ سالگی رسما" امام جمعهٔ تهران و دارای احترام فراوان بوده، به فراموشخانهٔ میرزا ملکم خان، در ابتدا به صورت شرکت و کارگردانی (یا باصطلاح امروز مبصری و نظامت) این کلاسها بوده و به اقتضای سمت مهمش در جلسات حوزهٔ مربوط به خود نیز شرکت میکرده است.

ضمنا" همانطور که قبلا" گفته شد، فراموشخانهٔ میرزا ملکم خان قبل از تقسیم و تشکل ایادی انگلیس در دو گروه فراماسونری و انگلو-اسلامیسم تاءسیس شده بوده و انگلو-اسلامیستها را نیز در بر میگرفته است، از اینجهت میرزا زین-العابدین، امام جمعه، را به علت شرکت در این مجمع، نمیتوان فراماسونر به حساب آورد.

شرح مختصری از کلاسهای وابسته به فراموشخانه میرزا ملکم خان

در فهرست اسامی کارگردانان فراموشخانه ملکم، که در بالا به آن اشاره شد، در ردیف بیست و دوم، به نام میرزا محمد خان سرتیپ ناظم دفتر تبریزی بر میخوریم.

این شخص کتاب کوچکی نوشته است به نام " انقلاب مشروطیت ایران " که نسخهٔ خطی و اصلی آن به شمارهٔ ۳۶۷۷ در کتابخانه ملک نگهداری میشود.

این کتاب کوچک ملحقاتی هم دارد ولی در پایان اصل کتاب و قبل از آغاز ملحقات آن، چنین نوشته شده است:

تمت الکتاب بعون الملک‌الوهاب در دارالخلافه طهران.
بیستم شهر رجب‌المرجب سنه هزار و سیصد و بیست و
هفت. الفه میرزا محمد خان ناظم دفتر تبریزی

در صفحات ۵۱ و ۵۲ کتاب مزبور در مورد کلاسهای مزبور چنین نوشته شده است:

"... همینقدرها فهمیدم که چهل و پنج سال قبل، بل بیشتر، در سنه هزار و دویست و هفتاد و هفت، میرزا ملکم خان در طهران فراموشخانه بنا کرده بود و قریب پانصد نفر هم شاگرد از پسران امراء و اعیان و فضلاء و تجار و غیره، از هر طبقه جمع شده مشغول درس و تربیت و تهذیب اخلاق و تحصیل مراتب مدنیت و تکمیل شرایط و لوازم انسانیت و آدمیت[؟!!] بودند.

نگارنده نیز شاگرد مدرسه و جزو تلامذه بود. فی‌الجمله اطلاعی داشت و بالنسبه طرف میل و وثوق بود و دو امتحان داده بود.

تا اینکه علماء عظام طهران متفقا" به مقام منع و تکفیر برآمدند و با هیئت اجتماع مدرسه و فراموش‌خانه را خراب کرده، آتش زدند و با خاک یکسان نمودند و اساس را برچیدند.

همهء شاگردها هم هر کدام بطرفی فرار کرده، رفتند.

خود ملکم نیز فرار نموده به شاهزاده عبدالعظیم رفته، آنجا متحصن گردید و از آنجا به فرنگستان رفت.

در این اوقات ملکم خان کتابچه نوشته بود به نگارنده داده بود که دو نسخه از آن بنویسد.

نگارنده هم نوشته داد، یکی را به شاه فرستاد، یکی را به حاجی ملا علی کنی. یک نسخه به همان

خط در همان تاریخ الان نزد نگارنده موجود و حاضر است، اگر فرصت یافت به آخر کتابچه ملحق می‌نماید ... "

در صفحات ۱۱۱ و ۱۱۲ همان کتاب باز هم مطالبی در مورد این کلاسها وجود دارد.

احتمال شرکت میرزا زین‌العابدین امام جمعه در توطئهٔ قتل ناصرالدینشاه

صرفنظر از اینکه محرکان خارجی در توطئهٔ قتل ناصر-الدینشاه چه افراد یا دولتهائی بوده‌اند، در اینکه انگلو-اسلامیستها ترتیب اجرای توطئه مزبور را در ایران فراهم ساخته بودند، جای تردید وجود ندارد و نیز میدانیم که میرزا رضا قاتل ناصرالدینشاه از سوی سید جمال‌الدین اسدآبادی، که رهبر نغمهٔ شوم اتحاد اسلام و پیشوای انگلو-اسلامیستهای خائن شناخته شده، از استانبول برای انجام این کار ماٴموریت یافته و به ایران آمده بوده است.

ما ضمن فهرست اسامی کارگردانان فراموشخانه میرزا ملکم خان، علاوه بر نام میر سید زین‌العابدین، امام جمعه، که بعداً" رهبری جناح درباری انگلو-اسلامیستها را به عهده گرفت، به اسامی میرزا علی خان امین‌الدوله و آقا شیخ هادی نجم‌آبادی (بترتیب در ردیفهای ۷ و ۳۵) بر میخوریم که اولی رهبر سیاسی و دومی رهبر جناح مردمی انگلو-اسلامیستها بشمار می‌آیند.

باز هم میدانیم که میرزا رضا با رهبران هر دو جناح درباری و مردمی مذکور ملاقات داشته است که این ملاقاتها را حمل بر تصادف نمیتوان نمود.

در بازپرسی‌هائیکه در مورد قتل ناصرالدینشاه از افراد

و شهود مختلف به عمل آمده، مشهدی غلامحسین فراش آستانه چنین شهادت داده است:

" ... کسانی که او را ملاقات کردند، از جمله امام جمعه بود، وقتی که به دیدن حبیب‌الله بروجردی آمده بود.

معتمدالشریعه در صحن به آقا عرض کرد که میرزا رضا است. او هم دست آقا را بوسید.

آقا هم با او خیلی اظهار التفات کرد، محبت کرد.

...

بعد از آن که امام جمعه آمد و مردم دیدند که با او خیلی اظهار محبت و التفات کرد همه از او خاطر جمع شدند ... "(۳۵)

ضمن بازجوئی‌هائی که از میرزا رضا بعمل آمده، سئوال و جوابهائی نیز به شرح زیر وجود دارد:

" س - آن روزی که امام جمعه به حضرت عبد-العظیم آمده بود، دستش را بوسیدی، با او چه گفتی، او بتو چه گفت؟

ج - امام جمعه با پسرهایش و معتمدالشریعه آمدند. من در توی صحن رفتم دستش را بوسیدم.

به من اظهار لطف و مهربانی فرمودند. گفتند: کی آمدی؟ آمدی چه کنی؟ گفتم: آمدم که بلکه یک طوری امنیت پیدا کنم. بروم شهر. مخصوصا" از ایشان خواهش کردم خدمت صدر اعظم توسط کنند، کار مرا اصلاح نمایند که من از شر نایب‌السلطنه و وکیل-الدوله آسوده شوم. ولی پسرهای امام به من گفتند: شهر آمدن ندارد و این روزها بواسطهٔ نان و گوشت و پول سیاه بر هم خواهد خورد و بلوائی میشود.

خود امام هم به من امیدواری و اطمینان داد.

س - با معتمدالشریعه چه میگفتی و چه نجوی میکردی؟

ج - همین، میگفتم که خدمت آقای امام شرح حال مرا بگوید و آقا را وا دارد که از من توسط کند. ... " (۳۶)

حال با توجه به اینکه دستور قتل ناصرالدینشاه از از طرف پیشوا و رهبر انگلو-اسلامیستها صادر شده بوده و امام جمعه نیز رهبر جناح درباری همین انگلو-اسلامیستها بوده است، آیا نمیتوان احتمال داد که خود وی نیز در اجرای توطئهء قتل شرکت و یا حداقل از آن آگاهی داشته و اظهار محبت و التفات که به میرزا رضا کرده و امیدواری و اطمینان که به وی داده در همین رابطه بوده است؟

مطالبی راجع به ازدواج مصدق با ضیاءالسلطنه

تاریخ ازدواج مصدق با زهرا، ملقب به ضیاء-السلطنه، دختر میرزا زین‌العابدین، مشخص نیست. ولی چون این زن در سال ۱۳۴۴ شمسی وفات یافته و مصدق دوران زندگی مشترک با وی را ۶۴ سال ذکر کرده است(۳۷)، لذا احتمالا" میتوان گفت که ازدواج آنان در سال ۱۲۸۰ شمسی (۱۳۱۸/۱۹ قمری - ۱۹۰۱/۲ میلادی) صورت گرفته بوده است.

نویسندهء این سطور چندی پیش، پس از ملاقاتی که با پیرزنی از بستگان درجه اول خاندان امام جمعه و مصدق به عمل آورد، مطالبی را به عنوان نتیجهء حاصل آن ملاقات یادداشت نموده است، که در اینجا دو نکته از آن یادداشتها را نقل می-نماید:

۱ - مصدق همیشه میگفته است که من با زنی از خاندان سلطنت، سیادت و علم ازدواج کرده‌ام تا فخرالدوله (نامزد

اول مصدق) و امثال او در هر محفل و مجلسی مجبور باشند جلوی پای او بلند شده، او را بالادست خود بنشانند و در هر زمان که دسته‌جمعی به جائی میروند، او را بر خود مقدم داشته، پشت سر او راه بروند.

۲ - سن ضیاءالسلطنه چند سالی از مصدق زیادتر بوده است.

---

(۱) - الیگارشی - همان - صفحه ۳۵

(۲) - لغت‌نامهء دهخدا - تعریف جامع تهران

(۳) - الیگارشی - همان - صفحه ۳۶ - (به نقل از منتظم ناصری - جلد ۳ - صفحه ۱۹۳ - و دانشوران ایران - جلد ۲ - صفحه ۳۸۸

(۴) - همان - صفحه ۳۶

(۵) - همان - صفحه ۴۱ - (به نقل از مقالات تاریخی - ۱۰ تا ۱۹ - اسناد انگلیس

(۶) - همان - صفحه ۴۱ - نقل قول از حمید الگار از:

Religion And State In Iran - P. 141

(۷) تا (۱۰) - همان - صفحات ۴۲ و ۴۳ - به نقل از- دانشوران ایران - جلد ۲ - صفحات ۳۸۹ و ۳۹۰

(۱۱) - همان - صفحات ۴۳ و ۴۲

(۱۲) - همان - صفحه ۴۴ - به نقل از تاریخ قاجاریه - صفحه ۳۴۹

(۱۳) - همان - همان صفحه - به نقل از ناسخ‌التواریخ مجلد قاجاریه بدون ذکر صفحه

(۱۴) - همان - صفحات ۴۵ و ۴۴ - قسمت داخل پرانتز به نقل از تاریخ قاجاریه - صفحه ۳۵۰.

(۱۵) - میراثخوار استعمار - دکتر مهدی بهار - صفحه ۴۶۰.

(۱۶) - الیگارشی - همان - صفحات ۴۷ و ۴۶

(۱۷) - همان - صفحه ۴۹ - قسمت داخل پرانتز به نقل از کتاب امیر کبیر نسخه خطی کتابخانه مرکزی دانشگاه تهران - صفحه ۳۰۰

(۱۸) - همان - همان صفحه - به نقل از :

Religion And State In Iran 1906, P. 141

(۱۹) - همان - صفحه ۴۹

(۲۰) - دین و دولت در ایران - پرفسور حامد الگار - ترجمه ابوالقاسم سری - صفحه ۳۰۴

(۲۱) و (۲۲) - همان - همان صفحه

(۲۳) - دست پنهان سیاست انگلیس در ایران - خان ملک ساسانی - صفحه ۸۴

(۲۴) - پشت پرده - خان ملک ساسانی - صفحه ۹۴

(۲۵) - الیگارشی - همان - صفحه ۵۰ - به نقل از ماثرالاثار صفحه ۱۳۱

(۲۶) - همان - به نقل از همان

(۲۷) - همان - همان صفحه

(۲۸) - شرح حال رجال ایران - جلد ۱ - مهدی بامداد - صفحه ۵۵

(۲۹) - الیگارشی - همان - صفحه ۵۱

(۳۰) - همان - صفحه ۵۲

(۳۱) - همان - صفحه ۵۳ - قسمت آخر به نقل از مجله یغما - شماره مسلسل ۱۴۰ - اسفند ۱۳۳۸ - صفحه ۵۶۵

(۳۲) - این اسم در اصل نبود.

(۳۳) - رجال عصر ناصری - دوستعلی خان معیرالممالک - صفحه ۲۵۰

(۳۴) - در اصل تاریخ ۱۸ اوت ۱۸۶۱ با ربیع‌الاول ۱۲۹۶ مطابق دانسته شده است که اشتباه میباشد.

(۳۵) - شاه شکار - حسن مرسلوند - صفحات ۱۲۳ و ۱۲۲
(۳۶) - همان - صفحات ۲۰ و ۱۹ از تصاویر اسناد
(۳۷) - خاطرات جلیل بزرگمهر از دکتر محمد مصدق - جلیل بزرگمهر - صفحه ۲۷۷

۱۲ - ثروت مصدق در آغاز مشروطیت

مصدق از آغاز انتصاب به سمت مستوفی خراسان تا زمانیکه مظفرالدینشاه زنده بوده، یعنی بمدتی در حدود ده سال، منحصرا" به کسب مال و منال و جمع‌آوری ثروت و خرید املاک و مستغلات اشتغال داشته و در این مدت با کمکهائی که مرتبا" از سوی مظفرالدینشاه نسبت به وی به عمل آمده و خالصجاتی که وی به بهای مفت و ارزان خریداری کرده و یا به او واگذار شده بوده در اوائل مشروطیت به صورت یکی از فئودالهای بزرگ کشور در آمده و شخصا" در ردیف مادرش نجم‌السلطنه و دائیش فرمان‌فرما قرار گرفته بوده است.

در صفحات ۸۵ و ۸۶ کتاب " خاطرات سیاسی و تاریخی " (۱) ، " صورت اسامی ملاکین ایران در اوائل مشروطیت را که از سندی نخبه و ارزنده استنساخ " شده است، به چاپ رسانده‌اند.

به موجب صورت مزبور در آن زمان ۹۳ مالک بزرگ و یا به اصطلاح فئودال، در ایران وجود داشته که تعدادی از آنها دسته جمعی یعنی به صورت یک طایفه یا وارثان یک فئودال متوفی بوده‌اند. اسامی بعضی از آن ملاکین بزرگ به شرح زیر میباشد:

- حضرت اقدس والا آقای عضدالسلطان [شوهر خواهر مصدق]
- حضرت مستطابه علیهء عالیه، حضرت علیا، دامت

شوکتها [خالهء مصدق]

- حضرت والا آقای فرمانفرما [دائی مصدق]
- جناب آقای امام جمعه [برادر زن مصدق]
- جناب حاجی ناصرالسلطنه [برادر شوهر مادر مصدق]
- جناب مستطاب اجل آقای وزیر دفتر [میرزا حسین ، برادر مصدق]
- حاجیه نجم‌السلطنه [مادر مصدق]
- جناب آقای ظهیرالاسلام [برادر زن مصدق]
- جناب وکیل‌الملک [میرزا فضل‌الله شوهر مادر مصدق]
- جناب مصدق‌السلطنه

پسر دیگر میرزا هدایت‌الله وزیر دفتر، به نام میرزا علی موثق‌السلطنه که قبل از تولد مصدق عملا" بشغل مستوفی‌گری اشتغال داشته و دارای خانه و زندگی و زن و فرزند بوده است، با اینکه ارث پدری را هم بر ثروت شخصی افزوده است، معهذا چون در دوران مظفرالدینشاه مانند دو برادر دیگرش (میرزا حسین وزیر دفتر و میرزا محمد مصدق‌السلطنه) شغل نان و آب‌دار مهمی نداشته، از اینجهت نتوانسته است املاک خود را به میزانی برساند که نام او هم در فهرست بالا در ردیف ملاکین بزرگ قرار گیرد.

---

(۱) - خاطرات سیاسی و تاریخی - انتشارات فردوسی و ایران و اسلام - از یادداشتهای سیف‌الله وحیدنیا - صفحات ۸۵/۶

۱۳ - روی آوردن به سیاست و تحصیل

در دوران سلطنت مظفرالدینشاه قاجار، قسمت عمده‌ای از ظلم و جور به مردم کشور را حکام ایالات و ولایات انجام میداده و قسمت عمده‌ای از درآمد کشور را مستوفیان چپاول مینموده‌اند ولی ظاهراً" اختیار و قدرت حکومت مطلقه و استبدادی به شاه تعلق داشته است.

بعد از استقرار مشروطیت، قسمت عمده‌ای از وقت مجلس شورای ملی در جهت جلوگیری از خلافکاری‌های حکام و مستوفیان صرف می‌شده است. در مورد امور مالی، فکر سر و صورت دادن به بودجه و مالیهٔ عمومی با استفاده از روشهای پیشرفته اروپائی پیش آمده که این امر بمنزلهٔ پایان اختیارات و سوءاستفاده‌های محرمانه و بی حد و حصر مستوفیان بوده و خیلی زودتر از وقوع این امر، نسیم لذتبخش آزادی همه مردم را مست کرده و بسیاری از حقوق بگیران دولتی را وادار ساخته بوده است که از پرداخت " رسوم" معمول ولی غیرقانونی به مستوفیان خودداری نمایند.

بعضی از مستوفیان در این ایام، به اقتضای اوضاع زمان تا حدی کوتاه آمده و در بعضی موارد برای دریافت رسوم پافشاری زیاد نمی‌کرده‌اند اما مصدق از جمله مستوفیانی بوده که در این مورد کوچکترین گذشتی به عمل نیاورده و حاضر نبوده است که بدون دریافت رسوم کاری را به انجام برساند.

با وجود این، چنین بنظر میرسد که بعلت مداخلهٔ مقامات بالاتر و فشارهای مجلس و مردم از یک طرف، مرتبا" دریافت رسوم مشکلتر و مشکلتر شده و از طرف دیگر، فکر برقراری نظم و ترتیب صحیح در مورد مالیهٔ کشور در میان مردم و وکلای مجلس شورای ملی قوت گرفته و لذا مصدق بزودی دریافته است که دیگر " آن ممه بسیار شیرده را لولو برد! "

با توجه بروشی که در دوران استبداد معمول بوده و مشاغل مهم پس از مرگ پدر به پسر انتقال می‌یافته، مصدق وزارت مالیه را ارث پدر و حق مسلم خود می‌دانسته و بعد از برکناری برادر بزرگش میرزا حسین از سمت وزارت دفتر به مدتی در حدود ۱۰ سال در سمت مستوفی خراسان در انتظار رسیدن باین مقام روز شماری کرده بوده است، اما به ناگهان متوجه گردیده که وضع کاملا" تغییر کرده و دیگر در دوران جدید، پست وزارت مالیه را به آن سادگی و آسانی که وی انتظار داشته است به او محول نخواهند نمود و تازه اگر هم چنین امری اتفاق بیافتد، وزارت مالیهٔ " بی مداخل و رسوم " به چه درد او میخورد؟ و باین ترتیب مصدق مصمم گردیده که بتدریج از مستوفیگری دست بر دارد و آیندهٔ خود را در مشاغل سیاسی جستجو نماید و این در زمانی بوده که " مدرسه سیاسی " ۵ دوره فارغ‌التحصیل داشته که غالبا" دارای مشاغل نسبتا" عالی بوده‌اند و اکثرشان در وزارت امور خارجه به خدمت پرداخته و پستهای مهم و ارزنده‌ای در داخل و خارج کشور در اختیارشان گذاشته شده بوده است.

به این جهت مصدق مصمم شده است که برای هموار کردن راه ترقی و پیشرفت در آینده، بدون انجام تحصیل رسمی در آن مدرسه، در ردیف فارغ‌التحصیلان آن مدرسه قرار گیرد.

اینک به شرح قسمتی از فعالیت‌های مصدق در زمینهٔ سیاست و تحصیلات متوسطه مبادرت میشود:

الف - آغاز فعالیتهای سیاسی

از بررسی شواهد موجود چنین برمی‌آید که فعالیت سیاسی مصدق ابتدا در ارتباط با مسائل شغلی و با شرکت جمعی دیگر از مستوفیان بوده و به صورت یک امر طبیعی یعنی مبارزه برای بقاء جهت ادامهٔ چپاولگری آغاز شده است و از آنجا که موجودیت مستوفیان با پیشرفت مشروطیت در خطر زوال قرار گرفته

بوده طبعا" اولین فعالیت سیاسی مصدق مانند دیگر مستوفیان بصورت مبارزه جدی با مشروطیت انجام میشده و مصدق با توجه به نزدیکی و بستگی با دربار، برای اینکار بطور کامل در اختیار محمدعلی شاه قرار داشته است.

بدون تردید، اولین تجربهٔ بسیار موفقیت‌آمیز مصدق، شرکت در مبارزه بر علیهٔ امین‌السلطان اتابک بوده که به کشته شدن این شخص منجر گردیده است. بطوری که در کتاب دیگر خواهیم دید مصدق در حصول این نتیجهٔ مطلوب! نقش بسیار موءثر و حساسی به عهده داشته است.

با این حال، گمان نمیرود که مصدق در آغاز قصد کناره گیری کامل از شغل مستوفی‌گری را داشته، اما به تدریج که اخذ رسوم از ارباب رجوع با مخالفتهای همه جانبه روبرو شده و هر روز مشکلتر از روز پیش گردیده است و از آن گذشته فکر دادن نظم و ترتیب به امور مالی کشور پیش آمده و از اینجهت آینده نیز در نظر مستوفیان هر روز به صورتی تاریکتر از روز پیش جلوه‌گر شده است، مصدق نیز کم‌کم از مستوفی‌گری بیزار و بیزارتر گردیده و بالاخره هنگامیکه در صدد وکیل شدن و عضویت در مجلس شورای ملی بر آمده بود به ناچار بطور کامل آن شغل را ترک نموده است.

مصدق ضمن خاطرات خود به فعالیتهایش بر علیهٔ اتابک و نیز به مخالفت شدید اتابک با دریافت رسوم، اشاره مختصری به شرح زیر به عمل آورده است:

"... ارتباط بی‌اثرم[؟!] (۱) با بعضی از مخالفین امین‌السلطان، اتابک اعظم، سبب شده بود که نسبت به من متغیر و بی‌لطف شود و شکایت یکی از ارباب رجوع که حقوقی در حقش برقرار شده بود و از تاءدیه رسوم معمول خودداری میکرد [!] سبب شود آنچه در دل داشت اظهار کند و بخواهد مرا از

کار برکنار کند ولی نکرد ... " (۲)

چون فعالیتهای سیاسی مصدق که در این زمان آغاز شده بود تا پایان زندگی وی ادامه داشته است و قسمت عمده‌ای از بقیهء مطالب این فصل و سایر فصول این کتاب و کتابهای دیگر نویسنده راجع به آنها خواهد بود، از این جهت در اینجا از شرح بیشتری در این مورد خودداری میشود.

(ب) ـ تحصیلات متوسطه

در دوران سلطنت مظفرالدینشاه و ایامی که میرزا علی خان امین‌الدوله منصب صدارت عظمی را به عهده داشته اولین مدرسه‌های ایران به سبک جدید تاءسیس گردیده است.

در همان ایام که به اقتضای زمان از یک طرف روابط ایران با کشورهای خارجی و از طرف دیگر دخالت دولت در امور مختلف اجتماعی و عام‌المنفعه بسرعت در حال توسعه بوده، دولت انگلستان توسط تعدادی از ایادی وجیهه‌المله و فراماسونر خود در صدد برآمده است که با تاءسیس مدرسه‌ای برای تربیت کارمندان عالیرتبه دولتی ایران، مخصوصا" در کادر سیاسی وزارت امور خارجه به خرج ایران، تسلط خود بر شؤن مختلف اداری و اجتماعی این کشور مخصوصا" بر سیاست خارجی آن را در آینده تضمین نماید.

این تصمیم به صورت افتتاح " مدرسهء سیاسی " در تاریخ ۲۸ آذرماه ۱۲۷۸ - ۱۹ دسامبر ۱۸۹۹ به مرحلهء اجرا گذاشته شده است.

از آنجا که ثابت شده است که گفتار معلم و استاد در هر سطحی از سطوح تحصیلی مخصوصا" اگر اینکه مرتبا" از طرف سایر معلمان و استادان تاءیید و تصدیق گردد در شاگردان فوق‌العاده موءثر خواهد بود، از این جهت اعضای هیئت علمی

این مدرسه در رشته‌های مختلف مؤظف بوده‌اند که هر روز ضمن مطالب درسی خود موضوع مختصر و ساده‌ای راجع به دو مطلب زیر بیان دارند:

(۱) - روسیه دشمن ایران و انگلیس دوست ایران است.

(۲) - ملت ایران برای مقابله با دشمن پرقدرتی مانند روسیه و ترقی و پیشرفت خود هیچ چاره دیگری ندارد جز اینکه خود را به انگلستان وابسته و متکی سازد.

اجرای این وظیفه برای هر استاد (که بطور قطع و یقین اکثریت قریب باتفاقشان فراماسونر و یا از سایر ایادی انگلیس بوده‌اند و متاءسفانه شاگردان هم در صحت قول و حسن نیت آنان تردید نداشته‌اند) در هر روز بیش از یکی دو دقیقه به طول نمی‌انجامیده ولی چون تمام استادان با سخنان و امثلهٔ متفاوت و به طرق مختلف یک عقیده و مطلب را بیان و روی آن تاءکید مینموده‌اند، از این جهت جای هیچگونه تعجب نیست که نفرت شدید از روسیه و علاقه شدید نسبت به انگلیس خصوصیت مشترک تمام فارغ‌التحصیلان مدرسهٔ علوم سیاسی بشمار میرود، اعم از اینکه این افراد مرتکب خیانتی به کشور خود شده یا نشده باشند.

داوطلبان ورود به این مدرسه که دوره‌اش چهار سال پیش‌بینی شده بود میبایست سنشان از ۱۵ سال کمتر و از ۲۲ سال (۳) بیشتر نباشد و به تصدیق هیئت گزینشی که برای این امر تشکیل شده بود قبلاً" معلومات کافی در " صرف و نحو عربی و حساب و خط و انشاء و املاء "(۴) کسب کرده باشند.

مصدق در زمان افتتاح مدرسه سیاسی در حدود ۳۰ سال از سنش گذشته بوده و از نظر سنی اشکالی برای ورود به آن مدرسه نداشته ولی در آن زمان هرگز به مخیله‌اش خطور نمیکرده است که در آن ثبت نام نماید زیرا وی سمت پر درآمد و عالی استیفای خراسان را بعهده داشته که از استادی مدرسه سیاسی نیز بالاتر و پردرآمدتر بوده است. اما بعد از استقرار مشروطیت که وی بفکر تحصیل افتاده و بفعالیتهای سیاسی پرداخته ۳۷ سال داشته که ۵ سال از سن لازم برای آغاز تحصیل در آن مدرسه بیشتر بوده است. بعلاوه خود او نیز بعد از متجاوز از ده سال خدمت بعنوان مستوفی اول کسر شاءن خود میدانسته که همراه با دانش آموزان کم سن و سالیکه هنوز بکاری جز بازی و تفریح نپرداخته بوده‌اند در کلاس درس حضور یابد. این بوده

که مصدق بر طبق روش همیشگی خود تدبیر، و یا بعبارت صحیحتر حیله‌ای، اندیشیده که بدون تحصیل در مدرسه سیاسی از آن فارغ‌التحصیل گردد! و آن اینکه تصمیم گرفته است در خانه خود با مطالعه کتب و رسائلی که استادان مدرسه مزبور برای دانش آموزان چاپ و یا تقریر کرده بودند و نیز استفاده از خود استادان مذکور و یا فارغ‌التحصیلان سابق مدرسه، مطالب مورد تدریس را فرا گیرد و فقط همراه با دانش آموزان سال چهارم در امتحانات نهائی شرکت نماید و فارغ‌التحصیل شود.

در آن زمان یکی از رجال درباری بنام میرزا عبدالله محقق‌الدوله که اهل خراسان بوده و بعنوان نماینده آن استان در مجلس شورای ملی عضویت داشته با محمد مصدق مستوفی خراسان از مدتها قبل دوستی و آشنائی پیدا کرده بوده است.

این شخص در عین حال در دربار بعنوان " رئیس بیوتات سلطنتی " خدمت میکرده، مانند مصدق بنا بر تمایل محمد علیشاه به عضویت جامع آدمیت درآمده بوده، در مبارزات پنهانی بر علیه اتابک فعالیت مینموده، و در آن

زمان معاونت مدرسه سیاسی را نیز بعهده داشته است.

با توجه به دوستی شخصی، ارتباط شغلی و اداری، روابط درباری و همکاری در مبارزه سیاسی که بین مصدق و محقق‌الدوله وجود داشته، مصدق اطمینان یافته بوده است که منظورش تاءمین خواهد گردید. بعلاوه مصدق موفق شده بوده که با استفاده از قدرت و نفوذ محمد علیشاه و بستگان خود در دولت و دربار مخصوصاً" ابوالفتح حشمت‌الدوله (برادر برادرش) که منشی مخصوص و محرم اسرار خلوت محمد علیشاه بوده و دائیش (فرمانفرما) که در آن زمان وزارت عدلیه را بعهده داشته (ظاهرا") نظر موافق رئیس مدرسه (میرزا حسین خان موءتمن‌الملک) و تعدادی از استادان متنفذ را با منظور خود جلب نماید. بعضی دیگر از استادان هم که توسط مصدق با پرداخت حق‌التدریس برای تدریس خصوصی در منزل به وی استخدام شده بودند، طبعا" از نظر اخلاقی خود را موظف میدیده‌اند که در مدرسه از نظر مصدق حمایت نمایند زیرا مخالفت آنان نقش غرضی تلقی میگردیده است که آنان برای انجام آن پول گرفته بوده‌اند.

اما از سوءقضا و یا بخت بد مصدق، تقدیر در اینجا با تدبیر وی جور در نیامده و میرزا محمدعلي فروغي، ذکاءـ الملک از سال تحصیلی ۱۳۲۵/۶ هجری قمری (۱۲۸۶/۷ شمسی و ۱۹۰۷/۸ میلادی) به ریاست مدرسه علوم سیاسي منصوب گردیده است.

مصدق در آغاز با اتکاء به همان قدرت حامیان متنفذ خود در دربار و دولت به این تغییر وقعی ننهاده و همزمان با فعالیتهای سیاسی به تحصیل خود در منزل ادامه داده، اما همینکه نزدیک امتحانات پایان سال ۱۳۲۶ قمری (۱۲۸۶ شمسی - ۱۹۰۸ میلادی) در صدد ثبت نام و کسب اجازهء شرکت در امتحانات بر آمده با مخالفت شدید میرزا محمدعلي خان فروغي روبرو

شده است .

شاید مصدق جوان هنوز به اسرار سیاسی پشت پرده
ایران واقف نشده بوده و نمیدانسته است که هدف اصلی
فراماسونرها از افتتاح مدرسه سیاسی تربیت افراد علاقمند
به سیاست انگلیس (آنهم در جناح غیر مذهبی) میباشد و
در آن زمان که دولت انگلیس و ایادی آن آزادیخواهی و مشروطه –
طلبی را تبلیغ و حمایت میکرده اند، امکان نداشته است مدیران
فراماسونر مدرسه سیاسی به او که علنا" از درباریان طرفدار
محمد علیشاه و از مخالفان سرسخت مشروطه محسوب میشده و
بعلاوه داماد امام جمعه سابق و برادر زن امام جمعه وقت
تهران، یعنی رئیس انگلو –اسلامیستهای درباری، نیز بوده است،
اجازه بدهند که به آن سادگی و آسانی در ردیف فارغالتحصیلان
آن مدرسه قرار گیرد و بعد هم در وزارت امور خارجه ایران
بصورت یک مزاحم دائمی برای آنان در آید .

در هر حال ذکاءالملک فروغی نقشه مصدق را نقش بر
آب نمود و مصدق بهمین علت کینه شدیدی از فروغی در دل
خود جای داد و در طول زندگی سیاسی خود بدفعات متعدد با
وارد ساختن اتهامات بیپایه از وی انتقام گرفت .

مصدق در خاطرات خود زیر عنوان " تحصیلات من در
ایران " مطالبی در این مورد بیان داشته است که چند جملهای
از آن قبلا" ضمن شرح فعالیتهای سیاسی وی درج گردید . در اینجا ،
که بمناسبت موضوع مورد بحث، نقل کامل آن مطالب با آنکه
مستلزم تکرار چند جمله مزبور است، ضروری مینماید ، با پوزش
از خوانندگان عزیز از این تکرار ، عینا" مطالب مزبور را بشرح
زیر نقل مینماید:

" تحصیلات من در ایران – ارتباط بیاثرم با
بعضی از مخالفان امینالسلطان اتابک اعظم
سبب شده بود که نسبت بمن متغیر و بیلطف شود و

شکایت یکی از ارباب رجوع که حقوقی در حقش برقرار شده بود و از تاءدیه رسوم معمول خودداری میکرد سبب شود آنچه در دل داشت اظهار کند و بخواهد مرا از کار برکنار کند، ولی نکرد.

از آن ببعد از معاشرت با اشخاص خودداری کردم و در خانه منزوي شدم (۵) و چون از بیکاری بمن بد می‌گذشت و مدرسه سیاسي هم در آن ایام تازه دایر شده بود، می‌خواستم در آن مدرسه تحصیل کنم ولی از این نظر که یک مستخدم دولت پس از سالها کار و خدمت نمی‌توانست در عداد محصلین در آید وسایل تحصیلی خود را در حدود برنامه آن مدرسه در خانه تهیه کردم و ایامی را که با استادان گرامی شادروانان شیخ محمد علي کاشاني، میرزا عبدالرزاق بغایري، میرزا غلامحسین خان رهنما - و میرزا جواد خان قریب دیپلمه مدرسه سیاسي و ناظم مدرسه آلمانی گذرانیدم فراموش نمیکنم و خود رامرهون الطافشان میدانم. در آن وقت هیچ چیز برایم اهمیت نداشت جزء اینکه هر روز قدری بر معلومات خود بیفزایم ... " (۶)

مصدق بعد از اینکه نتوانست از مدرسه سیاسی بترتیبی که مورد نظرش بود فارغ‌التحصیل گردد فعالیتهای سیاسی خود را تشدید نموده است و چون دیگر انگیزه‌ای برای دروس آن مدرسه نداشته است، گمان نمیرود که از آن ببعد وقت زیادی در این مورد صرف کرده باشد.

---

(۱) - بطوریکه، در کتابی دیگر، خواهیم دید، مصدق به نمایندگی از طرف فرمانفرما ماءمور پرداخت قسمت مهمی از مخارج مربوط به اجرای توطئه قتل اتابک بوده

و خود نیز فعالانه در این امر شرکت داشته است و حتی او بعضی از عاملان آن جنایت را با پرداخت رشوه کلان خریده و نقش حساسی را به عهدهٔ آنان واگذار کرده بوده است.

حال که با وجود نتیجه‌بخش بودن آن توطئه و کشته‌شدن اتابک، مصدق ارتباط خود با مخالفان او را بی اثر!! توصیف کرده است، این سئوال پیش می‌آید که مصدق انتظار چه حادثه‌ای بیش از مرگ را برای اتابک داشته که در صورت وقوع آن، ارتباط خود با مخالفان اتابک را با اثر!! تلقی می‌نموده است؟

(۲) - خاطرات و تاءلمات مصدق - به کوشش ایرج افشار- صفحه ۵۴

(۳) و (۴) - تاریخ اجتماعی و اداری دوره قاجار - جلد ۲ - صفحه ۶۷

(۵) - منظور از منزوی شدن در خانه کناره‌گیری از مستوفی‌گری نبوده است، زیرا مستوفیان اول در آن زمان تمام اسناد و اوراق مالی مربوط به خود را ملک طلق خود دانسته و در خانه خود آنها را نگاهداری مینموده‌اند و نیز غالبا" در همانجا بجای دیوان استیفاء به امور مراجعان رسیدگی مینمودند. از این جهت بنظر میرسد که مصدق با ذکر مطلب بالا میخواسته است فعالیتهای سیاسی خود در آن زمان را کتمان نموده و وانمود سازد که جز رسیدگی به امور مربوط به شغل خود و تحصیل دروس متوسطه در حدود برنامه مدرسه سیاسی به کار دیگری نمی‌پرداخته است.

(۶) - خاطرات و تاءلمات مصدق - همان - صفحات ۵۵ و۵۴

تاءمین قسمتی از هزینه اقدامات محمد علیشاه توسط فرمانفرما در مقابل تصرف اشیاء موجود در کاخهای سلطنتی تبریز با دلالی مصدق

از بعد از واقعه قتل اتابک تا روزی که مجلس شورای ملی بتوپ بسته شد، دوران ۳۲۵ روزه‌ای است که آغاز آن، خروج روحانیون استعداد طلب از بست‌نشینی در شاه عبدالعظیم و روی‌آوردن اجباری و مزورانه درباریان و شاهزادگان به مشروطیت و متعاقب آن، آمدن محمد علیشاه به مجلس و سوگند خوردن وی در مورد حمایت از قانون اساسی و ادامه سلطنت، طبق مفاد آن - مجلس شورای ملی بعنوان مظهر رژیم مشروطه تقویت گردید و در پایان آن محمد علیشاه با از بین بردن مجلس شورای ملی بصورت حاکم مطلق‌العنان ایران درآمد. در طول این مدت کوتاه کشمکش میان شاه و مجلس در جریان بود، گاهی مثلا" با فریاد آشوبگران طرفدار محمد علیشاه در میدان توپخانه چنین بنظر میرسید که استبدادطلبان بزودی بساط مشروطه را برخواهند چید و زمانی با به کیفر رسانده‌شدن سران همان آشوب، ضعف و زبونی محمد علیشاه آشکار می‌گردید. در هر حال با اقداماتی که طرفداران مجلس و مزدوران و حامیان دربار بعمل می‌آوردند، اوضاع احوال سیاسی کشور گاهی بنفع مجلس و گاهی هم بنفع دربار در تغییر و نوسان بوده است.

اما آنچه را که همگان در آغاز این دوران بطور مسلم می‌دانسته‌اند این بوده که محمد علیشاه دیگر شخصا" پولی برای حفظ موقعیت استبدادی خود در دست ندارد و از این جهت همینکه بناگهان درباریان و استبدادطلبان با صرف وجوه هنگفت بانجام اقدامات تازه‌ای علیه مجلس و مشروطه مبادرت مینمودند

فوراً" مردم بدنبال منبعی می‌گشتند که آن وجوه را در اختیار آنان قرار داده است و غالباً" نام عبدالحسین میرزا فرمانفرما جزو افرادی شنیده می‌شده که در مورد تاءمین وجوه مورد نیاز محمد علیشاه جهت مخارج فعالیت‌های استبدادطلبانه مظنون و متهم بوده‌اند. با وجود این کسانیکه به روحیه معامله‌گرانه فرمانفرما آشنائی کافی داشته‌اند بعید می‌دانسته‌اند که او پولی را که همچون جان خود عزیز می‌دارد، مفت و مجانی در راه حفظ و حمایت از رژیمی که به بقای آن امیدوار نیست، صرف نماید.

این افراد آگاه نبودنده‌اند که فرمانفرمای نیرنگباز در اینجا نیز تدبیر بسیار زیرکانه‌ای اندیشیده و از استیصال و نیاز شدید محمد علیشاه بپول هم سوءاستفاده کلانی بعمل آورده است. وی در مقابل پرداخت مبلغی که میزان دقیق آن بر ما معلوم نیست با دلالی مصدق‌السلطنه تمام اموال و اثاثه‌ای را که در قصرهای سلطنتی تبریز وجود داشته، خریداری کرده است.

تبریز از زمان پادشاهی محمد شاه قاجار، ولیعهد نشین ایران بود و ناصرالدینشاه و مظفرالدینشاه و محمد علیشاه ایام ولایتعهدی خود را در آن شهر گذرانده بودند. شکوه و تجهیزات کاخهای سلطنتی آنجا بعد از تهران در بالاترین سطح در کشور قرار داشته است. هر یک از قالیهای بزرگ و کوچک، هر یک از لوسترهای پرشاخه و کم‌شاخه، هر یک از میزهای خاتم‌کاری و منبت‌کاری، هر یک از تابلوهای زیبا و شاهکار، هر یک از اشیاء و لوازم قدیمی و آنتیک و هر یک از صدها شیئی جواهرنشان و گرانبها که اطاقهای پذیرائی و سایر اطاقها و سالنها و یا در انبارها و خزائن کاخهای مزبور موجود بوده، ارزش زیادی داشته است.

علاوه بر وجوهی که معمولاً" برای خرید اشیاء و لوازم مورد نیاز یا لوکس و تجملی، از بودجه ولیعهدی برای کاخها بمصرف می‌رسیده و هدایای گرانبهائی که هر روز به توقع انجام کار یا

انتصابی در سطح استان از طرف افراد مختلف بعنوان پیشکش، تقدیمی و سوغات برای ولیعهد وقت (که در عین حال حکمران و سردار کل سپاه آذربایجان هم بوده) ارسال می‌گردیده، یکی از وظایف روزمره و عادی ماءموران و مستخدمان کاخهای تبریز دریافت هدایای گرانبهائی بوده که رجال مهم کشور و ثروتمندان و هنرمندان آینده‌نگر زمان از سراسر ایران برای ولیعهد وقت ارسال می‌داشته‌اند تا پس از آنکه به پادشاهی رسید آنان را در خاطر داشته باشد و مورد لطف و محبت قرار دهد.

شاید برای فرمانفرما (که تا چند ماه قبل از آن تاریخ هر روز هزارها تومان درآمد مشروع و نامشروع داشته و قسمت عمده‌ای از آنها را در بانکهای هندوستان ذخیره کرده بوده) تاءمین بهای تمام این اشیاء و حتی چندین برابر آنها به آسانی میسر بوده است اما هر مبلغی که وی از این بابت پرداخته باشد، مسلما" نمیتوانسته است، جز درصد بسیار کمی از تمام بهای آنهمه اشیاء و لوازم گرانبها بحساب آید.

متن فرمان محمد علیشاه راجع به بخشیدن لوازم و اشیاء موجود در کاخهای سلطنتی تبریز به فرمانفرما

(محل مهر مربع شکل متوسط با کلاهک به سجع:)

هو، محمد علیشاه قاجار

فرمانفرما!

تقدیمی شما از بابت اسبابها، بتوسط مصدق‌السلطنه رسید. ما از شما تقدیمی نمی‌خواستیم و آن اسبابها را که در عمارت شهر و باغ شمال و

و کالسکه خانه و چراغخانه و غیره هست، تمام را به شما بخشیدیم که بهر ترتیب که میخواهید تصرف مالکانه بکنید. و دستخط آفتاب نقط جداگانه هم به حاجی میرزا رفیع خان صادر، که اسبابها را تحویل شما بدهند.

فی دوازدهم شهر رمضان‌المبارک قوی‌ئیل ۱۳۲۵
[۲۷ مهر ۱۲۸۶ - ۲۰ اکتبر ۱۹۰۷]
(حاشیه راست پائین:) توشیح : محمد علیشاه
(۱)

حمل اشیاء و لوازم خریداری شده به تهران

در آن زمان که فرمانفرما حکمران و سردار کل سپاه آذربایجان بوده، ظاهرا" بلافاصله تمام آن اشیاء و لوازم را به ساختمانهای ملکی خود در آن شهر انتقال داده و آنچه را هم که قیمتی و سبک وزن بوده، به تهران حمل نموده است. بقیه اشیاء کم قیمتتر و یا فوق‌العاده سنگین در همان ساختمانهای ملکی فرمانفرما در تبریز باقیمانده و حمل آنها به تهران تا اوائل سال ۱۳۲۸ قمری بعهده تعویق افتاده است.

در ماههای آخر سال ۱۳۲۷ قمری انجمن معارف تبریز از فرمانفرما درخواست میکند بعضی از اسباب و لوازم مورد نیاز انجمن مزبور را به آن انجمن هدیه نماید. متعاقب این درخواست فرمانفرما تصمیم میگیرد که مابقی اسباب و لوازم موجود در تبریز را به تهران حمل کنند تا احیانا" خدای ناکرده خطری متوجه آنها نشود.

اسناد زیر در ارتباط با اشیاء مزبور میباشد:

(۱) از: تهران - فرمانفرما

به: تبریز - بهجت‌السلطنه

۳ ذیحجه ۱۳۲۷ [۲۵ آذرماه ۱۲۸۸ - ۲۵ دسامبر ۱۹۰۹]

بهجت‌السلطنه!

اینکه می‌نویسید بعضی اسباب برای مجلس معارف خواسته‌اند، مع‌التاءسف می‌نویسیم که این قبیل خسارات وارده فقط ناشی از همان تردید رائی است که شما در پاره‌ای موارد، بدون ملاحظه عاقبت، سخت می‌ایستید که مرغ یکپا دارد.

چنانچه در مدت توقف مراغه، آنچه تاءکید کردم که زودتر اسبابها را حمل کنید، آنقدر تردید و تاءخیر کردید تا دچار آنهمه ضرر شدیم[!؟]. حالا هم مکرر به شما نوشته شده که آنچه در آنجا از قبیل چادرهای بمباشی، مبله، اسباب روشوئی، پرده، چراغ، و امثالها که اسم هر یک فعلا" در نظر نیست، بدهید نایب اکبر درست ببندد که در راه عیب نکند، بفرستید تهران. خودمان بیشتر به آن اسبابها احتیاج داریم.

چیزهای جزئی و غیر قابل حمل را که قیمتی نداشته باشد، بگذارید بماند که هر وقت چیزی بخواهند بتوانید ارائه بدهید. والا اگر باز به تردید و دفع‌الوقت بگذرد، اسباب خانه سهل است، خانه مسکونی را هم خواهند خواست و خواهند برد. باقی را خودتان فکر کنید. فرمانفرما (۲)

(۲) - از : تهران - فرمانفرما
به : تبریز - بهجت‌السلطنه

۱۱ ذیحجه ۱۳۲۷ [۳ دیماه ۱۲۸۸ - ۲۵ دسامبر ۱۹۱۰]
بهجت‌السلطنه !

کتابچه اسبابها را که فرستاده بودید، از جمله نوشته بودید ساعت بزرگ ۱۳ پارچه ندانستم که مقصود از ۱۳ پارچه، فقط یک دستگاه ساعت است یا سیزده دستگاه؟ در هر حال، موافق ورقه جداگانه‌ای که از صورت مرسوله خودتان استخراج شده، این ساعت را با سایر چیزهائی که نوشته شده، بدهید در میان صندوقهای محکم که محتاج به لفافه باشد، با لفافه صحیح ببندند که در راه عیب نکنند، بفرستید.

ولی به این شرط که اولا" اسبابها به قیمت کرایه و حمل و زحمت، ارزش داشته باشند. ثانیا" در راه نشکنند که علاوه بر عدم ارزش، یک جریمه کرایه هم بدهیم.

خودتان خوب این ملاحظات را دربارهٔ هر یک از اسبابها بکنید، زیرا که پیش شماست و می‌بینید.

من از خارج همچه تصور می‌کنم که قابل ارسال و مبل اتاق خودم هستند و هر یک در محل خود بکار خواهند خورد.

خلاصه در دو صندوق، سه صندوق، هر قدر گنجایش داشت، دقت در پیچیدن بکنید که شکستنیها در راه نشکنند، بفرستید. مخصوصا" پرده‌ها را که خیلی

لازم داریم. اما شرطش این است که طوری از چوبها باز کنید که پاره نشود. آنها را هم با قالی و قالیچه که نوشته شده، ارسال دارید. در کرایه هم ملاحظهٔ صرفه را بکنید.

مجسمه وزیر مختار را که مخصوصاً" چیز آنتیکی است، در میان یک جعبه جداگانه محکم ببندید. دو سه دستگاه تلفن که مال ما و در خانهٔ شما بود، خیلی لازم است و زودتر بفرستید. گلدانهای چینی فغفوری که نوشته‌اید اگر چیز قابل و مبل است، درست ببندید، بفرستید. چیزیکه میان آنها آنتیک است همان مجسمه وزیر مختاری است که باید بدهید صندوق از چوب کلفت و محکم بسازند، با پوشال جابجا کنند. بعد بدهند با صندوقهای اسباب که هر یک باندازهٔ بیست و پنج من باشد، تهیه کنید، با مکاری بفرستید.

این را هم فراموش کردم: این صورت، خمس و عشر اسبابها نیست. باقی چه شده و کجا مانده؟ درست تحقیق کرده، اطلاع بدهید. فرمانفرما.

صورت اسبابی که باید بفرستید:
ساعت ۱۳ پارچه: هر چه هست - شمعدان ورشو کوچک: دو عدد - لامپای مرمر: ۱۶ پایه - ایضاً": ۶۵ پایه، ۱۰ زیر - میز جای سیگار شمعدان‌دار - مجسمه ساعت‌دار چدنی - لامپای ورشو بلند قد - لامپای مرمر با سنگهای مرمر - تلفن: دو سه دستگاه - دوات چدنی و قلم: هر چه هست - جای سیگار چدنی با ... چوبی - ماست خوری مرمر با نعلبکی - گلدانهای چینی: هر چه قابل است -

مجسمه وزیر مختار مرمر - مجسمه‌های برنج، چدنی،
برنجی - عکس: هر چه باشد - جا سیگارها و
چیزهای ورشوی - شمعدان برنجی: هر چه باشد -
آبخوری سنگ - زیر سیگاری چینی - ساعت دیوار
کوب زرد - قالی بزرگ متن مشکی: ۵ تالار -
کناره قالی: ۵ تالار - قالیچه‌ها - آئینه دوره
ورشو پایه‌دار — پرده: ۱۲ درگاه - پرده مخمل
روسی: ۴۲ درگاه - پرده‌های ماهوت و تور: هر چه
باشد - صندلی خاتم: هر چه باشد. ولی صندلی‌ها
را باز کرده، میان پارچه دوخته، توی پوشال
گذاشته، طوری ببندید که در راه خاتم‌ها نریزد و
عیب نکنند. (۳)

---

(۱) - سیاق معیشت در عهد قاجار - سیاق اول - بکوشش:
منصوره اتحادیه و سیروس سعدوندیان- صفحه ۶۳

(۲) - همان - صفحه ۱۱۹

(۳) - همان - صفحات ۱۳۳ و ۱۳۲

اقدامات مصدق در دوران آخرین صدارت

میرزا علی اصغر خان اتابک، امین‌السلطان

(۱) عضویت در جامع آدمیت

(الف) ـ مختصری در معرفی جامع آدمیت ـ در حدود سال ۱۳۲۲ هجری قمری (۱۲۸۳ شمسی ـ ۱۹۰۴ میلادی) که دولت انگلیس از مرگ قریب‌الوقوع مظفرالدینشاه آگاهی داشته و به سلطنت رسیدن محمد علی میرزا ولیعهد قلدر و روسوفیل وقت را با منافع خود مغایر تشخیص میداده، بمنظور جلوگیری از سلطنت وی و یا حداقل ایجاد اختلال در این امر دستور تجدید و تشدید فعالیتهای آزادیخواهانه در ایران را صادر کرده است.

در همان ایام بنا بر توصیهء میرزا ملکم خان عامل اینتلیجنت سرویس سازمانی شبه فراماسونی بنام " جامع آدمیت " بمنظور تاءمین و حفظ منافع انگلیس در ایران توسط میرزا جواد خان سعدالدوله تشکیل گردید.

سعدالدوله این سازمان را از آن جهت بوجود آورد که خود را به صدارت عظمای ایران برساند. از آنجا که در نظر بود جامع آدمیت در اختفای کامل به فعالیت بپردازد و نیز گرداننده اصلی آن ناشناس باقی بماند از این جهت سعدالدوله یکی از نوکران و مباشران سابق خود بنام میرزا عباسقلی خان را (که در گذشته ماءمور توزیع کتب و روزنامه‌های میرزا ملکم خان بود و حتی مدتی هم شخصا" از طرف سعدالدوله در آخرین مسافرت ملکم خان به ایران ـ در اواخر سال ۱۲۹۹ و اوائل سال ۱۳۰۰ قمری ۱۲۶۱ شمسی و ۱۸۸۲ میلادی ـ سمت مهمانداری وی را به عهده داشت) به ریاست ظاهری آن منصوب کرد تا حتی افراد

قابل اعتمادی که بعد از تحقیقات فراوان، سپردن تعهد و امضای سوگند نامه بعضویت جامع مزبور پذیرفته می‌شوند، تازه میرزا عباسقلی خان را بعنوان رئیس آن تصور نمایند. با این ترتیب جز تعداد کمی از محارم بسیار قابل اعتماد آن سازمان کسی نمیدانسته است که سعدالدوله گردانننده و رهبر اصلی آن میباشد.

سعدالدوله ابتدا با حمایت اربابان انگلیسی خود به وزارت بازرگانی منصوب گردید و با چند ژست آزادیخواهانه که موجبات تبعید او را به یزد فراهم ساخت، به شهرت و محبوبیت قابل توجهی دست یافت و فوق‌العاده به مقصود خود نزدیک گردید.

در ایامیکه سعدالدوله در یزد در حال تبعید بسر می‌برد کنسولگری انگلیس در آن شهر به دروغ برایش پیغام فرستاد که عین‌الدوله (صدر اعظم وقت) ماءمور مخصوصی برای کشتن او گسیل داشته است و با این ترتیب او را به وحشت انداخت و ناگزیر ساخت که در کنسولگری مزبور متحصن گردد. کنسولگری انگلیس در یزد، طبق روش معمول انگلیسیها که از آب خالص کره میگیرند، با این عمل خود، بصورت ظاهر، جان سعدالدوله را از مرگ حتمی! نجات داد و طبعا" او را بیش از پیش بدولت انگلیس مدیون و وابسته نمود.

سعدالدوله در هنگام امضای فرمان مشروطیت هنوز در یزد بود و بعد از عزل عین‌الدوله از صدارت عظمی و انتصاب میرزا نصرالله مشیرالدوله باین سمت از آنجا خارج گردید ولی از ورود به تهران خودداری نمود و موقتا" در شاه عبدالعظیم سکونت اختیار کرد. وی متعاقبا" با تبلیغات ایادی انگلیس و ظاهرا" به منظور جبران ناراحتیهائیکه در تبعید متحمل شده بود، از تهران به عنوان وکیل در اولین دوره مجلس شورای ملی انتخاب گردید. وی انتظار داشت که بعنوان اولین رئیس مجلس

شورای ملی نیز انتخاب شود ولی هر چند در میان استقبال باشکوهی که بازرگانان تهران بعنوان حقشناسی برای وی ترتیب داده بودند به تهران وارد گردید و خود را هم به لقب پرافتخار ابوالمله ملقب ساخت اما قبل از ورودش، صنیع الدوله برادر زن سابق او که در آن زمان با یکدیگر دشمن بودند به ریاست مجلس شورای ملی انتخاب شده بود و این اولین ضربه بسیار شدیدی به حساب می‌آمد که بعد از مشروطیت بر وی وارد گردید.

سعدالدوله پس از مراجعت به تهران در جلسات مجلس شورای ملی شرکت می‌کرد و انواع مخالفتها و کارشکنی‌ها را در کار صنیع‌الدوله بعمل میاورد تا باین ترتیب او را مجبور به استعفاء ساخته و خود بجانشینی‌اش منصوب گردد. اما نه‌تنها در این امر توفیق نیافت بلکه با ورود امین‌السلطان اتابک به ایران و انتصاب او (که از دوستان سیاسی و خانوادگی صنیع‌الدوله و برادرش محسوب میشد) به نخست وزیری، کاخ آمال و آرزوهای بعدی او نیز به یکباره ویران گردید.

سعدالدوله این شکستها را بحساب ضعف و قصور اربابان انگلیسی خود گذاشت و معلومات خود را در معادلات سیاسی چند مجهولی جای داد و با محاسبات خود نتیجه را بصورت پیروزی محمد علیشاه و جناح روسوفیل درباری بر علیه مشروطه طلبان (یعنی جناح انگلوفیل)، در آینده‌ای نزدیک بدست آورد و بهمین جهت از نظر آینده‌نگری از اوائل ورود اتابک به ایران قبله سیاسی خود را از لندن به پطرز بورغ تغییر داد، بمنظور نابودی مجلس شورای ملی از آن مستعفی گردید و نیز برای اینکه راه صدارت عظمای خود را هموار سازد شدیداً" برای سرنگونی اتابک به تلاش و مبارزه پرداخت.

در آن زمان دولتهای روس و انگلیس به توافق تاریخی خود برای تقسیم ایران به دو منطقه نفوذ (که درست در روز قتل

اتابک به امضاء رسید و به قرارداد ۱۹۰۷ مشهور گردید) بسیار نزدیک شده بودند و هر دو دولت به منظور تهیه مقدمات اجرای قرارداد مزبور، سیاست تضعیف ایران را در پیش گرفته و برای جلوگیری از مقتدر شدن محمد علیشاه و دولت مرکزی در این کشور متفقا" فعالیت می‌نمودند. با این ترتیب وجود فردی زیرک، کاردان، با تدبیر و مقتدر همچون اتابک که می‌توانست سر و صورتی بکار این کشور بدهد، با سیاست هر دو دولت منافات داشت و بهمین جهت این دو دولت از طریق ایادی خود فعالیتهای ضد اتابک را شدیدا" تشویق مینمودند. در این شرایط، هر چند سعدالدوله خط مشی سیاسی جامع آدمیت را تغییر داده و این سازمان را بسوی روسیه کشانده بود معهذا فعالیتهای مخالفت آمیز آن با اتابک ، که طبق نظر مقامات انگلیسی آغاز شده بود، با تاءیید مقامات روسی کماکان ادامه یافته است.

خصوصیت مشترک اکثریت قریب باتفاق افرادیکه در دوران زمامداری چند ماهه اتابک به عضویت جامع آدمیت در آمده‌اند این است که همگی استبدادطلب و مخالف مشروطه بوده و تا آن زمان جزو جناح روسوفیل بحساب می‌آمده‌اند و اشتراک نظرشان با افراد انگلوفیل که قبل از این دوران در جامع مزبور عضویت یافته بودند فقط در این بوده است که هر دو گروه بر طبق نظر اربابان مربوط بخود با اتابک مخالف بوده و در جهت نابودی او فعالیت مینموده‌اند.

(ب) - انگیزه مصدق برای مبارزه با اتابک -

ما می‌دانیم که بعد از فوت میرزا هدایت‌الله وزیر دفتر ، بر سر تقسیم ارثیه او بین مصدق و مادرش از یک طرف و سایر فرزندان میرزا هدایت‌الله از جمله میرزا حسین وزیر دفتر بعدی بسختی اختلاف حاصل شده بود (۱) و میرزا علی اصغر خان

اتابک که در آن زمان صدارت عظمی را بعهده داشت جانب میرزا حسین را گرفته و با اینعمل کینه و نفرت خود را در دل مصدق که در آن وقت سیزده سال بیشتر نداشته جای داده بوده است.

بعد از آن نیز در هر زمان که اتابک بقدرت رسیده، قدرت و اختیار خانواده مادری او را محدود ساخته و در عوض دشمن او و مادرش یعنی میرزا حسین وزیر دفتر را تحت حمایت خود بر سر کار آورده و با این ترتیب بر کینه مصدق نسبت به خود افزوده است.

(۲) - مصدق از آغاز فعالیت در امور سیاسی به گروه دائی‌اش عبدالحسین میرزا فرمانفرما تعلق داشته و تا زمانیکه فرمانفرما از صحنه سیاسی ایران خارج گردیده همواره در خط مشی کلی و جزئیات امور سیاسی از وی تبعیت میکرده است. و ما بیقین میدانیم که فرمانفرما بیش از حد معمول نسبت به اتابک کینه و دشمنی داشته و حتی قبلاً" در دوران سلطنت مظفرالدینشاه چند مرتبه در صدد قتل اتابک برآمده بوده است. (۲) بعد از آنکه اتابک بنابر احضار محمد علیشاه بتهران آمده و به نخست‌وزیری منصوب گردیده باز هم از همان آغاز امر، فرمانفرما شدیداً" بر علیه او به مبارزه برخاسته و مخارجی نامحدود برای اینکار در نظر گرفته است.

(۳) - در آن زمان در میان درباریان و سایر گروههای طرفدار استبداد از جمله مستوفیان شایع کرده بودند که اتابک با دولت انگلیس ساخته و قول نابودی سلطنت و محمد علیشاه را به آن دولت داده است و با این شایعه مستوفیان و سایر گروههای استبداد طلب را که مصدق مستوفی نیز یکی از آنان محسوب میشده بر علیه اتابک تحریک و به فعالیت وادار کرده بوده‌اند.

(ج) - پذیرفته شدن و ثبت نام مصدق در جامع آدمیت -

چون جامع آدمیت در اختفای کامل بفعالیت میپرداخته است از اینجهت جز افرادیکه به ثبت نام در آن موفق شده بودند، کمتر کسی از وجود و محل آن آگاهی داشته است. قبول افراد جدید به عضویت نیز بسادگی صورت نمیگرفته و معمولا" مستلزم معرفی توسط یکی از اعضای قبلی و انجام تحقیقات مفصل در مورد آنان و آگاهی از تمایلشان به عضویت بوده است.

بطوریکه شواهد نشان می‌دهد، مصدق توسط شوهر خواهر خود ابوالفضل میرزا عضدالسلطان (برادر محمد علیشاه) به جامع آدمیت معرفی شده و کمیته مربوط نیز بعد از انجام تحقیقات لازم و آگاهی از تمایل مصدق به عضویت با پذیرش او موافقت نموده است.

با این ترتیب مصدق در تاریخ بیستم جمادی‌الاول ۱۳۲۵ (۱۰ تیرماه ۱۲۸۶ - ۲ ژوئیه ۱۹۰۷) به جامع آدمیت مراجعه کرده و پس از طی مراسم و ادای سوگند معمول و امضای سوگند نامه مربوط به عضویت آن در آمده است. بدون تردید منظور فوری مصدق از عضویت در جامع آدمیت شرکت در مبارزه برعلیه اتابک و منظور کلی او مبارزه با رژیم تازه به دوران رسیده مشروطیت بوده است.

تصویر سوگند نامه مصدق بخط خود او، با مهر مصدق-السلطنه در پائین آن، در صفحات بعد درج شده است:

متن قسم نامه مصدق برای عضویت در

جامع آدمیت

و توضیح وی در این مورد

متن قسم نامه

بتاریخ بیستم جمادی‌الاول ۱۳۲۵ - این بنده درگاه محمد بن هدایت‌الله ساکن تهران از صمیم قلب بمضمون شرح ذیل عرض میکنم که ای پروردگار عالم اقرار دارم که تو بمن شرافت آدمیت عطا فرموده و در ادای این حقوق و این موهبت عظمی هر قصوریکه کرده باشم الان در حضور تو و بحق تو و قدرتت قسم میخورم که شاءن و حقوق این دسته شریفه را در هر مقام مادام‌الحیات با تمام قوای خود محفوظ و محترم نگاه دارم و هر گاه از تعهد خود نکول نمایم از فیض رحمت و پناه آخرت حضرتت بی‌نصیب بمانم. تاریخ فوق - مهر مصدق‌السلطنه

ضمانت آدم فوق برعهده‌ء آدمیت این جانب از فرزئش ضمه [فرائض ذمه] عالم آدمیت است.

مهر یا ابوالفضل [عضدالسلطان]

متن توضیح

احمدآباد ۱۲ آذرماه ۱۳۴۴ [۳ دسامبر ۱۹۶۵]

قربانت گردم،

مرقومه محترمه که حاکی از صحت و سلامت جنابعالی است عز وصول ارزانی بخشید و موجب کمال مسرت و خوشحالی گردید.
راجع بانجمن‌هائی که در بدو مشروطیت تشکیل میشد و یکی از آنها انجمن آدمیت بود، اطلاعی که دارم این است مرحوم میرزا عباسقلی در خانهء خود این انجمن را تشکیل داد و هر کس هم که میخواست عضو انجمن بشود لازم بود کسی از اعضاء او را معرفی کند و مبلغی هم بابت حق عضویت بپردازد و یکی از روزها شخص محترمی به خانه‌ی من آمد مرا دعوت نمود و با خود به انجمن برد و بعد هم دو سه جلسه بنده حاضر شدم و چون مجمع انسانیت تحت ریاست مرحوم مستوفی‌الممالک تشکیل شد و مرکب بود از آقایان آشتیانیها، گرکانیها و تفرشیهای ساکن طهران و بنده را هم به سمت نیابت رئیس انتخاب کردند دیگر نتوانستم در انجمن آدمیت حاضر شوم.
این است اطلاعات بنده که به استحضار رسید.
در خاتمه ارادت خود را تجدید مینمایم.

دکتر محمد مصدق

---

(۱) - مصدق که با ازدواج مادرش با وکیل‌الملک تبریزی و رفتن به تبریز بسختی مخالف بوده، این ازدواج را نیز در نتیجهء مخالفت میرزا حسین، برادر ناتنی خود، با مادرش دانسته و در خاطرات خود نوشته است:
" چون مادرم بعد از فوت پدر، با میرزا حسین وزیر دفتر، برادرم، اختلاف پیدا کرد و نمیخواست در آن

قسمت از خانه که پدر در حال حیات خود به من داده بود بماند، با میرزا فضل‌الله وکیل‌الملک، منشی‌باشی ولیعهد پدر سناتور والاتبار، ازدواج نمود و مرا هم با خود به تبریز برد." (خاطرات و تاءلمات مصدق – همان – صفحه ۵۳

(۲) – در جزوهء دیگری که توسط نویسندهء این سطور به رشتهء تحریر در آمده، دشمنی‌ها و کینه‌توزیهای ناجوانمردانهء فرمانفرما نسبت به اتابک مفصلا" شرح داده شده است.

احمدآباد ۱۳ آذر ۱۳۴۴

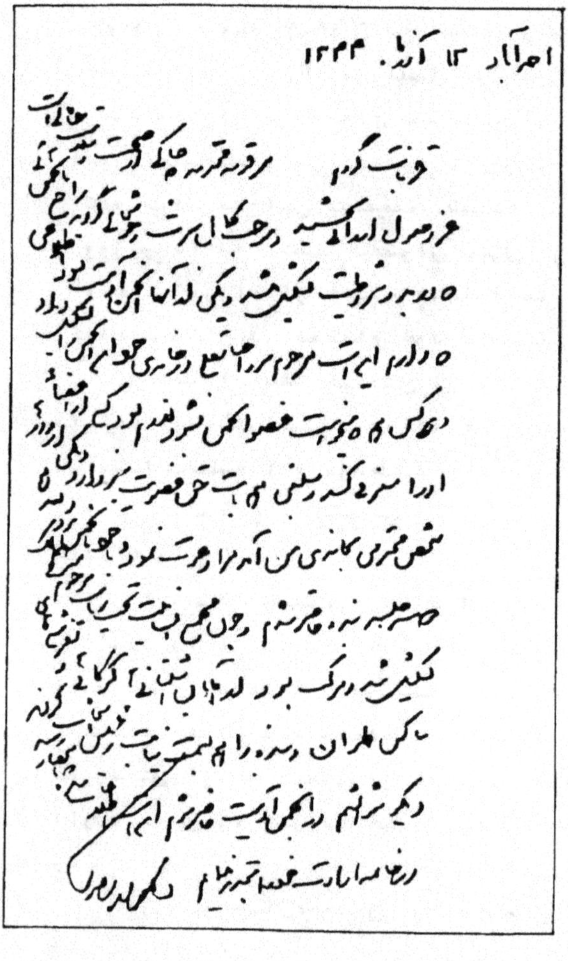

متن توضیحات مصدق راجع به عضویت خود در جامع آدمیت

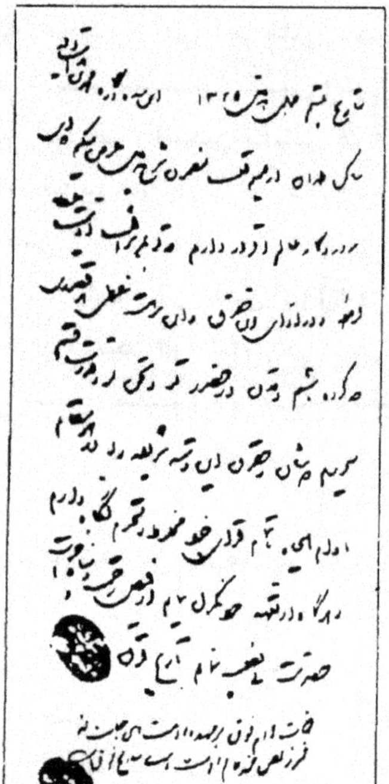

متن قسم‌نامه مصدق برای عضویت در جامع آدمیت

(۲) - قبول نمایندگی سیاسی فرمانفرما در تهران

میرزا علی‌اصغر خان اتابک، که در هنگام مرگ مظفر-الدینشاه و به سلطنت رسیدن محمد علی میرزا، ولیعهد او، در خارج از کشور اقامت داشت، بنا بدعوت پادشاه جدید در تاریخ ۵ ربیع‌الاول ۱۳۲۵ (۲۹ فروردین ۱۲۸۶ - ۱۹ آوریل ۱۹۰۷) به ایران وارد شد و در تاریخ ۱۸ ربیع‌الاول ۱۳۲۵ (۱۲ اردیبهشت ۱۲۸۶ - ۲ مه ۱۹۰۷) به سمت رئیس‌الوزراء و وزیر داخله منصوب گردید. ۴۳ روز قبل از این انتصاب، عبدالحسین میزا فرمانفرما در کابینه‌ای مرکب از هشت وزیر و بدون رئیس-الوزراءبسمت وزیر عدلیه تعیین و به مجلس شورای ملی معرفی شده بود. با این ترتیب انتصاب اتابک بسمت رئیس‌الوزراء وزیر داخله ،تنها بعنوان عزل وزیر داخله قبلی تلقی گردید و سایر وزراء از جمله فرمانفرما با پذیرفتن ریاست اتابک بر خود، کماکان در سمتهای خود باقیماندند.

اما اتابک حداقل از عضویت سه نفر از این وزراء در کابینه خود ناراضی بوده که عبارت بوده‌اند از کامران میرزا، نایب‌السلطنه (وزیر جنگ)، عبدالحسین میرزا، فرمانفرما (وزیر عدلیه) و غلامحسین غفاری، وزیر مخصوص (وزیر تجارت و حاکم تهران).

اتابک همواره مترصد بوده است که در فرصت مناسب این افراد را از کابینه خود خارج سازد و از شرشان آسوده شود و شواهد نشان میدهد که این سه نفر نیز متقابلا" با شدت بر علیه اتابک فعالیت مینموده‌اند مخصوصا" فرمانفرما که از دیر-باز بیش از حد معمول از اتابک متنفر بوده و این تنفر ریشه-دار و عمیق را جز با خون اتابک نمیتوانسته است که از بین ببرد.

در هر حال، چون در آن زمان اوضاع آذربایجان از نظر

وقوع اغتشاشات متعدد داخلی و تجاوز نیروهای عثمانی بداخل ایران، به وخامت گرائیده بود، لذا اتابک به محمد علیشاه چنین وانمود کرده که فرونشاندن آتش اغتشاشات داخلی و رفع تجاوز عثمانیها از طریق مقابله یا مذاکره، کاری است بسیار مهم و دشوار که انجام آن فقط از عهدهء فرمانفرما بر میآید و پس از جلب رضایت فرمانفرما ، فرمان انتصاب وی به سمت " ایالت کل و سرداری مستقل مملکت آذربایجان " را در تاریخ ۲۶ جمادی‌الاخر ۱۳۲۵ (۱۴ مرداد ۱۲۸۶ - ۶ اوت ۱۹۰۷) بتوشیح ملوکانه رسانده است. فرمانفرما در تاریخ اول رجب ۱۳۲۵ (۱۹ مرداد ۱۲۸۶ - ۱۱ اوت ۱۹۰۷) یعنی بیست روز قبل از کشته شدن اتابک از تهران بسوی تبریز حرکت نموده است.

هر چند در آن زمان ظاهر امر چنین نشان میداده است که اتابک با خارج ساختن فرمانفرما از تهران به موفقیتی نائل شده است اما ما اکنون میتوانیم قضاوت نمائیم که فرمانفرما نیز شخصا" تمایل به خروج از تهران داشته و نمیخواسته است که در هنگام اجرای توطئه قتل اتابک در این شهر حضور داشته باشد. بعبارت دیگر فرمانفرما که در تنظیم نقشه قتل اتابک و پرداخت مخارج مربوط به آن مؤثرا" شرکت داشته و حتی محرک اصلی محمد علیشاه در این مورد محسوب میگردیده است، قبل از آنکه اجرای نقشه مزبور آغاز گردد، با زرنگی و آینده‌نگری خاص و همیشگی خود، بسوی آذربایجان حرکت نموده تا در صورت اجرای موفقیت‌آمیز توطئه هیچکس نسبت به او در آن سوءظن نبرد و در صورت شکست آنهم، با دوری خود دلیل قانع کننده و محکمه‌پسندی برای تبرئه خود نزد اتابک و مجلس و مردم و احیانا" در عدلیه در اختیار داشته باشد.

اما فرمانفرما قبل از عزیمت از تهران، مصدق‌السلطنه را که در حیله‌گری و نیرنگ‌بازی " رونوشت برابر با اصل " خود او و شاید هم بهتر از خودش بود، بعنوان نمایندهء محرم و مخفی

خود به محمد علیشاه و سعدالدوله و سایر رو٫سای توطئه معرفی کرده تا بطور تمام‌وقت با آنان به همکاری بپردازد و نیز مخارج اجرای توطئه قتل اتابک را به میزانیکه ضرورت پیدا مینماید پرداخت کند.

بطوریکه معلوم میشود مصدق‌السلطنه و فرمانفرما رمز یا رمزهائی بین خود قرار داده بوده‌اند و مصدق‌السلطنه وظیفه داشته است که هر روز صبح با محمد علیشاه ملاقات نماید و قسمتهای لازم از نامه‌ها و گزارشات و دستورات تلگرافی را که بصورت رمز تا پایان روز قبل از فرمانفرما رسیده و آنها را کشف کرده بوده، باطلاع محمد علیشاه برساند و دستورات جدیدی را که از وی دریافت مینموده همراه با اخبار، اطلاعات و مطالبی که از افراد یا طرق مختلف دیگر فراهم میساخته بصورت نامه یا تلگرام رمز برای فرمانفرما ارسال دارد.

مصدق‌السلطنه ما٫موریتهای محوله از طرف فرمانفرما را بهتر از حدی که انتظار میرفته به انجام رسانده یعنی علاوه بر تبادل اطلاعات و اسرار با فرمانفرما بنحو بسیار مطلوب، با دادن کمک فکری به سعدالدوله و محمد علیشاه آنان را در تنظیم نقشه٫ عملی و دقیق قتل اتابک کمک نموده و استعداد عجیب خود را در توطئه گری به اثبات رسانده است و بعلاوه در تهیه مقدمات اجرای توطئه و آماده ساختن افراد مختلف جهت بعهده گرفتن نقشهای گوناگون، در تحقق قتل مورد نظر فعالانه شرکت نموده است.

در اینجا برای اثبات این امر که کلیه ارتباطها و کارهای سیاسی فرمانفرما در تهران، در این ایام، توسط مصدق انجام میشده است به درج نمونه‌هائی از این کارها و ارتباطها مبادرت میشود:

مخابره تلگرام رسمی بعنوان استاندار آذربایجان برای وزیر امور خارجه وقت در تهران، توسط مصدق!!

در تاریخ ۵ شعبان ۱۳۲۵ مطابق با ۲۲ شهریور ۱۲۸۶ و ۱۴ سپتامبر ۱۹۰۷ (که فقط ۱۴ روز از قتل اتابک گذشته بود) در جلسه علنی مجلس شورای ملی تلگرام زیر قرائت شده است:

" بتوسط مصدق‌السلطنه، خدمت آقای سعدالدوله وزیر امور خارجه[!]، امروز تلگرامی از محمد حسین خان حاکم ساوجبلاغ (مهاباد) رسیده بود، محمد قاضی پاشا نزدیک سردشت اردو زده، عموم سوار متمرده منفور را همراه دارد و نصف عشیره‌ء دیگر را هم همراه کرده، سیدالعشایر هنوز اطاعت نکرده ولی لابد است اطاعت کنند، سردار مکری هم لابد است اطاعت نماید. در ولایات مکری، دیگر عشایری برای دولت ایران باقی نمانده، سایر عشایر هم اطاعت خواهند کرد. ده فرسخ تخطی کرده‌اند. از مکری و سردشت دیگر کسی باقی نمانده. یکماه است فریاد میکنم که اغتشاش سرحد از حد گذشته است، کسی گوش نمیدهد. " (۱)

مخابره تلگرام به ترتیب بالا ثابت میکند که در آن زمان حتی تلگرامهائی که فرمانفرما در سمت استاندار آذربایجان برای مقامات رسمی و دولتی در تهران مخابره میکرده از طریق مصدق بوده است.

---

(۱) - انقلاب ایران - ادوارد براون- ترجمه و حواشی: احمد پژوه - صفحه ۱۴۶

پیدا انجمن آذربایجان توسط مصدق

برای محمد عبده

بطوریکه گفته شد مصدق در این ایام هر روز جهت عرض گزارش اخبار و اطلاعات حاصله از کشف تلگرامهای رمز ستاد نیروی آذربایجان و سایر اطلاعات و اخباریکه خود ضمن تحقیق و بررسی در تهران کسب کرده بود با محمد عبده ملاقات مینموده و دستورات وی را جهت رمز کردن و یا همانطور بصورت تلگرافهای محرمانه به آذربایجان و یا بمنظور انجام اقداماتی در مورد بحث کسب تکلیف مینموده است. از آنجا که فرمانفرما در تبریز در منزل یک مشروطه‌خواه خدمت مینموده و با انجمن آذربایجان دارای روابط صمیمانه بوده است از این جهت طبیعی است که خواه ناخواه تعدادی از این تلگرامهای (رمز یا کشف) به دست او در ... رسیده و یا در پاسخ درخواستهای انجمن مزبور با همکاری اعضای مصدق‌السلطنه به تبریز واصل میشده. جهت اثبات حسن نیت خود به انجمن آذربایجان ارائه دهد.

بدین ترتیب اعضای انجمن تبریز از ملاقاتهای روزانه و تقرب مصدق نزد محمد عبده بخوبی آگاهی داشته و آنان نیز در هر زمان وی را واسطه رساندن پیغامها و درخواستهای خود قرار میداده‌اند.

شرح زیر نمونه‌ای از این قبیل موارد میباشد که توسط خود مصدق بیان گردیده است:

> "... سعدالدوله که متمایل به سیاست روس بود از تبریز خارج شده بود و اعضای وزارت امور خارجه با او مخالفت میکردند. سعدالدوله با یکی از اعضای انجمن آذربایجان موسوم به میرزا آقا

نفتی که بعدها به اعتمادالملک ملقب شد، مربوط بود و ضمناً" در همان ایام دائی من عبد-الحسین میرزا فرمانفرما والی آذربایجان بود.

انجمن آذربایجان در نتیجهٔ اقدامات میرزا آقا مرا به تلگرافخانه خواستند و بوسیلهٔ من [برای محمد علیشاه] پیغام دادند که اگر سعدالدوله به وزارت امور خارجه نرود بازار تبریز تعطیل خواهد شد و محمد علیشاه از این جریان، خود از طریق تلگرافخانه مطلع بود.

اتفاقاً" فردای آن روز که من بدربار رفتم شاه از من پرسید که شما در تلگرافخانه بودید، چه خبری دارید؟ مقصودش از این سئوال آن بود که من او را رسماً" از نظریات انجمن آذربایجان مطلع کنم تا او بتواند سعدالدوله را در مقام خود استوار کند. در جواب گفتم که: خبری نبود[؟!!]. " (۱)

بهمین سادگی مصدق از رساندن پیغام انجمن آذربایجان که بصورت امانت در اختیار وی قرار گرفته بوده، خودداری ورزیده و به عبارت دیگر در امانت خیانت کرده و بعلاوه به دروغ اعلام داشته است که: خبری نبود. (۲)

---

(۱) - تقریرات مصدق در زندان - یادداشت شده توسط: جلیل بزرگمهر - صفحات ۱۵ و ۱۴

(۲) - بطوری که شواهد نشان میدهد وکالت مصدق از فرمانفرما در امور غیر سیاسی از مدتها قبل از این تاریخ نیز وجود داشته و فرمانفرما بطور رسمی به مصدق وکالت داده بوده است که اموری از قبیل خرید (و گاهی هم فروش که به ندرت اتفاق می‌افتاده است) اموال و املاک واقع در سرتاسر ایران را در زمانی که فروشندگان

(یا خریداران) آنها در تهران اقامت داشته‌اند به نمایندگی از طرف وی به انجام برساند.

اما طبق روشی که در دستگاه فرمانفرما مجری بوده، معمولا" خرید املاک طبق وکالتنامه و مستقیما" به نام فرمانفرما انجام نمیشده بلکه وکلاء و نمایندگان وی ابتدا املاک را به نام خود خریداری کرده و بعدا" سالی یکی دو بار آنها را یکجا به فرمانفرما منتقل میساخته اند.

سند مندرج درصفحه بعد نمونه‌ای از این قبیل خریدها میباشد.

مصدق دو ماه بعد از افتتاح مجلس شورای ملی، در تاریخ ١٧ شوال ١٣٢٤ (١٢ آذر ١٢٨٥ - ۴ دسامبر ١٩٠۶) و در زمانی که هنوز فرمانفرما به عنوان ایالت (استاندار) کرمان در آن شهر اقامت داشته، املاک علاءالدینی، دوساری، و رومرز علیا و سفلای جیرفت را از عضدالسلطان برای فرمانفرما خریداری کرده و چهار ماه و ده روز بعد، هنگامی که فرمانفرما در تهران اقامت داشته و وزارت عدلیه را عهده‌دار بوده، به وی منتقل‌ساخته است.

سند زیر از صفحه‌ی ۶۲ کتاب پیغمبر دزدان -

با مقدمه و توضیحات باستانی پاریزی -

انتشارات نگاه - چاپ ۱۳۶۲ - اقتباس شده است

یادداشت
۱۰ شهر ربیع الثانی ۳۶

۱
تاریخ قباله به مصدق السلطنه از شش دانگ.
علاءالدین – بهادری – رودبر و خیاباو سنغ – واقعه در جیرفت
۲۷ شهر صفر المظفر ۱۳۲۵
تاریخ واگذاری شاهزاده عضدالسلطان به مصدق السلطنه املاک فوق
۱۷ شهر شعبان ۱۳۲۴

۲
املاک بم و نرماشیر خریداری از نیرالسلطنه.
کرک – قنات پشه – قنات – قطب آباد – تاج آباد – جلال آباد
یک فقره ۲۳ شهر صفر ۱۳۲۵ } تاریخ قباله است
یک فقره ۱۳ ذیقعده ۱۳۲۴ }

۳
تاریخ فرمان عزیزآباد مصدق السلطنه شهر شعبان ۱۳۲۴
تاریخ دستخط محمدعلی شاه در اجرای فرمان فوق ۱۰ شهر صفر ۱۳۲۵

[illegible]

املاکی که فرمانفرما در سال ۱۳۲۴ ق . سال مشروطه از مردم هم خریده است.
از دفتر خصوصی فرمانفرما (ص۶۶).

پرداخت قسمت عمده‌ای از مخارج اجرای توطئه قتل اتابک توسط مصدق بحساب فرمانفرما

همانطور که گفته شده است، جریان مفصل توطئه قتل اتابک و جزئیات مراحل اجرای توطئه مزبور همراه با شواهد، دلائل و مدارک کافی در کتاب دیگری توسط این نویسنده به رشتهء تحریر در آمده است. نظر به اینکه تاءمین مخارج اجرای هر توطئه مهمترین و اصلی‌ترین قسمت آن را تشکیل میدهد، لذا در اینجا صرفا" برای اینکه نشان داده شود که مصدق در این مورد اساسی چه نقشی به عهده داشته است، ذیلا" بطور مختصر مطالبی را به استحضار خوانندگان عزیز میرساند و آنان را به منظور آگاهی بیشتر از جریانات و جزئیات آن واقعهء جنایت‌آمیز مخصوصا" از داستان کشانده شدن آیت‌الله سید عبدالله بهبهانی توسط محمد مصدق، به شرکت عملی و مؤثر در تحقق مرحلهء نهائی توطئه، یعنی به قتل رساندن اتابک، به مطالعه کتاب مزبور دعوت مینماید.

ما میدانیم که در همان شب وقوع قتل اتابک، میرزا عباسقلی خان رئیس ظاهری " جامع آدمیت " را دستگیر کرده و همراه با اسناد مربوط به جامع آدمیت، که در خانهء وی نگهداری میشده، به مجلس شورای ملی برده بوده‌اند.

در اینکه اسناد مزبور را چه کسانی مطالعه کرده و از اسرار و مطالب مندرج در آنها آگاهی یافته‌اند اطلاعی در دست نیست اما در هر حال در این مطلب که صنیع‌الدوله رئیس وقت مجلس شورای ملی شخصا"، با کنجکاوی و اشتیاق تمام به مطالعه آنها پرداخته بوده است کوچکترین تردیدی جائز نمیباشد.

صنیع‌الدوله از صمیمی ترین دوستان سیاسی اتابک بشمار میرفته و بعلت تهدیدهائی که در مورد قتل خود دریافت

کرده بوده قاطعانه بر این تصور بوده است که جنایتکاران توطئه‌گر پس از موفقیت در کشتن اتابک به سراغ وی خواهند آمد و بهمین جهت نه تنها از نظر دوستی با اتابک به کشف اسرار قتل او علاقمند بوده بلکه این اقدام را بمنظور حفظ جان خویش نیز لازم میشمرده است.

بعد از صنیع‌الدوله رئیس وقت مجلس شورای ملی میتوان روءساء و مسوءلان وقت نظمیه یا شهربانی را که باقتضای وظایف خود بدخالت و تحقیق در این کار پرداخته بوده‌اند از آگاهترین افراد در مورد توطئه قتل اتابک بشمار آورد که شخصی بنام آقای پولاکو، از اتباع فرانسه، در این زمره میباشد.

بعلاوه ما یقین داریم که در آن زمان سفارت انگلیس با جاسوسان متعددی که در تمام جمعیتهای مشروطه‌خواه و استبدادطلب و نیز در همهٔ سازمانهای دولتی و غیر دولتی داشته، بخوبی و آسانی میتوانسته است از اسرار و اطلاعات مورد نظر خود از جمله از واقعیات مربوط به قتل اتابک آگاهی یابد.

ما در اسناد محرمانه وزارت امور خارجه انگلیس از قول صنیع‌الدوله رئیس وقت مجلس شورای ملی میخوانیم که در خانهٔ میرزا عباسقلي خان اسنادی پیدا شده که: " نشان میدهد که سپهدار، فرمانفرما، علاءالدوله، امیر بهادر جنگ، نایب‌السلطنه و سعدالدوله بودجهٔ جمعیت مزبور را میپرداخته و دستیاراني در آن انجمن دارند. " (۱) و نیز در همین اسناد می‌بینیم که چرچیل منشی سفارت انگلیس ضمن گزارش ملاقات خود با پولاکوی فرانسوی، یکی از مسئولان وقت نظمیه (شهربانی)، نوشته است:

" ... آقای پولاکو که در اداره پلیس کار میکند، اطلاعاتی در مورد حوادث مربوط به قتل اتابک به این جانب داده است که اخباری را که قبلا"

بدست آورده‌ام، تاءیید مینماید.

وی خیلی محرمانه اسامی عده‌ای از شخصیتهای برجسته را که اطمینان داشت در توطئه دست داشته‌اند، برایم فاش کرد. نام فرمانفرما و سعدالدوله جزء این اسامی است ... " (۲)

بعبارت دیگر چرچیل اطلاعات پولاکو در مورد شرکت فرمانفرما و سعدالدوله در توطئه قتل اتابک را تائید اخبار و اطلاعاتی میداند که خود او قبلا" از طریق جاسوسان متعدد سفارت بدست آورده بوده است.

بموجب اسناد بالا هم چرچیل و هم پولاکو به دخالت فرمانفرما و سعدالدوله در توطئه قتل اتابک اعتقاد و اطمینان داشته‌اند و این دو نفر جزء ۶ نفر ثروتمندی هستند که بقول صنیع‌الدوله، بودجه جامع آدمیت یعنی طراح اصلی توطئه را تاءمین میکرده‌اند. بعبارت دیگر تقریبا" میتوان حدس زد که ۴ نفر ثروتمند دیگر فقط در تاءمین بودجه جامع آدمیت شرکت داشته و شخصا" در جریان جزئیات تنظیم و اجرای توطئه نبوده‌اند ولی فرمانفرما و سعدالدوله هم پول میپرداخته و هم در طراحی توطئه و اجرای آن شرکت و دخالت داشته‌اند.

حال هرگاه مفاد این اسناد و دلایل و شواهد متعدد دیگری از این قبیل را قبول داشته باشیم، چون در این ایام محمد مصدق انجام کلیه امور سیاسی فرمانفرما در تهران را بعهده داشته است، چاره‌ای جز پذیرفتن این واقعیت نداریم که پرداخت سهمیه فرمانفرما را مصدق (که عضویت جامع آدمیت را نیز پذیرفته بوده) بعهده داشته است.

هر چند فعالیتهای مخالفت‌آمیز مصدق برعلیه اتابک به صورت شرکت در تظاهرات و میتینگهای علنی و عمومی نبوده بلکه از طریق تماس با مخالفان و شرکت در جلسات محرمانه و مخفی انجام میشده است اما همان فعالیتهای پنهانی و محرمانه

مصدق بقدری زیاد و مؤثر بوده که اتابک از آن آگاهی یافته و برخلاف روش معمول خود به ابراز عکس‌العمل پرداخته است.

همانطور که دیدم، خود مصدق در خاطرات خود در این مورد چنین نوشته بود:

"... ارتباط بی‌اثرم[؟!] با بعضی [؟] از مخالفان امین‌السلطان، اتابک‌اعظم، سبب شده بود که نسبت بمن متغیر و بی‌لطف شود و شکایت یکی از ارباب رجوع که حقوقی در حقش برقرار شده بود و از تاءدیه رسوم معمول خودداری میکرد سبب شود آنچه در دل داشت[؟!] اظهار کند و بخواهد مرا از کار برکنار کند ولی نکرد ..." (۳)

در اینجا معلوم نیست که مصدق از فعالیتهای مخالفت‌آمیز خود، چه اثری بالاتر از قتل امین‌السلطان را انتظار داشته که آنها را بشرح بالا بی‌اثر توصیف کرده است؟!

اما تا آنجا که میدانیم مهمترین و بزرگترین خدمت مصدق در این دوره به مخالفان اتابک دادن رشوه (البته به حساب فرمانفرما) به آیت‌الله سید عبدالله بهبهانی و کشاندن وی به جمع توطئه‌گران و شرکت‌کنندگان مستقیم در اجرای آن توطئه بوده است. خدمتی که موجب گردیده که متعاقب وقوع جنایت مزبور، از انجام هر گونه بازپرسی از متهمان قتل و نیز از هر گونه تحقیق و بررسی در مورد محرکان آن و دست‌اندرکاران توطئه جلوگیری شود. این خدمت جنایت‌آمیز مصدق، ضمن شرح اسرار قتل اتابک با تفضیل بیشتری مورد گفتگو قرار خواهد گرفت.

---

(۱) و (۲) - تاریخ استقرار مشروطیت در ایران - مستخرجه از اسناد وزارت امور خارجه انگلستان - جلد اول - حسن معاصر - به ترتیب صفحات ۴۲۴ و ۴۲۵

بدست آورده‌ام، تاءیید مینماید.

وی خیلی محرمانه اسامی عده‌ای از شخصیتهای برجسته را که اطمینان داشت در توطئه دست داشته‌اند، برایم فاش کرد. نام فرمانفرما و سعدالدوله جزء این اسامی است ... " (۲)

بعبارت دیگر چرچیل اطلاعات پولاکو در مورد شرکت فرمانفرما و سعدالدوله در توطئه قتل اتابک را تائید اخبار و اطلاعاتی میداند که خود او قبلا" از طریق جاسوسان متعدد سفارت بدست آورده بوده است.

بموجب اسناد بالا هم چرچیل و هم پولاکو به دخالت فرمانفرما و سعدالدوله در توطئه قتل اتابک اعتقاد و اطمینان داشته‌اند و این دو نفر جزء ۶ نفر ثروتمندی هستند که بقول صنیع‌الدوله، بودجه جامع آدمیت یعنی طراح اصلی توطئه را تاءمین میکرده‌اند. بعبارت دیگر تقریبا" میتوان حدس زد که ۴ نفر ثروتمند دیگر فقط در تاءمین بودجه جامع آدمیت شرکت داشته و شخصا" در جریان جزئیات تنظیم و اجرای توطئه نبوده‌اند ولی فرمانفرما و سعدالدوله هم پول میپرداخته و هم در طراحی توطئه و اجرای آن شرکت و دخالت داشته‌اند.

حال هرگاه مفاد این اسناد و دلایل و شواهد متعدد دیگری از این قبیل را قبول داشته باشیم، چون در این ایام محمد مصدق انجام کلیه امور سیاسی فرمانفرما در تهران را بعهده داشته است، چاره‌ای جز پذیرفتن این واقعیت نداریم که پرداخت سهمیه فرمانفرما را مصدق (که عضویت جامع آدمیت را نیز پذیرفته بوده) بعهده داشته است.

هر چند فعالیتهای مخالفت‌آمیز مصدق بر علیه اتابک به صورت شرکت در تظاهرات و میتینگهای علنی و عمومی نبوده بلکه از طریق تماس با مخالفان و شرکت در جلسات محرمانه و مخفی انجام میشده است اما همان فعالیتهای پنهانی و محرمانه

مصدق بقدری زیاد و مؤثر بوده که اتابک از آن آگاهی یافت
و برخلاف روش معمول خود به ابراز عکس‌العمل پرداخته است.

همانطور که دیدیم، خود مصدق در خاطرات خود در این
مورد چنین نوشته بود:

" ... ارتباط بی‌اثرم[!؟] با بعضی [؟] از مخالفان
امین‌السلطان، اتابک‌اعظم، سبب شده بود که نسبت
بمن متغیر و بی‌لطف شود و شکایت یکی از ارباب
رجوع که حقوقی در حقش برقرار شده بود و از
تأدیه رسوم معمول خودداری میکرد سبب شود
آنچه در دل داشت[!؟] اظهار کند و بخواهد مرا از
کار برکنار کند ولی نکرد ... " (۳)

در اینجا معلوم نیست که مصدق از فعالیتهای مخالفت‌ـ
آمیز خود، چه اثری بالاتر از قتل امین‌السلطان را انتظار داشته
که آنها را بشرح بالا بی‌اثر توصیف کرده است؟!

اما تا آنجا که میدانیم مهمترین و بزرگترین خدمت
مصدق در این دوره به مخالفان اتابک دادن رشوه (البته
به حساب فرمانفرما) به آیت‌الله سید عبدالله بهبهانی و
کشاندن وی به جمع توطئه‌گران و شرکت‌کنندگان مستقیم در اجرای
آن توطئه بوده است. خدمتی که موجب گردیده که متعاقب وقوع
جنایت مزبور، از انجام هر گونه بازپرسی از متهمان قتل و
نیز از هر گونه تحقیق و بررسی در مورد محرکان آن و دست‌اندر‌ـ
کاران توطئه جلوگیری شود. این خدمت جنایت‌آمیز مصدق ضمن
شرح اسرار قتل اتابک با تفصیل بیشتری مورد گفتگو قرار
خواهد گرفت.

(۱) و (۲) ـ تاریخ استقرار مشروطیت در ایران ـ مستخرجه از
اسناد وزارت امور خارجه انگلستان ـ جلد اول ـ حسن
معاصر ـ به ترتیب صفحات ۴۲۴ و ۴۲۵

(۳) ـ خاطرات و تاءلمات مصدق ـ به کوشش: ایرج افشار ـ صفحه ۵۴

خرید کلیه لوازم و اشیاء گرانبهای موجود در کاخهای سلطنتی تبریز برای فرمانفرما توسط مصدق

از آنجا که خرید صدها هزار تومان انواع اشیاء و لوازم باشکوه و غالبا" بی‌نظیر و لوکس که در کاخهای سلطنتی تبریز موجود بوده است، برای فرمانفرما، که توسط و با دلالی مصدق به انجام رسیده، بمنظور تاءمین قسمتی از مخارج مبارزه با مشروطه‌خواهان بوده است، از این جهت در جای دیگری در همین کتاب، راجع به آن سخن گفته شده و جزئیات بیشتری در این مورد همراه با اسناد مربوط باستحضار خوانندگان عزیز رسیده است.

ولی چون این معامله یکی از اقداماتی میباشد که مصدق بنمایندگی از طرف فرمانفرما در این دوران بعمل آورده است، لذا در اینجا نیز بی مناسبت ندید که مختصرا" اشاره‌ای به آن بعمل آورد.

فعالیتهای تبلیغاتی مصدق در میان رجال وقت

در این دوران، مصدق اخبار مربوط به فعالیتهای فرمانفرما در سمت استانداری آذربایجان را علاوه بر محمد علیشاه و مقامات دولتی مربوط، باطلاع سایر رجال و سیاستمداران وقت میرسانده و برای هر یک از گیرندگان نیز شرح و تفسیری

که با عقیده و خط مشی سیاسی وی مطابقت داشته با اخبار و اطلاعات ارسالی همراه مینموده است.

مصدق به این طریق اقدامات فرمانفرما را توجیه و برای او ایجاد محبوبیت میکرده و از آن بالاتر و مهمتر با ایجاد شهرت برای خود در میان رجال وقت، زمینه را برای ترقیات آینده خویش فراهم میساخته است.

متن زیر نمونه‌ای از این تبلیغات مصدق و رونوشت تلگرامی است که وی برای مستشارالدوله فرستاده است:

" ... سواد این تلگراف را مصدق [نماینده‌ء سیاسی فرمانفرما در تهران] همراه نامه‌ای به عنوان مستشارالدوله میفرستد. این رونوشت [که جزء اسناد متعلق به مستشارالدوله یافت شده] داخل پاکتی است که دارای مهر بیضی مصدق‌السلطنه است:

نامه مصدق‌السلطنه به مستشارالدوله

هو، قربانت شوم. نمیدانم به چه زبان و کدام بیان از ملاطفتهای مبذوله عرض تشکر و اظهار امتنان نمایم. و به حضرت والا روحی‌فداه هم همواره از خیر خواهیها و همراهیهای حضرتعالی هیچ پستی حرکت نکرده که عرض نکرده باشم.

مکرر گفته‌ام خوب است دیگر آقایان هم درد وطن و وطن‌پرستی را از حضرتعالی یاد گرفته و اعمال و افعال و افکار حضرتعالی را سرمشق خودشان قرار بدهند.

علی ای حال، تلگرافی از حضرت‌والا رسیده بود و لازم دیدم که خاطر محترم را از مدلول آن مستحضر

دارد. یقین دارم با آن ترتیباتی که مشهود حضرتعالی است این اظهار حضرت والا را تصدیق و حق را بطرف حضرت والا خواهند داد که در این مدت با آن همه عجز و لابه و تاءکیدات مجلس مقدس یک قدم برای تهیه استعداد و توجه در اظهارات حضرت والا نشده است.
البته (صلاح مملکت خویش خسروان دانند). زیاده چه تصدیع دهد. ایام مرحمت مستدام باد.

از تبریز به تهران - بتوسط وزارت داخله

عرض جواب به خاکپای مبارک اعلیحضرت مقدس ظل‌الله ارواحنافداه:
دستخط مبارک زیارت، در خصوص آذربایجان معایب را مکرر عرض نموده، علاجی هم معین و استدعا شد و نرسید. در عالم غلامی دولت و چاکری به ملت و وطن تصریحا" عرض مینماید برای چاکر دیگر هستی و قدرتی در این مملکت باقی نیست که بتواند از عهدهٔ این بزرگ برآید.
مستدعی است مقرر شود چندی از خدمت معاف و در دهات خیلی دور علی‌الحساب اگر بتواند انشاءالله زندگی نماید. غلام - عبدالحسین. " (۱)

باحتمال قوی تاریخ تلگرام فوق (در حدود) ۱۵ ربیع‌الاول ۱۳۲۶ - ۲۸ فروردین ۱۲۸۷ - ۱۸ آوریل ۱۹۰۸ بوده که مستشارالدوله ریاست دوره اول مجلس شورای ملی را بعهده داشته است.

---

(۱) - اسناد مشروطیت - مستشارالدوله - به کوشش: ایرج افشار - صفحات ۲۱۲ و ۲۱۱

مصدق و انتخابات دورهٔ اول مجلس شورای ملی

الف- مقدمه‌ای در مورد انتخابات دورهٔ اول

عقیدهٔ عمومی تقریبا" بالاتفاق بر این است که دورهٔ اول مجلس شورای ملی بهترین و فعالترین دورهٔ در تمام طول تاریخ مشروطیت ایران میباشد. تدوین اولین قانون اساسی ایران و متمم آن از مهمترین خدماتی است که نمایندگان این دورهٔ در مدتی نسبتا" کوتاه به انجام آن توفیق یافتند. از خصوصیات ویژه‌ای که میتوان برای این دوره برشمرد این است که دولت مرکزی در انتخاب نمایندگان آن چندان دخالتی نداشته است.

عدم دخالت دولت مرکزی در انتخاب نمایندگان و خدمات ارزنده‌ایکه در این دوره انجام گردیده، موجب شده است که اذهان عمومی این دو امر را علت و معلول بشمار آورند، در حالیکه بدلائل فراوان (که شرح مختصری از بعضی از آنها ذیلا" درج خواهد گردید) نظامنامه انتخابات دوره اول بدون تردید بدترین قانون و نظامنامه‌ایست که تاکنون در یک کشور مشروطه یا جمهوری به تصویب رسیده و انتخابات آن دوره نیز بدترین انتخابات در تمام ادوار مشروطیت ایران بوده است.

۱ - بعضی از نواقص نظامنامه انتخابات

(۱) - نامفهوم بودن بسیاری از مواد و مطالب -

سیاستمداران عالیمقامی که ماءمور تدوین اولین نظامنامه انتخابات مجلس شورای ملی بوده‌اند همگی از تحصیل- کرده‌های خارج از کشور و در جامعهٔ آن روز به دانش و تدبیر

مشهور بوده‌اند ولی هنگامیکه انسان نتیجه کار آنان یعنی همین نظامنامه را مطالعه میکند بیاد داستان " موش زائیدن کوه " میافتد و بر حال مردمیکه این افراد بی‌اطلاع و کم‌سواد، گلهای سر سبد سیاست و دانش آنانرا تشکیل میداده‌اند افسوس میخورد.

نویسندگان این قانون در تهران اقامت داشتند و خودشان ماءموریت اجرای آن را در این شهر تحت نظر گرفته بودند و در موقع عمل لزومی جهت توضیح‌خواهی و کسب تکلیف از جای دیگر وجود نداشته است. از اینجهت بهر ترتیب بوده انتخاباتی انجام داده و آنرا بحساب نظامنامه مصوبه، که روش اجرائی نیز برای آن نوشته نشده بود، گذاشته‌اند هر چند که حتی بعضی از همین افراد نیز در مورد مبهم بودن آن نظامنامه بناچار اعترافاتی بعمل آورده‌اند. از جمله، یکی از تدوین کنندگان نظامنامه که مخبرالسلطنه بوده در کتاب " خاطرات و خطرات " چنین نوشته است:

> " ... صنیع الدوله، محتشم‌السلطنه، مشیرالملک (۱)، مؤتمن الملک و نگارنده معین شدیم نظامنامه انتخابات را بنویسیم... نظامنامه به دستخط رسید به نیرالدوله حاکم تهران داده شد [که] اجرا کند. هی هفته گذشت اقدامی نشد. شاه در دوشان‌تپه است. من به دوشان‌تپه رفتم، مشیرالملک را ملاقات کردم، گفتم: چه شد؟ گفت: حاکم نظامنامه را نمیفهمد [!!].
>
> گفتم: چه خواهید کرد؟ گفت: حاشیه خواهم نوشت.
>
> گفتم: اگر نظامنامه را نمی‌فهمد حاشیه را هم نخواهید فهمید. ماند معطل. گفتم: من حاشیه، کناری می‌نشینم، توضیحات میدهم.
>
> گفت: میکنی؟ گفتم: بلی. و بر این قرار گرفت ... " (۲)

همانطور که حاکم تهران و سایر ماءموران دارالخلافه نظامنامه را نفهمیدند در ایالات نیز حکام و سایر مردم از فهم مطالب و طرز اجرای آن عاجز ماندند. بعضی از آنها توضیح خواستند و اگر پاسخی شنیدند، مسلما" سر از پاسخ نیز در نیاوردند و بعضی دیگر حتی زحمت اینکار را نیز بخود ندادند.

در هر حال تقریبا" در تمام ایالات قانون و نظامنامه را کنار گذاشتند و بتعداد (یا کمتر از تعداد) مقرر در نظامنامه ولی به روشهای مختلف یعنی بهر ترتیبی که دلشان خواست افرادی را انتخاب و به عنوان وکیل مجلس شورای ملی به تهران روانه کردند.

یکی دیگر از کسانیکه شخصا" در تدوین این نظامنامه دست داشت و میتوان وی را عالیترین شخصیت در بین تدوین- کنندگان بحساب آورد، صنیع‌الدوله بود که به عنوان اولین رئیس مجلس شورای ملی نیز انتخاب گردید. این شخص در روز سه شنبه چهارم صفر ۱۳۲۵ (۲۸ اسفند ۱۲۸۵ - ۱۹ مارس ۱۹۰۷) در سمت ریاست مجلس چنین گفته است:

> " ... غیر از اهالی آذربایجان که به ترتیب صحیح انتخاب وکلای خود را نموده و با احترام روانه کردند، سایر ولایات نفهمیدند و اغراض و سابقه خودشان را در اینمورد بروز دادند، مثل قزوین و کرمانشاه و غیره ... "

در مورد آذربایجان ترک زبان نیز باید گفت که در آنجا هم این نظامنامه فارسی نوشته را نفهمیدند و آنرا کنار گذاشتند و افرادیکه بعنوان نمایندگان اهالی آن ایالت به تهران آمدند همگی از طرف انجمن آذربایجان ، که در تبریز تشکیل شده و قدرت سیاسی را در آن زمان در دست گرفته بود، بدون رعایت تشریفات مقرر در نظامنامه انتخاب و معرفی شده بودند.

(۱) – میرزا حسن خان، مشیرالدوله بعدی

(۲) – خاطرات و خطرات – مخبرالسلطنه صفحات ۱۴۲ و ۱۴۱

(۲) – نواقص موجود در شرایط واجدین حق انتخاب وکیل –

افراد منتسب به یکی از طبقات ششگانه زیر حق انتخاب نماینده برای اولین دوره مجلس شورای ملی را دارا بودند:

شاهزادگان و قاجاریه – علما و طلاب – تجار – ملاکین و فلاحین – اعیان و اشراف – اصناف.

وقتیکه قرار است عده‌ای از مردم را به گروهها یا طبقاتی تقسیم کنند باید تا آنجا که امکان دارد معیارهائی انتخاب نمایند که عمل تقسیم‌بندی را بطور جامع و مانع انجام دهد. جامع باشد یعنی اینکه تمام افراد مورد نظر را در بر بگیرد به ترتیبی که حتی‌الامکان حتی یکنفر خارج از این تقسیم‌بندی قرار نگرفته باشد و مانع باشد یعنی اینکه یکنفر نتواند در دو گروه قرار گیرد.

فرض کنید مدیر یک دبستان در یک روستا، در موقع شیوع یا احتمال شیوع یک بیماری مسری بخواهد ترتیب واکسن‌زدن به شاگردان دبستان را فراهم سازد و بعلت محدودیت امکانات درمانگاه محل لازم باشد که هر روز فقط تعدادی از دانش‌آموزان به درمانگاه مراجعه نمایند.

حال ممکن است بگوید تمام شاگردان کلاس اول روز یکشنبه و شاگردان کلاس دوم روز دوشنبه و بهمین ترتیب تا شاگردان کلاس پنجم روز پنجشنبه مراجعه نمایند و یا اینکه با ذکر تاریخهای معین برای تولد شاگردان، ترتیب دهد آنانکه ۶ ساله و پائین‌تر هستند روز یکشنبه و شاگردان ۷ ساله روز دوشنبه و

بهمین ترتیب هر سال زیادتر یکروز دیرتر و روز پنجشنبه شاگردان ده ساله و بالاتر مراجعه نمایند. این هر دو تقسیم‌بندی جامع و مانع است زیرا هیچ شاگردی در دو روز نوبتش نمی‌شود و هیچ شاگردی هم از قلم نمی‌افتد. اما اگر مدیر بگوید شاگردان ۶ ساله روز شنبه، شاگردان کلاس دوم روز یکشنبه، شاگردانیکه مثلاً خانهٔ آنان در طرف شمال مدرسه است روز دوشنبه و برای روزهای دیگر هم معیارهای متفاوت دیگر قرار دهد آنوقت ممکن است یکی از شاگردان در سه روز نوبت واکسن‌زدنش برسد زیرا هم ۶ ساله بوده و هم در کلاس دوم درس میخوانده و هم خانه‌اش در شمال مدرسه قرار داشته است و در عوض شاگردانی هم از قلم افتاده باشند.

وضع طبقه‌بندی مردم ایران برای انتخابات دوره اول مجلس شورای ملی، بهمین ترتیب و با معیارهای متفاوتی صورت گرفته بود. هر چند در امور اجتماعی نمیتوان معیاری پیدا کرد که بموجب آن بتوان مردم یک کشور را برحسب شرایط مکتسبه اجتماعی بطور دقیق در طبقات معینی قرارداد بطوریکه هیچ فردی از قلم نیافتد و هیچ فردی هم در دو طبقه جای نگیرد، اما با وجود این باید اذعان نمود که طبقه بندی انتخاباتی دوره اول بیش از حد تصور ناقص بوده است. ذیلاً بعضی از این نواقص مورد تحلیل قرار گرفته است.

بطوریکه ملاحظه خواهد شد، به پنج طبقه اول از شش طبقه که جمعاً درصد بسیار کمی از کل جمعیت ایران را در آن زمان تشکیل میدادند اختیار انتخاب ۱۰۸ نفر از جمع ۱۵۶ نفر کل نمایندگان دوره اول مجلس شورای ملی داده شده بود.

شاهزادگان و قاجاریه

تعیین طبقه جداگانه‌ای بعنوان شاهزادگان و قاجاریه در

حالیکه اغلب آنان جزو اعیان و اشراف، جزو ملاکین و شاید هم جزو تجار محسوب میشدند، امتیازی بود برای این افراد، که با خانواده سلطنتی وقت بستگی داشتند و اکثرا" هم افرادی متنفذ بودند. تعداد ۴ نفر از نمایندگان تهران و ۱۶ نفر از نمایندگان شهرستانها یعنی ۲۰ نفر از کل ۱۵۶ نفر نمایندگان مقرر برای دوره اول به این گروه اختصاص یافته بود. حال اگر در شهری ابدا" شاهزاده قاجار وجود نداشت و یا تعدادشان بسیار کم بود باز هم میبایست یک ششم نمایندگان را انتخاب نمایند!

اعیان و اشراف - اعیان و اشراف به ترتیب جمع عین و شریف و در لغت به معنی بزرگان قوم و مردم گرامی و شریف میباشد و نیز مردم این کلمات را برای خانوادههای ثروتمند و دارای زندگی تجملی و با شکوه بکار میبرند.

تعیین طبقهای به این عنوان در نظامنامه انتخابات، صرفا" بمنظور نفع شخصی تنظیمکنندگان آن و افرادی نظیر خودشان صورت گرفته است. زیرا شما هر یک از خانوادههای اعیان و اشراف را در نظر بگیرید مسلما" خواهید توانست بر حسب اینکه قسمت عمده درآمد آن خانواده از چه منبعی بدست میآید رئیس آن خانواده را در یکی (یا بیشتر) از طبقات دیگر قرار دهید.

مثلا" عبدالحسینمیرزا فرمانفرما که بدون تردید از طبقه اعیان و اشراف بشمار میآمده در عین حال یکی از شاهزادگان قاجار نیز بوده و همچنین از ملاکین و فئودالهای درجه اول و شاید بزرگترین مالک و فئودال آن زمان هم محسوب میگردیده است. هر چند که بنام تاجر شهرت نداشته ولی قسمت عمدهای از صادرات کشور مخصوصا" تریاک را مباشرین املاک او انجام میدادند.

بهمین ترتیب ظلالسلطان، امام جمعه تهران، ملکالتجار و امینالدوله همگی از اعیان و اشراف بودهاند، که به ترتیب

به طبقات شاهزادگان، علماء، تجار و ملاکین هم تعلق داشته‌اند.

در اینصورت این سؤال پیش می‌آید که چرا چنین طبقه‌ای بعنوان یک طبقه جداگانه در نظامنامه انتخابات پیش بینی شده بود. پاسخ این سؤال همان است که در آغاز داده شد. نویسندگان نظامنامه، این طبقه را صرفا" بمنظور نفع شخصی خود و افراد معدودی نظیر خود تعیین کرده بودند. زیرا با اینکه جزو مالکین عمده محسوب میشده‌اند ولی رعایت اصول سیاستمداری این بوده که مردم آنانرا مالک نشناسند. میرزا حسن مشیرالدوله و میرزا حسین مؤتمن‌الملک همواره به پدر خود میرزا نصرالله مشیرالدوله سفارش میکرده‌اند که املاک خود را در نقاط مختلف و دور از هم خریداری کنند تا مردم هر محل از سایر املاکی که این خانواده در سایر نقاط کشور دارند اطلاعی نداشته باشند.

در هر حال تنظیم کنندگان نظامنامه برای افرادی نظیر خودشان طبقه جداگانه‌ای تعیین کرده بودند.

یکی دیگر از خصوصیات ویژه اعیان و اشراف (و نیز طبقه شاهزادگان و قاجاریه) این بود که تمام مردان بیش از ۲۵ سال و ۳۰ سال در این دو طبقه به ترتیب حق انتخاب کردن و انتخاب شدن داشتند در حالیکه بسیاری از اصناف و فلاحین و تقریبا" تمام فرزندان آنان عملا" از حق انتخاب کردن و انتخاب شدن محروم بودند زیرا شرکت در انتخابات برای اصناف مستلزم داشتن دکانی با کرایه حد وسط کرایه‌های دکانهای محل و برای فلاحین داشتن ملکی به ارزش هزار تومان آن روز بود. حال اگر افرادی پیشه‌ور یا فلاح با داشتن شرایط مزبور حق شرکت در انتخابات را پیدا میکردند تازه فقط خودشان واجد این حق محسوب میشدند و فرزندان، بستگان و سایر افرادیکه نزد آنان بکار اشتغال داشتند بعلت نداشتن دکان و ملک از خودشان، از این حق محروم شده بودند.

اما فرزندان طبقه اعیان و اشراف که پدرشان مثلاً" قبلاً" جزو تجار یا ملاکین و یا همین طبقه اعیان و اشراف رأی داده بود خودشان هم بعنوان اینکه جزو اعیان و اشراف هستند میتوانستند در انتخابات شرکت نمایند. طبقه شاهزادگان نیز دارای همین خصوصیت بود و شاهزادگان واجد شرایط نیز همگی بصرف شاهزادگی دارای حق انتخاب‌کردن و انتخاب‌شدن بودند.

علماء و طلاب - اختیار انتخاب یک ششم از وکلای مردم ایران به علماء و طلاب داده شده بود و این امتیاز ظاهراً" بعلت شرکت فعالانه این طبقه در نهضت مشروطیت و نفوذ فوق‌العاده آنان در آن زمان بوده است.

تجار - از گروه بزرگ اصناف، تعداد انگشت‌شماری را که در هر ایالت دارای " حجره و تجارت معینی " بودند جدا کرده و بر آنان نام طبقه تجار نهاده و اختیار انتخاب یک ششم از جمع وکلای مجلس را به آنان تفویض نموده بودند.

ملاکین و فلاحین - ذکر کلمه " فلاحین " در این طبقه برای خالی نبودن عریضه صورت گرفته است زیرا افراد این طبقه اکثراً" بعلت اینکه ملکی به ارزش هزار تومان نداشتند از حق شرکت در انتخابات محروم شده بودند و فقط ملاکین و مالکین عملاً" اجازه داشتند که یک ششم از تعداد نمایندگان مجلس را انتخاب نمایند.

(۳) - محرومان قانونی و واقعی از حق انتخاب وکیل -

هر گاه این امکان وجود داشت که با رعایت مفاد نظامنامه و عیناً" به ترتیبی که در آن پیش بینی شده بود، بدون اعمال نفوذ و دخالت حکام و متنفذین، نمایندگانی انتخاب و به مجلس اعزام کردند باز هم افراد انتخاب شده نمی‌توانستند نمایندگان مردم ایران محسوب گردند زیرا:

(الف) - طبق ماده ۲۵ نظامنامه: " انتخاب اعضای

مجلس شورای ملی در پایتخت و شهرهای بزرگ و متوسط و کوچک بعمل ... " می‌آمد که در آن زمان تعدادشان بسیار کم بود و فقط اقلیتی از مردم ایران در آنها سکونت داشتند و اکثریت عظیم مردم که در روستاها و دهات زندگی میکردند عملا" از حق انتخاب نماینده محروم شده بودند.

(ب) - با اینکه به موجب بند ۱ از ماده ۱ به ایلات و عشایر حق انتخاب کردن داده شده بود ولی عملا" بعلت عدم سکونت در شهرها امکان استفاده از این حق برایشان وجود نداشت.

(ج) - همانطور که قبلا" هم گفته شد، علاوه بر زارعین ساکن در دهات و روستاها، از زارعین ساکن در شهرها نیز عملا" حق انتخاب کردن نماینده، سلب شده بود زیرا می‌بایست صاحب ملکی به ارزش هزار تومان آن روز باشند و این امر در مورد هیچیک از زارعینی که در مزارع و باغهای داخل در محدوده شهرها به عنوان رعیت مالک بخدمت اشتغال داشتند مصداق نداشت و به این ترتیب فقط به مالکین و ملاکین حق انتخاب داده شده بود.

(د) - از اصناف و پیشه‌وران شهرها نیز فقط عده کمی که " صاحب دکانی باشند که کرایه آن دکان مطابق کرایه‌های حد وسط باشد. " دارای حق انتخاب وکیل بودند و قشر عظیمی که نزد آنان بعنوان کارگر و شاگرد و پادو کار میکردند و تمام اصناف و پیشه‌ورانی که دکان نداشتند و یا دارای دکانی بودند که کرایه آن از حد وسط کرایه دکانهای محل کمتر بود از حق انتخاب وکیل محروم شده بودند.

(ه) - نسوان - مردانیکه سنشان از بیست و پنج سال کمتر بود، اهل نظام بری و بحری، مستخدمین اداره نظمیه و ضبطیه و حکام و معاونین حکام در محل ماءموریتشان نیز از حق انتخاب محروم بودند.

(و) - کارکنان عادی دولت و دیوان مثلاً" افرادیکه پائینتر از طبقه مستوفیان بخدمت اشتغال داشتند جزو هیچیک از طبقات ششگانه محسوب نمیشدند و برای آنان طبقه‌ایکه بتوانند در آن بعنوان انتخاب کننده شرکت نمایند پیش بینی نشده بود.

۲ - نمونه‌هائی از انتخابات دوره اول

بطوریکه قبلاً" هم گفته شد، در تمام شهرستانها چون تشریفات مندرج در نظامنامه انتخابات را نامفهوم و رعایت آنها را غیر عملی دیدند از اینجهت تقریباً" در همه جا نظامنامه مزبور را کنار گذاشته و به تعداد (یا کمتر از تعداد) مقرر در نظامنامه با روشهای مختلف یعنی بهر ترتیبی که مناسب دیدند افرادی را انتخاب و بعنوان وکیل به تهران فرستادند.

اکثر انتخاب‌شدگان شهرستانها نمایندگان و ایادی حکام، فئودالها و متنفذین استبدادطلب بشمار میرفتند ولی در آن زمان سیل احساسات غیر قابل مقاومت مردمیکه برای بدست‌آوردن آزادی و مشروطیت تحریک شده بودند قدرت هر گونه اظهارنظر مخالفی را از این قبیل نمایندگان سلب و آنانرا مجبور میساخت با سرعت در مسیریکه آن احساسات جریان داشت حرکت نمایند و یا حداقل با سکوت ناشی از وحشت خود موجبات تجری و اقدامات موفقیت‌آمیز نمایندگان مشروطه‌طلب را فراهم سازند.

با این ترتیب اقدامات و خدمات نمایندگان دوره اول را نباید بپای حسن انجام انتخابات آن دوره یا وطن‌پرستی و مشروطه‌خواهی آن نمایندگان گذاشت.

برای آگاهی خوانندگان عزیز ذیلاً" نمونه‌هائی از انتخابات آن دوره را ذکر مینماید:

(۱) - وضع انتخابات کرمان و بلوچستان -

ناظم‌الاسلام کرمانی در تاریخ بیداری ایرانیان ذیل تاریخ جمعه پنجم ذیقعده ۱۳۲۴ [۲۹ آذر ۱۲۸۵ - ۲۱ دسامبر ۱۹۰۶] چنین نوشته است:

" ... امروز مجیر دیوان پیشکار فرمانفرما عبدالحسین میرزا آمد نزد داعی و گفت: شاهزاده فرمانفرما تلگرافی حضورا" به توسط من بشما مخابره کرده است. صورت تلگراف را ارائه داد. حاصل آن اینکه: مجیر دیوان به ناظم‌الاسلام بگوئید، آقا میرزا محمود مجتهد کرمان اصرار دارد مجدالاسلام را وکیل نماید و مناسب اینست اسبابی فراهم آورم که شما هم وکیل شوید. بنده جواب دادم: اولا" ، من نزدیک به بیست سال است از کرمان بیرون آمده‌ام و از امور کرمان اطلاعی ندارم. ثانیا"، اینکه انتخاب و وکالت باید از روی واقع و صحت باشد نه اسباب‌چینی شما. به حضرت‌والا تلگراف کنید، از محبت شما ممنون شدم ولی وکالت را قبول نمی‌کنم. اگر مردم راضی باشند و شما هم مایل باشید برادرم شمس‌الحکماء را وکیل کنید که هم برای خدمت به ملت خوب است و هم زبان خارجه را میداند و هم ضمنا" دیدنی هم از من میکند ..." (۱)

در خواست ناظم‌الاسلام مورد اجابت فرمانفرما قرار گرفت و شمس‌الحکمای آس و پاس بعنوان وکیل اعیان و اشراف کرمان و بلوچستان (همراه با ۶ نفر دیگر که همگی مانند شمس‌الحکما انتخاب شده بودند) به مجلس شورای ملی معرفی گردید.

(۲) - وضع انتخابات کردستان و همدان - مقارن با تشکیل مجلس شورای ملی در تهران، ظهیرالدوله حکمران کردستان و همدان بود. در همدان و اطراف آن بعلت احتکار گندم توسط مالکین عمده که یکی از آنان عبدالحسین میرزا فرمانفرما بود، نان فوق‌العاده کمیاب و گران گردید. مردم گرسنه اجتماعاتی تشکیل داده و بفعالیتهائی دست زدند. از جمله تلگرامهائی به تهران مخابره نمودند که در یکی از آنها بتاریخ ۱۵ شعبان ۱۳۲۴ (۱۱ مهر ۱۲۸۵ - ۱۴ اکتبر ۱۹۰۶) خطاب به مظفرالدینشاه نوشته بودند: " باقیمانده املاک همدان را هم در سه سال قبل ایالت (حکمران) کرمانشاهان حضرت فرمانفرما خریدند. برای رعیت جز گرسنگی چیزی باقی نمانده.

[امضاء]. تمام اهالی. " (۲)

دو روز بعد در تلگرام دیگری که توسط جمعیت مستقر در تلگرافخانه همدان، بطور حضوری به میرزانصرالله مشیرالدوله صدراعظم وقت در تلگرافخانه تهران مخابره شد چنین نوشتند:

" ... املاک، تمام ملک شش نفر شده و اختیار ما با همان شش نفر است. دیگر از کجا ارزان میشود و چه نحو متصور است که این شش نفر بگذارند گندم ارزان بشود یا رعیت آسوده و دعاگرباشند. " (۳)

در آن زمان ظهیرالدوله جلساتی با شرکت بعضی از مالکین یا نمایندگان آنان تشکیل داد و بالاخره بطور کتبی از آنان قول گرفت که گندم را با نرخی نسبتا" ارزان در اختیار نانواها قرار دهند و بعد شخصی بنام شیخ تقی را که خودش او را در تاریخ دوشنبه ۲۶ شعبان ۱۳۲۴ به لقب " وکیل‌الرعایا" ملقب ساخته بود در تاریخ ۱۵ رمضان همانسال " ... ساعت ده از شب گذشته با لباس تبدیل، لوله [طومار] گندم قبولی خوانین و تلگرافات متعلق به گفتگوی گندم و بعضی کاغذهای دیگر ... " (۴) به تهران فرستاد.

این آقا حاج شیخ‌تقی که تازه وکیل‌الرعایا شده بود در تهران به هوس وکالت مجلس شورای ملی افتاد از اینجهت در تاریخ جمعه ۶ شوال ۱۳۲۴ (اول آذر ۱۲۸۵ - ۲۳ نوامبر ۱۹۰۶) طی تلگرامی به همدان از آقای ظهیرالدوله درخواست کرد که "... وکالت نامچه عمومی بسیار منظم فوری مرتب فرموده سواد را تلگرافا" مخابره فرمائید. محل حاجت است. "(۵) ظهیرالدوله در خاطرات مربوط بهمان روز مینویسد: " تلگراف را برای آقای آقا سید محمد طباطبائی فرستادم که خیلی زود وکالت‌نامه عمومی و کتبی حاضر کنند. " (۶) و روز بعد یعنی شنبه ۷ شوال ۱۳۲۴ " صبح آقای آقا سید محمد صورت وکالت‌نامه تلگرافی که برای وکیل‌الرعایا مخابره کرده بودند فرستاد ... " بامضای " وکلای اصناف تقریبا" سی و پنجنفر[!!] "(۶)

بهمین آسانی و سادگی حاج شیخ‌تقی به لطف یکنفر یعنی آقای ظهیرالدوله نه تنها ملقب به وکیل‌الرعایا شد بلکه در طول یکشب بعنوان نماینده اهالی کردستان و همدان به مجلس شورایملی هم معرفی گردید.

(۳) - طرز انتخاب دو پیشوای بزرگ روحانی مشروطیت -

تعدادی افراد بدون اینکه کسی آنانرا انتخاب کرده باشد در مجلس حضور یافته و جزو نمایندگان بر روی زمین می‌نشستند و در مذاکرات هم شرکت می‌نمودند. در میان آنان افرادی از قبیل آیت‌الله سید عبدالله بهبهانی و آیت‌الله سید محمد طباطبائی نیز وجود داشتند که خود را مافوق و خالق مشروطه میدانستند و هیچکس جرئت و قدرت آنرا نداشت که عدم استحقاق آنانرا به عنوان وکیل جهت حضور حتی بطور آهسته بر زبان بیاورد. بالاخره دست اندرکاران تدبیری اندیشیدند و برای اینکه به شرکت این دو نفر در مجلس صورتی ظاهرا" قانونی بدهند به یک کار غیر قانونی مبادرت نمودند یعنی با اینکه در نظامنامه انتخابات نامی از

اقلیتهای مذهبی برده نشده بود و با برداشتن شرط " مسلمان بودن " از شرایط انتخاب‌کنندگان و انتخاب‌شوندگان عملا" همه آنان مانند سایر ایرانیان دارای حق انتخاب‌کردن و انتخاب‌شدن (جزو همان شش طبقه) شده بودند، معهذا دو صورت تلگرام یکی امضای طایفه یهود و دیگری بامضای طایفه ارامنه به ترتیب خطاب به آیت‌الله بهبهانی و آیت‌الله طباطبائی مخابره کردند مبنی بر اینکه این دو طایفه حق خود را در مجلس به آن دو آیت‌الله واگذار نموده‌اند. باز هم کسی جرئت نکرد که بگوید اگر بفرض محال قبول کنیم که این دو تلگرام را واقعا" نمایندگان اقلیتهای مذهبی مزبور مخابره کرده باشند مگر در نظامنامه انتخابات دوره اول حق ویژه و جداگانه‌ای از سایر مردم ایران برای این دو اقلیت مذهبی شناخته شده است که آنان بتوانند آن حق را به دیگری واگذار کنند و اگر هم حقی شناخته شده بود مگر حق نمایندگی در مجلس آنهم طبق تلگرامهائی که مخابره آنها نه تنها از طرف نمایندگان واقعی بلکه حتی از طرف افراد منتسب به این دو طایفه محل تردید بوده، قابل تفویض میباشد؟

(۴) - طرز انتخاب نماینده علماء از تهران - در تاریخ بیداری ایرانیان در ذیل تاریخ چهارشنبه چهاردهم شعبان‌المعظم ۱۳۲۴ [۱۰ مهر ۱۲۸۵ - ۳ اکتبر ۱۹۰۶] چنین میخوانیم:

> " ... یکی از وکلای علماء جناب آقای میرزا محمد تقی گرگانی است و این مرد چون تکلیف را شاق دانست و دید از عهده بر نمی‌آید لذا از این شغل خطیر استعفا داد و عقب نشست.
>
> جناب آقای بهبهانی فورا" داماد خود آقا میرزا محسن را بجای او منصوب کرد[؟!!] مردم در مقام ایراد بر آمده جنابش اعتنائی نکرد و در جواب

فرمود:

من به زحمات زیاد و ریختن خون صلحا و سادات عمارتی بر پا نمودم. لکن ستونهای این عمارت که باید بر سر انسان گذارم از چوب قرار دادم. هر وقت انسانی دیدم که طاقت حمل این عمارت را داشته باشد یکی از ستونها را برداشته آن آدم را بجای آن ستون قرار میدهم و کذا سایر ستونها را، تا اینکه تمام این ستونها و عماید انسان با علم گردد.

این مسئله اگر چه عوام را ساکت نمود لکن خواص را ساکت و متقاعد ننمود ... " (۷)

این هم نمونه‌ای از درجهٔ خودخواهی فوق‌العاده و خود- بزرگ‌بینی یکی از دو پیشوای روحانی نهضت مشروطه و طرز انتخاب نماینده علماء از تهران.

(۵) - طرز انتخاب یکی از نمایندگان شاهزادگان و قاجاریه در تهران - در اینمورد نیز از نوشته‌های ناظم‌الاسلام کرمانی کمک میگیریم که ذیل تاریخ شنبه دهم شعبان ۱۳۲۴ نوشته است:

" ... باز دست تقلب و رشوه در کار است. چه امجدالسلطان سنش بیست و یکسال است و بر حسب شناسنامه که باید سن منتخب بیست و پنجسال [در مورد انتخاب کننده] و سی سال [در مورد انتخاب شونده]، در مورد امجد تخلف ورزید، هیاهو و ایراد وارد می‌آورند ولی کسی اعتنا نمیکنند چرا که مجدالدوله [پدر امجدالسلطان] ایلخانی و رئیس طایفه قاجاریه است. " (۸)

(۶) - طرز انتخاب نمایندگان ملاکین از تهران - همانطور

که دیده شد در نظامنامه انتخابات ملاکین و فلاحین را در یک طبقه از طبقات ششگانه واجد شرایط انتخاب وکیل، بحساب آورده ولی با گذاشتن شرط داشتن ملکی به ارزش هزار تومان برای فلاحین عملاً" اکثریت قریب باتفاق آنان را از حق رای محروم ساخته بودند. اگر چه بعلت اینکه قرار بود انتخابات فقط در شهرها بعمل آید هرگاه شرط مزبور هم برای فلاحین و کشاورزان وجود نداشت باز هم عملاً" آنان نمی‌توانستند که از این حق استفاده نمایند. در مقابل طبقات و گروههای دیگری وجود داشتند که فعالانه آماده برای انتخاب‌کردن و انتخاب‌شدن بودند اما اسمی از آنان در نظامنامه برده نشده و به این جهت از حقوق مزبور محروم گردیده بودند.

در تهران انجمن نظارت بر انتخابات قبل از اقدام به راءیگیری ترتیبی داده بود که افراد واجد شرایط برای راءیدادن به انجمن مزبور مراجعه کرده و ورقه‌ای بنام تعرفه مبنی بر اینکه در فلان طبقه مجاز بدادن راءی هستند دریافت نمایند و چون یکی از تنظیم کنندگان نظامنامه انتخابات یعنی‌کمخبرالسلطنه در راءس این انجمن قرار گرفته بود از اینجهت در حین اجرای نظامنامه و بدون آنکه بگذارد سر و صدائی بلند شود قسمتی از مشکلات مزبور را بنحوی مرتفع ساخت.

در آگهی انتخابات، طبقه فلاحین (که حتی یکنفر باین عنوان برای گرفتن تعرفه مراجعه نکرده بود) حذف گردید و در عوض خوانین، اهل قلم، اطباء، صاحبان مستغلات شهری و کارمندان دولت که در نظامنامه انتخابات فکری برایشان نشده بود همگی ملاک! شناخته شدند. هر چند با این اقدامات بعضی از نواقص نظامنامه در تهران مرتفع گردید اما مسلماً" کاری بود برخلاف نظامنامه و قانون. اینک عین آگهی مزبور که از طرف حکمران تهران منتشر گردیده است:

جمعه نهم شعبان ۱۳۲۴

[۵ مهر ۱۲۸۵ - ۲۸ سپتامبر ۱۹۰۶]

" چون موافق نظامنامه انتخابات، امراء و اعیان و اشراف و ملاکین باید نمایندگان خود را برای مجلس شورای ملی معین نمایند لهذا با کمال احترام و توقیر خواهش میشود از اعیان و خوانین و اهل قلم و اطباء و ملاکین و صاحبان مستغلات شهری بحدودی که در نظامنامه مقرر است و طبقات نوکر [کارمندان دولت] سوای اهل نظام هر گاه در جزو شاهزادگان عظام و علماء اعلام و امراء قاجاریه و طلاب و خوانین و اصناف انتخاب نکرده‌اند روز شنبه دهم شعبان از یکساعت بعد از ظهر الی یکساعت بغروب مانده بعنوان ملاک[؟!] در مجلس انتخابات ملی حاضر شده شش نفر نمایندگان ملاکین را در شش قرعه انتخاب نمایند ... غلامحسین غفاری [حاکم تهران]. " (۹)

لازم به تذکر است که در نظامنامه انتخابات، برای تهران طبقه جداگانه‌ای بعنوان اعیان و اشراف در نظر گرفته نشده بود و از این جهت جز اینکه " ملاک " شناخته شوند چاره دیگری وجود نداشته است اما بعد از انتشار آگهی بالا هم هیچکس سؤال نکرد که چرا برخلاف نظامنامه طبقه " فلاحین " را حذف کرده‌اند؟ و یا اینکه طبق کدام مجوز و بچه حساب اهل قلم، اطباء، صاحبان مستغلات شهری و کارمندان دولت، ملاک شناخته شده اند؟

(۲) - طرز انتخاب نماینده زردشتیان و یکی از نمایندگان تجار - همانطور که قبلاً گفته شد در نظامنامه انتخابات برای اقلیتهای مذهبی حق ویژه‌ای برای انتخاب‌کردن و

انتخاب‌شدن پیش بینی نشده و با برداشتن شرط مسلمان بودن از این دو گروه عملا" تمام مردم ایران از مذاهب مختلف در یک ردیف قرار گرفته بودند. اما بعد از افتتاح مجلس، برای اینکه به شرکت دو پیشوای بزرگ روحانی مشروطیت صورتی قانونی داده شود، کاری خلاف قانون انجام دادند و با مخابره دو تلگرام از قول دو طایفه یهود و ارامنه - حقی را که خود آنان نداشتند به دو پیشوای روحانی مذکور تفویض کردند.

ارباب جمشید زردشتی نیز از همان ابتدا برای انتخاب خود و شرکت در مجلس (البته جزو مسلمانان) به رشوه‌دادن پرداخته و توفیق نیافته بود در این وقت بار دیگر بمیدان آمد و با دادن رشوه به فعالیت پرداخت و این دفعه موفق گردید که بعنوان نماینده زردشتیان ایران (بدون آنکه برای زردشتیان چنین حقی در نظامنامه انتخابات پیش بینی شده باشد) در مجلس شورای ملی شرکت نماید.

مهدی بامداد ضمن شرح حال این شخص چنین مینویسد:

" ... روزی در ضمن صحبت، ارباب جمشید به نگارنده [مهدی بامداد] میگفت که:

در آغاز تاءسیس مشروطیت و تدوین قانون اساسی بعضی از نمایندگان چندان تمایلی نداشتند که به زردشتیان نماینده‌ای در مجلس شورایملی داده شود.

من پول زیادی به سید عبدالله بهبهانی که متنفذترین فرد در مجلس بود، دادم تا اینکه بالاخره او راضی شد و اعمال نفوذ کرد که به زردشتیان نماینده داده شود و نماینده هم داده شد ... " (۱۰)

تعدادی دیگر از انتخاب‌شدگان نیز از آغاز با پرداخت رشوه انتخاب شده بودند که از جمله آنان میتوان حاج‌آقا محمد معین‌التجار بوشهری را نام برد. در تاریخ بیداری ایرانیان در این رابطه نیز چنین نوشته شده است:

" روز چهارشنبه هفتم شعبان ۱۳۲۴ [۳ مهر ۱۲۸۵ - ۲۶ سپتامبر ۱۹۰۶] ... بعضی میگویند: این مجلس انتخاب بر وفق نظامنامه نمی‌باشد و دست تقلب و تدلیس در کار داخل شده.
بعضی از متمولین و تجار پولدار، بنای رشوه و تعارف را در کار گذارده‌اند. ارباب جمشید پولی به بعض آقایان داده است. حاجی معین بوشهری هم به بعضی اشخاص پول داد. از آن جمله به انجمن مخفی ما هم چیزی داد که جناب آقا میرزا محمد صادق [طباطبائی پسر پیشوای بزرگ دیگر مشروطیت] گرفته و میل فرمودند و عمدهٔ خرابی کار اهل ایران همین رشوه و پول است ... " (۱۱)

ب - وضع انتخابات اصفهان، یزد، کاشان، قم و ساوه در دورهٔ اول

در نظامنامه انتخابات دوره اول برای پنج شهر بالا (که ظاهراً" همگی در قلمرو حکومت ظل‌السلطان بودند) جمعاً" ۱۲ نفر وکیل در نظر گرفته شده بود. نظامنامه انتخابات چنین مقرر میداشت:

" ... در شهرهای جزو هر ایالتی، هر طبقه [از طبقات ششگانه انتخاباتی] علیحده جمع شده یکنفر را انتخاب نموده به کرسی ایالت میفرستند ...
انتخاب‌شدگان در شهرهای جزو ایالات - در کرسی ایالت جمع شده بعده‌ای که در صورت فوق برای هر ایالت معین شده از برای مجلس شورای ملی اعضاء انتخاب میکنند ... "

بعد از افتتاح مجلس شورای ملی، ظل‌السلطان در مورد

انجام انتخابات شهرهای تحت تصدی خود در وضع دشواری قرار گرفت زیرا از یکطرف شکایات متعددی بنا بر تحریک روحانیون اصفهان راجع به تعلل وی در مورد برگزاری انتخابات وکلای اصفهان و مخالفت وی با این امر، به مجلس شورای ملی واصل گردید و بهمین جهت ظل‌السلطان بسختی مورد اعتراض قرار گرفت و از طرف دیگر برگزاری ۶ فقره انتخابات جداگانه برای شش طبقه انتخاباتی در ۵ شهر اصلی که اسامی آنان در بالا ذکر شده است و در شهرهای متعدد کوچکتریکه بهر یک از این شهرها وابسته بودند و اعزام نمایندگان طبقات مزبور از تمام شهرها به اصفهان برای انتخاب ۱۲ نفر نمایندگان مورد نظر (از هر طبقه ۲ نفر) نیاز بفرصتی نسبتا" طولانی داشت.

بنا بر این ظل‌السلطان بناچار مانند تمام ایالات و ولایات دیگر ایران نظامنامه انتخابات را کنار گذاشت و بمنظور تبرئه خود و تسریع هر چه بیشتر در تعیین وکلای اصفهان تصمیم گرفت ۱۲ نفر نماینده‌ای را که قرار بود از شهرهای حوزه فرمانروائی او انتخاب گردند بین آن شهرها تقسیم نماید. در اجرای این تصمیم، چهار نفر برای شهر اصفهان و هشت نفر برای سایر شهرهای ذینفع در نظر گرفت.

با این وضع چون در اصفهان، دیگر بعلت داشتن فقط چهار نفر وکیل، تمام شش طبقه‌انتخاباتی نمی‌توانستند هر طبقه دارای یک وکیل از خود باشند و از طرفی شاهزادگان قاجار و اعیان و اشراف اصفهان همگی از ملاکین بشمار میرفتند از این جهت تصمیم گرفته شد که این طبقات جزو ملاکین به انتخاب وکیل مبادرت نمایند.

در تاریخ ۱۳ ذیقعده ۱۳۲۴ (۷ دی ۱۲۸۵ - ۲۹ دسامبر ۱۹۰۶) شاهزاده اسداله میرزا تلگرامی را که از طرف برادرش از اصفهان برای او مخابره شده و ضمن آن مساعدتهای "حضرت اشرف اسعد والا شاهزاده ظل‌السلطان روحی فداه" در تشکیل

مجلس ملی و انتخاب دو نفر از وکلاء را اطلاع داده بود، در مجلس شورای ملی قرائت کرد.

در همانروز دو تلگرام دیگر هم در همین رابطه در مجلس قرائت گردید که در یکی از آنها اسامی دو نفر وکیل علماء و تجار ذکر و ضمناً " اطلاع داده شده است که " باقی هم فردا (۱۲) معین و روانه میشوند " و در دیگری نام وکیل اصناف را هم ذکر نموده اند.

در هر حال بطوریکه در مجموعه مذاکرات دوره اول مجلس شورای ملی در ذیل تاریخ پنجشنبه ۱۸ ذیقعده الحرام ۱۳۲۴ (۱۲ دی ۱۲۸۵ - ۳ ژانویه ۱۹۰۷) ملاحظه میشود، دو نفر از وکلای منتخب اصفهان به اسامی حاجي سید اسمعیل دبیری و حاجي میرزا علي ادیب‌التجار که به ترتیب وکیل علماء و وکیل تجار بودند به مجلس معرفی شده اند.

" باقی " وکلای اصفهان که بموجب تلگرام مذکور در بالا قرار بود " فردا " یا " زود " معین و روانه شوند در تاریخهای زیر به مجلس شورای ملی معرفی شده اند:

- محمدهادی جواهری، وکیل اصناف، در تاریخ ۱۲ ذیحجه ۱۳۲۴ (۷ بهمن ۱۲۸۵ - ۲۷ ژانویه ۱۹۰۷)
- میرزا مرتضی‌قلیخان نائینی، وکیل ملاکین، در تاریخ ۱۴ ذیحجه ۱۳۲۴ (۹ بهمن ۱۲۸۵ - ۲۹ ژانویه ۱۹۰۷)

با این ترتیب در سهمیه اصفهان دیگر وکیل تعیین نشده‌ای باقی نمانده بود تا انتخاب شود و بهمین دلیل می‌بینیم که بعد از انتخاب و معرفی این چهار نفر، دیگر اهالی و روحانیون مخالف ظل‌السلطان موضوع را خاتمه یافته تلقی کرده و به آن همه شکایت و اعتراضی که تا آن زمان مرتباً " در مورد تعویق انتخابات بعمل می‌آوردند، خاتمه داده اند.

با توجه به جو سیاسی خاص زمان که مشوق و محرک هیاهو و فعالیتهای آزادیخواهانه مخصوصاً " احقاق حقوق مربوط به

مشروطیت بوده و نظر به روحیه مخصوص اهالی اصفهان که هر گاه حقی در امری داشته باشند تا لحظه‌ای که آنرا وصول ننمایند از پای نمی‌نشینند، سکوت ناگهانی و کامل آنان بعد از انتخاب چهار نفر وکیل، دلیل پایان کار و احقاق حق کامل آنان از اینجهت میباشد. مسلما" هرگاه هنوز وکیل انتخاب‌نشده‌ای برای طبقه اعیان و اشراف اصفهان وجود داشت، از خود اهالی آن شهر دهها نفر مدعی برای آن پیدا میشدند و هرگز این مدعیان آرام نمی‌نشستند و صبر نمی‌کردند تا اینکه شخص دیگری از طهران به طمع آن بیافتد.

بعد از انتخاب و اعزام چهار نفر وکیل مذکور و اختصاص یک یا دو نفر از هشت وکیل باقیمانده به هر یک از سایر شهرهای واقع در حوزه حکمرانی ظل‌السلطان، دیگر برای این شهرها انجام انتخابات بصورت طبقاتی و به ترتیبی که در نظامنامه مربوط پیش بینی شده بود، غیر ممکن گردید. زیرا دیگر امکان نداشته است که یک یا دو وکیل را بین طبقات ششگانه انتخاباتی تقسیم نمایند از اینجهت در این شهرها نیز قرار شده است که نظامنامه را ندیده گرفته و وکیل یا وکلای هر شهر را بعنوان نماینده‌ٔ آن شهر و بدون ذکر طبقه خاص به مجلس معرفی کنند.

متعاقبا"، ظل‌السلطان در اثر شکایات متعدد اهالی اصفهان، به تهران احضار و در اوائل محرم سال ۱۳۲۵ باین شهر وارد شده و در روز اول صفر همان سال (۲۵ اسفند ۱۲۸۴ - ۱۵ فوریه ۱۹۰۷) از حکمرانی معزول گردیده است.

قبل و بعد از عزل ظل‌السلطان جمعا" ۷ نفر از وکلای شهرهای مورد بحث بشرح زیر به مجلس شورای ملی معرفی شده‌اند:

اسامی شهرها و وکلاء	تاریخ معرفی به مجلس
وکلای قم:	
۱ - حاج شیخ محمود واعظ قمی	در تاریخ ۱۲ ذیحجه ۱۳۲۴

۲ - فتح‌الله خان بیگدلی

ژانویه ۱۹۰۷) درست همزمان با معرفی وکیل اصناف اصفهان

وکلای کاشان:

۳ - میرزا سید حسینخان کاشانی

۴ - میرزا نظام‌الدین

در تاریخ ۲ ربیع‌الاول ۱۳۲۵ (۶ اردیبهشت ۱۳۲۶ - ۱۶ آوریل ۱۹۰۷)

وکلای یزد :

۵ - شیخ عبدالکریم

در تاریخ ۱۰ جمادی‌الاول ۱۳۲۵ (۱ تیرماه ۱۲۸۶ - ۲۲ ژوئن ۱۹۰۷)

۶ - عمادالاسلام

در تاریخی که نگارنده نتوانست معین نماید

وکیل نطنز :

۷ - شیخ علی‌محمد صدرالعلماء- (صدر نطنزی)

در تاریخی که نگارنده نتوانست معین نماید

وکیل ساوه :

۸ - ؟؟؟؟؟؟؟؟؟

قرار بود انتخاب شود

با این ترتیب بطوریکه ملاحظه میشود شهر ساوه بدون وکیل باقیمانده بود که قرار بود وکیل دوازدهم از آنجا انتخاب و به مجلس شورای ملی معرفی گردد.

---

(۱) - تاریخ بیداری ایرانیان - جلد ۴ - بخش دوم - ناظم‌الاسلام کرمانی - به کوشش : علی‌اکبر سعیدی سیرجانی - صفحه ۲۸

(۲) تا (۶) - خاطرات و اسناد ظهیرالدوله - به کوشش : ایرج افشار - به ترتیب صفحات ۲۰۳، ۲۱۵، ۲۶۲، ۲۶۷

۲۶۷، و ۲۶۸

(۷) - تاریخ بیداری ایرانیان - بخش دوم - همان - صفحه ۶۳۹

(۸) - همان - همان بخش - صفحات ۶۳۲ و۶۳۱

(۹) - همان - همان بخش - صفحات ۶۳۱ و۶۳۰

(۱۰) - شرح حال رجال ایران - جلد ۱ - مهدی بامداد - صفحه ۲۸۰

(۱۱) - تاریخ بیداری ایرانیان - همان بخش - صفحه ۶۲۶

(۱۲) - در صفحه ۳۴ بخش دوم تاریخ بیداری ایرانیان - در متن این تلگرام بجای کلمه " فردا "، " زود " نوشته شده شده است.

ج - انتخاب مصدق بعنوان وکیل اعیان و اشراف اصفهان

مصدق، به معنای واقعی کلمه فردی بیش از اندازه " زیاده طلب " بوده است. وی همواره و در تمام طول زندگی بدنبال چیزهائی میرفته که استحقاق و شرایط لازم برای کسب آنها را نداشته و ناچار بوده است که برای بدست آوردنشان به انواع نیرنگها متوسل گردد و به هیچ اصل و قاعده‌ای هم اعم از اخلاقی، مذهبی، اجتماعی و قانونی و غیره پای‌بند نبوده و از آنجا که واقعا" در انواع نیرنگبازیهای سیاسی و اجتماعی مهارت داشته و حتی میتوان گفت که کم نظیر محسوب میشده است از این جهت غالبا" نیز در انجام منظور خود توفیق هم می‌یافته و بندرت نیز بعللی از جمله روبرو شدن با دسته بندیهای سیاسی با ناکامی مواجه میگردیده است که انتخاب وی از اصفهان را باید جزو این موارد نادر بحساب آورد.

در هر حال، مصدق بعد از قتل اتابک که اولین تجربه موفقیت‌آمیز سیاسی وی محسوب میگردیده بفکر وکالت

مجلس شورای ملی افتاده است. چون در آن زمان سلطان حسین میرزا نیرالدوله [۳] دوست صمیمی و قدیمی او بجای ظل‌السلطان بر اصفهان حکومت میکرده از این جهت در صدد برآمده است که با سؤاستفاده از این دوستی و از نارسائیهای نظامنامه مصوبه و سکوت نظامنامه در مورد بسیاری از نکات لازم راجع به نحوه برگزاری انتخابات و نیز موجود نبودن صورتجلسه و سوابق مکتوب در مورد تصمیماتیکه در زمان ظل‌السلطان، توسط وی با موافقت و جلب نظر متنفذین و روحانیون اصفهان در مورد انتخابات آن شهر اتخاذ شده بود، به عنوان وکیل اعیان و اشراف از این شهر به مجلس معرفی گردد. این معرفی بدینصورت انجام گرفت که نیرالدوله نامه‌ای مخفیانه و بدون آگاهی دیگران بعنوان ریاست مجلس شورای ملی صادر کرده و میرزا محمد مصدق‌السلطنه را به عنوان وکیل منتخب اعیان و اشراف از اصفهان معرفی نموده است.

حال قبل از آنکه انتخاب یا بعبارت صحیحتر معرفی مصدق بعنوان وکیل اصفهان مورد تجزیه و تحلیل قرار گیرد بی‌مناسبت نیست که اعترافات خود او و نمونه‌ای از ادعاهای کذب و خلاف واقع یکی از طرفداران وی را در اینمورد عینا" نقل نماید:

۱ - اعترافات مصدق تحت عنوان " انتخاب من از اصفهان برای وکالت مجلس "

" روزهای اول مشروطه که هنوز مشروطیت ایران نضج نگرفته بود و مقام نمایندگی حقوق نداشت و کمتر کسی داوطلب وکالت بود[؟!!] برای من نیز سهل بود که مثل بعضی از همقطارانم به نمایندگی یکی از طبقات وارد مجلس بشوم و آن چیز که مانع از

هر اقدام گردید نداشتن سن سی سال بود. ولی بعد که اعتبارنامه‌ی بعضی از نمایندگان کمتر از سی سال بتصویب رسید، من نیز فکر وکالت افتادم (۱) چون در طهران محلی برای انتخابم نبود به جهات ذیل داوطلب نمایندگی از شهر اصفهان شدم.

(۱) - از طبقه اعیان و اشراف در آن شهر کسی انتخاب نشده و محل آن خالی بود.

(۲) - همسرم در اصفهان دو ملک موروثی داشت موسوم به کاج و خواتون‌آباد که این علاقه سبب شده بود با بعضی از رجال و اعیان آن شهر آشنا بشوم.

(۳) - شاهزاده سلطان حسین میرزا نیرالدوله حاکم اصفهان و یکی از ملاکین مهم نیشابور سالها در نیشابور حکومت میکرد و با من که مستوفی خراسان بودم ارتباط داشت.

(۴) - دوستان دیگری هم در طهران داشتم که میتوانستند بمن کمک بسیار بکنند.

ولی غافل از اینکه در آن دوره نیز مثل ادوار بعد اعتبارنامه‌هائی که قبل از رسمی شدن مجلس طرح شد، بدون اعتراض گذشت و اعتبارنامهء من که بعد میخواست مطرح شود در شعبه ی مامور برسیدگی مورد اعتراض قرار گرفت و میرزا جواد خان مؤتمن‌الممالک نماینده‌ی کرمان (۲) و عضو شعبه که تاریخ وفات مرحوم مرتضی قلیخان وکیل‌الملک والی کرمان و شوهر اول مادرم را میدانست، چنین استدلال نمود اگر مادرم بلافاصله پس از ۴ ماه و ۱۰ روز عده‌ی قانونی با پدر ازدواج کرده بود و منهم نه ماه بعد از آن متولد شده بودم باز سی سال

نداشتم. چون این حرف جواب نداشت، صرفنظر[؟!] کردم ... " (۳)

(۱) - در هر جا و هر زمان که مصدق نفع شخصی خود را در مبادرت به انجام کاری خلاف قانون میدیده، در انجام آن تردید و تاءخیر روا نمیداشته، اما همیشه برای توجیه کار خود به کار خلاف قانون شخص دیگر استناد میجسته است، مثل اینکه انجام مشابهء آن کار توسط شخصی دیگر بصورت خلاف قانون، مجوزی مشروع و قانونی برای مصدق بشمار میرفته است.

(۲) - این شخص که گویا کرمانی بوده، به عنوان نمایندهء بروجرد در مجلس شورای ملی شرکت داشته و نمایندهء کرمان نبوده است.

(۳) - خاطرات و تاءلمات مصدق - به کوشش: ایرج افشار - صفحات ۶۱ و ۶۰

۲ - ادعاهای خلاف واقع طرفداران مصدق

بر خلاف آنچه که در بالا ضمن اعترافات مصدق گفته شده است در همان دوره اول داوطلبان فراوانی در تهران و شهرستانها برای وکالت مجلس سر و دست میشکستند و برای آن به انواع وسائل از قبیل رشوه و پارتی و نظایر آن نیز توسل میجستند و نیز تنها شخصی که در آن دوره با داشتن سنی کمتر از ۳۰ سال بوکالت انتخاب شده بود امجدالسلطان (پسر مجدالدوله رئیس و ایلخانی ایل قاجار) بعنوان وکیل قاجاریه بوده است که چون از تهران انتخاب شده بود و وکلای تهران با اجتماع خود اولین جلسه در اولین دوره مجلس را افتتاح نمودند

دیگر موضوع طرح و یا رد و قبول اعتبارنامه‌ها به ترتیبی که بعداً" معمول شد، موردی پیدا نکرده بود.

بعلاوه بطوریکه دیده خواهد شد، اعتبارنامه مصدق (بر خلاف ادعای خود او) بدنبال تبانی با رئیس مجلس، ابتدا بدون اعلام نام وی در مجلس مطرح شده و پس از اعتراض بعضی از نمایندگان و سخنرانی سید حسن تقی‌زاده در مخالفت با آن جهت رسیدگی به شعبه مربوط ارجاع گردیده است.

مصدق در شعبه رسیدگی، بر خلاف واقع مدعی شده است که سنش بیش از سی سال میباشد و جهت اثبات ادعای خود مدارکی که مسلماً" صحت نداشته‌اند ارائه داده اما شعبه مزبور نهایتاً" در مقابل دلیل بسیار محکم و بی‌جواب مؤتمن‌الممالک، مدارک و دلائل مصدق را مردود شناخته و اعتبارنامهٔ او را رد کرده است.

ادعای خلاف واقع مصدق در شعبه رسیدگی مبنی بر اینکه سنش بیش از سی سال میباشد حتی از فحوای نوشته‌های خود او نیز به روشنی قابل درک میباشد زیرا استدلال بی‌جواب مؤتمن‌الممالک جهت اثبات قلت سن مصدق فقط زمانی مورد پیدا میکرده که مصدق ادعائی برخلاف آن داشته باشد.

در هر حال با اینکه در مجموعهٔ مذاکرات دوره اول تقنینیه در ذیل تاریخ سوم شوال ۱۳۲۵ خلاصهٔ سخنرانی تقی‌زاده در مخالفت با اعتبارنامه مصدق و جریان ارجاع آن به کمیسیون مربوط جهت رسیدگی درج شده است معهذا متاٴسفانه در تمام کتابهائیکه طرفداران مصدق راجع به وی نوشته‌اند، هرگاه سخنی در مورد انتخاب شدن وی از اصفهان به میان آورده شده چنین وانمود گردیده است که مردم! اصفهان مصدق را به نمایندگی خود انتخاب نموده‌اند ولی او که با قانون‌شکنی مخالف! بوده، بعلت کمی سن حاضر به قبول این نمایندگی نگردیده است!!

از جمله یکی از طرفداران دروغگو که بمصداق " برعکس

نهند نام زنگی کافور " نام " راستگو " بر خود نهاده است، مینویسد :

" چندی بعد از افتتاح مجلس اول به نمایندگی اصفهان انتخاب شد. اما چون سنش کمتر از سی سال بود با وجودیکه برخی دیگران که کمتر از سی سال داشتند به مجلس داخل شده بودند نخواست کرسی وکالت را اشغال نماید[!!!] چون معتقد بود که اگر کسی از روز اول بر خلاف قانون وارد مجلس شود دیگر نخواهد توانست انجام وظیفه کند[!] و در سایر کارها هم از وی سلب اعتماد خواهد شد. پس راضی نشد که موضوع در مجلس مطرح شود[؟!!] و از نمایندگی اعلام انصراف کرد[!!] " (۱)

---

(۱) فریاد خلق، یادی از مصدق - عبدالله راستگو[!] - صفحه ۷

بعضی از مشخصات و اشکالات قانونی در مورد معرفی مصدق بعنوان وکیل اصفهان

الف - بعضی مشخصات

(۱) - بموجب بند ۴ از ماده چهارم نظامنامه، اعضای انتخابی برای مجلس شورای ملی میبایست که " معروفیت محلی داشته باشند " ولی مورد مصدق تنها مورد در دور اول و در نتیجه اولین نمونه در تاریخ مشروطیت بوده است که یکنفر از شهری که متولد و ساکن آن نبوده و کوچکترین معروفیت و شهرتی هم در آن شهر نداشته توسط انتخاب کننده‌ای که او هم

متولد و اهل شهر نبوده (یعنی نیرالدوله که بعلت حاکم بودن بموجب نظامنامه، در حوزه حکومت خود حق انتخاب وکیل بعنوان یکنفر ایرانی را هم نداشته است) بعنوان نماینده انتخاب و معرفی شده است.

(۲) - بطوریکه گفته شد بعد از انتخاب ۱۱ نفر وکیل برای ۴ شهر بزرگ از ۵ شهر در حوزه حکمرانی ظل‌السلطان، یک وکیل انتخاب نشده باقیمانده بود که میبایست از تنها شهر بی‌وکیل در آن حوزه یعنی ساوه انتخاب گردد.

با این ترتیب مورد مصدق تنها مورد در طول تاریخ مشروطیت میباشد که وکیل مربوط به شهر دیگری را از شهری دیگر، بدون اینکه هیچ یک از مردم این دو شهر کوچکترین آگاهی پیدا نمایند، بدون برگزاری هیچگونه تشریفات (ولو بصورت ظاهری) معرفی کرده‌اند.

ب - بعضی از اشکالات قانونی

(۱) - اشکال اشتغال مصدق بخدمت دولت و نحوهٔ رفع آن توسط خود او

- بموجب بند ۵ از ماده چهارم نظامنامه انتخابات لازم بوده است که انتخاب شدگان " داخل در خدمت دولتی نباشند ... " در حالیکه مصدق از سن ۸ یا ۹ سالگی داخل در خدمت دولتی شده بوده و در آن زمان بعنوان مستوفی خراسان بخدمت اشتغال داشته است.

البته بیرون آمدن وی از این خدمت کاری بسیار ساده بود و وی میتوانست با نوشتن دو سطر نامه بعنوان استعفاء از خدمت دولت خارج گردد ولی مصدق بسیار زرنگتر و زیرکتر از آن بود که بدون بازگذاشتن راه مراجعت، از شغل پر نان و آب مستوفی‌گری کناره گیری نماید. از این جهت مصدق به اقدامی دست زد که هم بعنوان خارج شدن وی از خدمات دولتی تلقی

میگردید و هم اینکه در صورت پشیمان‌شدن و یا انتخاب‌نشدنش به سمت نمایندگی، راه برگشتش را به شغل دولتی و سمت سابق کاملا" و به آسانی باز میگذاشت. یعنی مصدق بجای استعفاء از شغل مستوفی‌گری ایالت خراسان ، آنرا نزد آقا میرزا رضا گرکانی به امانت گذاشت و خود بصورت ظاهر از خدمات دولتی کناره گرفت.

آقا میرزا رضا از مدتها قبل از این تاریخ، استیفاء کردستان و ساوه را بعهده داشت و بعدا" بجای میرزا اسمعیل نوه‌ء برادر خود استیفای عراق (اراک) را هم بر مشاغل خود افزوده بود و در این زمان بطوریکه عبدالله مستوفي مینویسد:

> " ... [مصدق] به مناسبت خصوصیتی که با برادرم آقا میرزا رضا داشت، بتقاضای خود مصدق کار خراسان هم ضمیمه سایر کارهای آقا میرزا رضا گشت و فرمان و احکام آن صادر گردید.
>
> بنا بر این کار برادرم در مالیه از همه مستوفیها مهمتر و طبعا" از مستوفیان پاسند و دارای مهر و شبت اول شد. از همان روزهای تحدید آزادی[؟!] - اداره‌ای هم باسم محاکمات مالیه بر پا کرده بودند که ریاست آنهم با برادرم شده بود ... " (۱)

---

(۱) - تاریخ اجتماعی و اداری دوره قاجاریه - جلد ۲ - عبدالله مستوفي - صفحه ۳۲۲

با این ترتیب و با توجه باینکه سابقه خدمت آقا میرزا
رضا در مستوفیگری بسیار زیادتر از مصدق بوده و مشاغل
قبلی وی هم در حدود دو برابر سمت آن زمان مصدق اهمیت
داشته است، لذا اجرای احتمالی توافقی که بین آنان صورت
گرفته بوده یعنی برگشت‌دادن استیفای خراسان به مصدق برای
آقا میرزا رضا ناراحتی زیادی بوجود نمی‌آورده و عملا" هم
بدون اشکال بوده است .

(۲) – اشکال کمی سن

در موقع طرح اعتبارنامه مصدق در مجلس شورای ملی،
یکی از وکلاء که نامش در صورت مذاکرات مجلس ذکر نشده است،
همین اشکال را تذکر داده است و طرفداران مصدق و خود او هم
همین یک امر را علت رد شدن اعتبارنامه وی و یا به قول آنان
انصراف او! از رفتن به مجلس وانمود میسازند .

بدیهی است اشکال قانونی بالا در صورتی به تنهائی
قابل بحث بود که مصدق با داشتن شرایط لازم جهت انتخاب
از یک شهر بخصوص و در صورتیکه مردم آن شهر از حق خود جهت
انتخاب وکیل قبلا" استفاده نکرده بودند، توسط همان مردم که
واجد شرایط انتخاب وکیل بودند، با رعایت تشریفات مقرر
انتخاب شده بود، در حالیکه هیچکدام از این شرایط و موارد
جهت معرفی مصدق بعنوان وکیل اعیان و اشراف اصفهان
مراعات نشده بوده است .

تبانی و توطئه بی‌نتیجه برای تصویب اعتبارنامه مصدق

یکی از بد شانسی‌های مصدق این بوده که وی مدت
کوتاهی قبل از آنکه بعنوان نماینده‌ء اعیان و اشراف اصفهان

معرفی گردد، با حمایت و راهنمائی دائیش، فرمانفرما و به منظور کسب شهرت، به خود نمائی در صحنه سیاسی پرداخته و به عنوان خواهرزاده و نماینده‌ء فرمانفرما در تهران، و عامل دربار به اکثر نمایندگان مجلس معرفی شده بوده است و نیز بسیار ساده‌اندیشی خواهد بود، اگر تصور نمائیم که در آن زمان کارگردانان متنفذ فراماسونر مجلس از اینکه مصدق، شوهر خواهر امام جمعه وقت تهران و منتسب به جناح درباری انگلو- اسلامیست‌ها بوده است، آگاهی نداشته‌اند.

به اینجهت بعلت نفوذ فراماسونرها و نمایندگان مخالف محمد علیشاه در کمیسیون یا شعبه تحقیق اعتبارنامه‌ها، امکان تصویب اعتبارنامه وی به سادگی در آن کمیسیون وجود نداشته و هر گاه بفرض بعید امکان جلب موافقت اعضای کمیسیون مزبور هم به نحوی از انحاء فراهم میگردیده باز هم در فاصله تصویب کمیسیون و طرح در جلسهء علنی، موضوع توسط اقلیت کمیسیون فاش میشده و نمایندگان مخالف، در جلسه علنی از تصویب آن جلوگیری میکرده‌اند.

طرح مستقیم اعتبارنامه هم در جلسهء علنی با اینکه سابقه داشته ولی ظاهراً" با روشی که چندی بعد از تشکیل مجلس مقرر کرده بوده‌اند، مغایر بوده و از آن گذشته با وجود نمایندگان مخالف نتیجه مطلوب بدست نمی‌آمده است.

در این شرایط، مصدق طبق روش معمول خود تدبیری نیرنگ‌آمیز اندیشیده، او فکر کرده است که هیچ یک از نمایندگان مجلس شورای ملی انتظار ندارند که نمایندگان تازه وارد ایالات را در بدو ورود بشناسند و برای آنان مطلقاً" تفاوتی ندارد که نام وکیل تازه وارد سید عباسقلی باشد یا حاج علینقی و یا مانند او محمد و همینکه رئیس مجلس اعلام کند که یک یا چند نفر از فلان ایالت بعنوان نماینده انتخاب و معرفی شده‌اند نمایندگان حاضر در جلسه بدون توجه و علاقه

به اینکه نام آنان چه میباشد، با فریادهای " مبارک است "، " مبارک است " انتخاب آنانرا تائید خواهند نمود. با اینکه تا آنزمان معمولا" رئیس مجلس نام انتخاب‌شدگان را ذکر کرده بوده است، معهذا مصدق فکر میکرده که اگر چند روزی پیش از طرح اعتبارنامه در مجلس، بعنوان مستمع آزاد (که در آن زمان امکان پذیر بوده است) در جلسات شرکت کند و بعد هم رئیس مجلس بدون ذکر نام او فقط موضوع را بعنوان " انتخاب یک نماینده جدید از اصفهان " اعلام نماید و یکی دو نفر نماینده دست نشانده دربار و انگلو-اسلامیست نیز که قبلا" در جریان امر قرار گرفته بودند با فریاد " انشالله مبارک است " موضوع را تاءئید کنند انتخاب وی قطعی خواهد گردید و نمایندگان فراماسونر و مخالف دربار هم شرکت بعدی او را تا چندی ادامهٔ همان ترتیب سابق و بعنوان مستمع آزاد تلقی خواهند کرد و بعد هم که متوجه واقعیت امر خواهند گردید، دیگر کار از کار گذشته و مدتی از تصویب اعتبارنامه و دوره نمایندگی وی سپری شده است.

در آن زمان که اوج قدرت جامع آدمیت محسوب میگردیده ، تبانی مصدق عضو فعال با احتشام‌السلطنه رئیس مجلس و عضو هیئت امنای آن جامع، چه مستقیم و چه با واسطه، کار مشکلی نبوده است.

نقشه مزبور با همین ترتیب به مرحله اجرا در آمده ولی قبلا" موضوع به خارج درز کرده است و بعضی از فراماسونرهای متنفذ و نمایندگان مخالف محمد علیشاه از آن اطلاع حاصل نموده و در موقع طرح موضوع در جلسه علنی آنرا با شکست مواجه ساخته‌اند.

ذیلا" جریان مذاکرات روز یکشنبه سوم شوال ۱۳۲۵ (۱۹ آبان ۱۲۸۶ - ۱۲ نوامبر ۱۹۰۷) مجلس شورای ملی، عینا" از روزنامه رسمی کشور شاهنشاهی نقل میشود:

" رئیس [احتشام السلطنه] - مطلبی عنوان میشود اعتبارنامه‌ای است از اصفهان رسیده است در باب وکالت یکنفر[؟!] چه میگوئید؟

- گفته شد که سن ایشان کم است.

اسدالله میرزا - خوب بود این اعتبارنامه را قبل از وقت در کمیسیون قرائت میکردند. آن وقت آن شخص را میخواستند به بینند شرایط در ایشان موجود است یا خیر؟

رئیس - این شخص مستغنی از توصیف است. ولی به پاره ملاحظات که بعضی از قبیل حرفها زده شده است. خواستم به راءی مجلس باشد هر طور که صلاح بدانند راءی بدهند.

آقای سید حسن تقی‌زاده - پارسال بیک شدت نظارت و دقت تمام اعتبارنامه‌ها ملاحظه میشد که اعضای مجلس را امیدوار میکرد بوکالت. یعنی اگر اعتبار صحیح میشد محل اطمینان مردم میشد و اگر آن ماده در قانون انتخابات است ملاحظه میشد هرگز نقصی پیدا نمیشد. از پارسال چند ماه به اینطرف نزدیک بود این مطلب معکوس شود. هر کس میامد اینجا و دو روز مینشست وکیل میشد. خوب است بعدها اعتبارنامه در کمیسیون ملاحظه شود و از آنجا بیاید به مجلس که بعدها اسباب زحمت نشود. (مجلس ختم شد) . "

تا آن روز معرفی وکلای جدید همواره در آغاز جلسات صورت میگرفت و این اولین دفعه‌ای بود که درست در لحظات پایانی جلسه و با عجله، یکنفر وکیل جدید آنهم برخلاف معمول بدون ذکر نام به مجلس معرفی گردیده است.

سطور بالا از صفحه ۳۷۹ مجموعهٔ مذاکرات دوره اول

تقنینیه نقل شده است. چون در سر تا سر آن نامی از وکیل جدید وجود ندارد از اینجهت در مجموعه مذاکرات مزبور بعد از جمله " گفته شد که سن ایشان کم است " شماره (۱) ذکر کرده و در زیرنویس صفحه توضیح داده‌اند که:

" مقصود دکتر مصدق السلطنه است. "(۱)

این دومین دفعه‌ای بوده که فراماسونرها از تحقق نقشه‌های ماهرانه مصدق بعلت اینکه او را از گروه انگلو-اسلامیست و نیز عامل دربار و محمد علیشاه میدانستند جلوگیری بعمل آورده‌اند.(۲)

---

(۱) - در آن زمان هنوز مصدق از ایران خارج نشده و تحصیلات دوره دکترای خود را انجام نداده بوده، ولی چون مجلس شورای ملی در تاریخ ۲۷ تیرماه ۱۳۲۵ به چاپ مذاکرات مزبور در روزنامه رسمی کشور شاهنشاهی اقدام کرده است، از این جهت در این توضیح، که در زمان چاپ مذاکرات در ذیل صفحه ۳۷۹ داده شده، عنوان " دکتر " را نیز قبل از نام وی ذکر نموده‌اند.

(۲) - دفعهٔ اول، جلوگیری از اجرای نقشهٔ مصدق جهت فارغ-التحصیل شدن از مدرسهٔ سیاسی بدون تحصیل در آن توسط ذکاءالملک فروغی بوده است.

فروغی و تقی‌زاده، برای این کارهای خود، تا پایان عمر از مصدق فحش و ناسزا شنیدند.

مصدق و عضویت در مجمع انسانیت

مقدمه اول ـ وضع انجمنهای علنی در بدو مشروطیت

در تاریخ مشروطیت ایران به اسامی دهها انجمن و جمعیت برمیخوریم که از مدت کوتاهی بعد از امضای فرمان مشروطیت تا به توپ بسته شدن مجلس شورای ملی بفعالیت اشتغال داشته‌اند.

در آغاز اکثریت اعضای انجمنهای مزبور را افرادی از مردم کوچه و خیابان تشکیل میدادند که ارتباط چندانی با دربار و مخالفان مشروطه نداشتند. این انجمنها به ناگهان یکی پس از دیگری پیدا شدند و خیلی سریع قدرتی بزرگ و در عین حال تحریک‌پذیر بوجود آوردند.

در اغلب موارد هریک از این جمعیتها نظر خود را (که ممکن بود توسط افرادی مغرض به آنان تلقین شده باشد) عین صواب و مصلحت دانسته و در اجرای تصمیماتیکه شاید بی‌مطالعه و فوری (و به تحریک همان افراد) اتخاذ شده بود راه می‌افتادند و در جلو مجلس شورای ملی به تظاهرات می‌پرداختند، لبه تیز حمله آنان متوجه رجال و درباریان و بطور کلی مالکین و ثروتمندان بزرگ بود و غالبا" برای تهیه اسلحه و لباس جهت مسلح کردن جوانان و تاءمین سایر مخارج انجمن خود، همین مالکین و ثروتمندان را مرتبا" مورد تهدید و فشار قرار میدادند.

علاوه بر این انجمنها صدها نفر افراد مسلح از قفقاز و آذربایجان روسیه بدون داشتن پول، به عنوان مجاهد به ایران وارد شده و برای تاءمین مخارج زندگی خود ناگزیر از تهدید ثروتمندان و اخاذی و یا سرقت مسلحانه بوده‌اند.

احساس وحشت و عدم امنیت مالی و جانی ـ درباریان و

ثروتمندان را به اتخاذ تدابیر مختلفی وادار کرده که ساده‌تر و نتیجه‌بخش‌تر از همه آنها تظاهر به مشروطه‌خواهی و عضویت در انجمنها و تاءسیس انجمنهای بظاهر مشروطه‌خواه و حتی تهیه تفنگدار و افراد مسلح بنام کمک به سپاه ملی و مشروطه و در حقیقت جهت حفظ منازل و اموال خود بوده است.

این اقدام نتیجه‌ای فوق‌العاده رضایتبخش به دنبال داشته زیرا گذشته از اینکه تا اندازهٔ زیادی آسایش خاطر درباریان و ثروتمندان را تاءمین میکرده موجب شده بوده است که تمام طبقات هوادار استبداد همواره در جریان کلیه فعالیتهای انجمنها و مشروطه‌خواهان قرار داشته و در صورت لزوم آنها را خنثی نمایند.

وجود اختلاف و عدم هم‌آهنگی بین فعالیتهای انجمنهای مختلف و خودسریها و اقدامات بی‌مطالعه‌ایکه از اکثرشان بظهور میرسیده، عقلای مشروطه‌خواه را به فکر انداخته است که با تشکیل یک مرکز تصمیم‌گیری فعالیتهای انجمنهای مختلف را حتی‌الامکان تحت کنترل در آورند.

محمد علیشاه نیز به توصیهٔ مشاورین و توسط ایادی که در اختیار داشته، این فکر را تقویت کرده و قرار شده است که انجمنی به نام " انجمن مرکزی " مرکب از نمایندگان انجمنهای مختلف به منظور ایجاد هم‌آهنگی بین فعالیتهای آنها و صدور دستورات لازم به آنها، در موقع لزوم، بوجود بیاید.

در اینوقت درباریان و سایر طبقات هوادار محمد علیشاه در مدت کوتاهی به تشکیل دهها انجمن مبادرت نموده‌اند تا اینکه در موقع انتخاب هیئت‌مدیره انجمن مرکزی اکثریت را در دست داشته باشند. مثلا" ارشدالدوله طرفدار مشهور محمد علیشاه (که بعدا" پس از خلع و تبعید این پادشاه، بعنوان فرمانده سربازان وی به ایران آمد و بهمین جرم محاکمه و اعدام گردید) به تنهائی به تشکیل چند انجمن از جمله " اتفاق جدید " و

" کرمان " و " انصار " مبادرت نموده و برادران وی نیز انجمن " امامزاده یحیی " را تشکیل داده بودند و بالاخره همین ارشدالدوله توانسته است که در راءس انجمن مرکزی قرار گیرد و ظاهرا" تا مدتی از تمام مشروطه‌خواهان هم فعالتر بوده است.

دکتر مهدی ملکزاده در تاریخ انقلاب مشروطیت ایران زیر عنوان " انجمن مرکزی " چنین مینویسد:

" برای هم‌آهنگی انجمنها در کارهای ملی و مملکتی پس از چندی قائدین ملت تصمیم گرفتند که انجمنی از نمایندگان کلیه انجمنهای تهران بنام انجمن مرکزی تشکیل نمایند و انجمنها نظریات اصلاح-طلبانه خود را به انجمن مرکزی پیشنهاد کنند و انجمن مرکزی به نمایندگی کلیه انجمنها اصلاحات منظوره یا رفع معایب موجوده را از دولت و مجلس بخواهد.

عده‌ء زیادی از مستبدین و درباریان که لباس مشروطیت در بر کرده بودند وارد این انجمنها شدند و خیانتها کردند که ما در موقع خود خواهیم نگاشت.

از جمله کسانیکه خود را مشروطه‌طلب دو آتشه قلمداد کرده بود و خود را فدائی ملت و غمخوار مردم معرفی کرده بود و در باطن همدست دربار و مستبدین بود ارشدالدوله بود. این مرد فعال و جسور بحدی خود را طرفدار مشروطیت نشان میداد و اظهار علاقمندی به آزادی و عدالت میکرد که بعضویت انجمن مرکزی و سپس به ریاست آن انجمن[!!] انتخاب شده و از راه نفوذیکه میان مشروطه‌طلبان پیدا کرده بود و آمیزشیکه با رهبران

ملت داشت صدمات جبران ناپذیری به حکومت ملی وارد کرد و عامل مهم انهدام مشروطیت شد ... " (۱)

شنیده ام یکی از توریستهای خارجی در خاطرات خود راجع به آبهای جاری در خیابانهای تهران مطلبی به این مضمون نوشته است:

" در جویهای دو طرف شمالیترین خیابانهای تهران آبهائی جاری است که شاید اندکی لای و لجن در آنها وجود داشته باشد و در جنوبی‌ترین خیابانهای این شهر لجنهائی جریان دارد که شاید اندکی آب با آنها همراه باشد "

انجمنهای علنی تهران را نیز میتوان بهمین آبها تشبیه نمود. زیرا تا مدت کوتاهی بعد از امضای فرمان مشروطیت از افرادی تشکیل میشده اند که اکثریت نزدیک به اتفاقشان صرفا" از نظر مشروطه‌خواهی و دشمنی با استبداد هم عقیده بوده‌اند و هر چه که سابقهٔ این انجمنها زیادتر شده و یا انجمنهای جدیدی پیدا شده اند، جاسوسان دربار، افراد مغرض، ثروتمندان و رجال استبداد طلب و بطور کلی لای و لجنهای آن روز در بین آنان نفوذ کرده اند تا جائیکه انجمنهای آخری را اکثرا" همین اشخاص تشکیل داده بوده اند.

یکی از این انجمنها که بدستور یا موافقت محمد علیشاه با شرکت کارکنان و حقوق بگیران دولت، که اکثرا" از اهالی آشتیان، گرکان و تفرش بوده اند، تشکیل گردیده، " مجمع انسانیت " نام داشته است.

---

(۱) - تاریخ انقلاب مشروطیت ایران - جلد ۲ - دکتر مهدی ملک زاده - صفحه ۲۰۹

درازنویس ملقب و بانها بدون استثناء دزد خطاب نمودند. بطوریکه لفظ مستوفی و دزد مترادف شده بود ... " (۱)

ترادف دو کلمه دزد و مستوفی بر خلاف واقع و نابجا نبوده است. بطوریکه قبلا" هم شرح داده شد مستوفیان آن زمان بدون تردید و بی اغراق، بزرگترین دزدان عصر به حساب می‌آمدند و از آن دزدانی بودند که تمام مردم از شاه تا گدا، همگی به نادرستی و دزد بودنشان اطمینان داشتند ولی این افراد بنحوی استفاده از وجود خود را ضروری و غیر قابل اجتناب ساخته بودند که هیچکس حتی شاه هم به آسانی قادر به برکناری تعویض هیچ یک از آنان نبوده است.

مستوفیان برای اینکار روشهائی به شرح زیر بوجود آورده بوده‌اند:

ابزار مقدماتی کار - در آن روزگار که تعداد افراد باسواد در کشور فوق‌العاده اندک بوده، مستوفیان اوراق و اسناد مالی را با خط مخصوصی بنام سیاق تنظیم میکرده‌اند که حتی باسوادان معدود آن زمان نیز قادر به خواندن و فهم آن نبوده و چیزی از آن درک نمیکرده‌اند. مستوفیان و سایر کارکنان دفتر استیفاء، این خط را در درجه اول به فرزندان و بستگان خود و در درجه دوم به افراد وفادار و حق‌شناسی که غالبا" همشهری آنان یعنی از اهالی آشتیان، گرکان و تفرش بودند می‌آموخته‌اند.

بدیهی است که بعدا" فرزندان و بستگان خود مستوفیان در مشاغل سطح بالا و سایرین در مشاغل پائینتر در دیوان استیفاء بخدمت اشتغال می‌یافتند.

روش انجام کار- انجام محاسبات معمولا" روی کاغذهای یک شکل و هم‌اندازه بنام " فرد " انجام میگرفته که بعدا" با روی هم گذاشتن آنها دفاتر محاسباتی را بوجود می‌آورده‌اند.

وحشت عظیم مستوفیان از پیشرفت مشروطیت

بلند شدن آوای مشروطه‌خواهی از همان ابتدا برای مستوفیان و سایر کارکنان دفتر استیفاء، که دیدیم اکثریتشان را اهالی آشتیان و تفرش و گرکان تشکیل میدادند، طنینی فوق‌العاده وحشت‌انگیز به همراه داشت و آینده را در نظر آنان بصورتی فوق‌العاده تاریک مجسم ساخت و همین طنین وحشت‌انگیز، این گروه غارتگر را با این حقیقت بسیار تلخ روبرو گردانید که یا باید مشروطیت تازه بدوران رسیده را نابود سازند و یا اینکه آینده خود و فرزندانشان را در جاهای دیگر جستجو نمایند.

مصدق در مورد دلائل خروجش از مستوفی‌گری چنین نوشته است:

" ... دو چیز سبب شد که من از خدمت دولت صرفنظر کنم، یکی این بود که از مسئولیت کاری که داشتم خود را خلاص کنم تا بهتر بتوانم تحصیل کنم، دیگر اینکه تبلیغات بر علیه مستوفیان روز بروز شدت میکرد و من خود را از جرگهء آنان خارج نمایم و علت شدت تبلیغات این بود که بعد از مشروطه این فکر در جامعه قوت گرفت که تجدید رژیم مستلزم تشکیلات جدید است. کارمندان قدیم باید از کار خارج شوند و جای خود را باشخاص جدید بسپارند ...

روی این عقیده و فکر عده‌ای از هواخواهان تجدد زبان بانتقاد گشودند و از تشکیلات وزارت مالیه یگانه تشکیلات منظم مملکت[!!] و متصدیان آن تنقید نمودند و چون سبک سیاق این بود که در افراد خطوط افقی ترسیم کنند و سپس اقلام و ارقامی را ذیل آن خطوط بنویسند، مستوفیان را به لقب

احتیاج مداوم به نیروی انسانی جدید هم موجب میگردیده است که همواره امکان جذب افراد جدید فراهم باشد و از طرفی چون اکثریت قریب باتفاق اهالی شهرستانهای دیگر بیسواد و از سیاق بی‌اطلاع بوده‌اند از اینجهت داوطلب و مدعی چندان هم برای مشاغل وابسته به مستوفی‌گری از سایر شهرستانها پیدا نمیشده است.

افراد دیگری که بصورت اقلیت در مشاغل استیفا بخدمت داشته‌اند از اهالی مازندران (مخصوصا" نور) - تبریز، شیراز و معدودی شهر دیگر بوده‌اند.

مطلب زیر از قول حسن اعظام قدسی در جای دیگر نیز بیان گردیده است: "... در طهران آنروز دو طبقه گرداننده دستگاه مملکت بودند، یکی تفرشیها و آشتیانیها و گرکانی‌ها و دیگر طالقانیها دسته اول تمام ادارات آن روز را از هر کاری عهده دار بودند.

چون رجال آن روز که هنوز هم حاضرند از آن سه محل می‌آمدند و مصادر امور مملکت بودند باین جهت هر کس از تفرش و گرکان و آشتیان می‌آمد، در خانه فلان مستوفی یا وزیر یا دبیر وارد میشد با یک لباس کهنه و بقول خودشان یک پا چارق و یک پا گیوه بود. تا چندی مشغول کار و نویسندگی میشدند.

خوب که آشنا میگردیدند او را به یکی از عزب دفترها میسپردند. رفته رفته ترقی کرده، میشدند مستوفی‌الممالک یا وزیر دفتر یا معتمدالملک یا قوام‌السلطنه و وثوق‌الدوله و میرزا زین‌العابدین مستوفی و امثال آنها ... " (۱)

---

(۱) - خاطرات من یا روشن شدن تاریخ صد ساله - حسن اعظام قدسی (اعظام‌الوزاره) - صفحه ۲۱

و بعنوان شغل موروثی و خانوادگی به تمام فرزندان ذکور خانواده‌هائی تعلق میگرفته که آنها را از ابتدا در اختیار گرفته بوده‌اند و انتساب این افراد به آشتیان و گرکان و تفرش موجب شده بوده است از اضافه‌های نمدی که به غنیمت گرفته بوده‌اند کلاهی هم برای همشهریان خود در نظر بگیرند و بهمین جهت نه تنها جوانان بیکار یا علاقمند به سکونت در تهران از خانواده‌های آشنا، دوست، قوم و خویش و کشاورزان املاک متعلق بخود را به خدمت درآورند بلکه نا آشنایان زیادی از این شهرستانها را نیز صرفا" بعلت همشهری بودن، در دفتر استیفا و در سایر تشکیلات، در مشاغل اداری و مستوفی‌گری بخدمت مشغول سازند. ورود هر فرد جدید به خدمت دولت به نوبه خود تکیه‌گاهی برای ورود جمعی دوست و آشنا و قوم و خویش این فرد فراهم مینموده و افراد تازهٔ دیگری را نیز به طمع ورود خود یا فرزندانشان به خدمت دولت می‌انداخته است.

خلاصه، بتدریج تب ورود بخدمت استیفا و دیوان تقریبا" تمام خانواده‌های این شهرستانها مخصوصا" آشتیان را فرا گرفته و چون ابزار مقدماتی کار جهت خدمت در مشاغل مرتبط به مستوفی‌گری عبارت بوده است از سواد فارسی و خط سیاق لذا افرادیکه قبلا" توفیق ورود بخدمت را یافته بوده‌اند این مطالب را به فرزندان خود می‌آموخته‌اند و سایر خانواده‌ها نیز کوشش میکرده‌اند که حتی‌الامکان فرزندانشان با فرزندان این افراد ، ابزار کار مزبور را بیاموزند و بعلاوه مکتب‌خانه‌هائی در این شهرستانها برای تعلیم سواد فارسی و سیاق بوجود آمده بوده است. در نتیجه در آن زمان نسبت باسوادان در این شهرستان‌ها ، مخصوصا" آشتیان، از سایر شهرستانهای ایران به مراتب بیشتر بوده تا جائیکه غالبا" بشوخی گفته میشده است:

" خوراک الاغهای آشتیان بجای علف، کاغذ است! "

توسعه مستمر تشکیلات مالی در طول سلطنت قاجاریه و

وحشت عظیم مستوفیان از پیشرفت مشروطیت

بلند شدن آوای مشروطه‌خواهی از همان ابتدا برای مستوفیان و سایر کارکنان دفتر استیفاء، که دیدیم اکثریتشان را اهالی آشتیان و تفرش و گرکان تشکیل میدادند، طنینی فوق‌العاده وحشت‌انگیز به همراه داشت و آینده را در نظر آنان بصورتی فوق‌العاده تاریک مجسم ساخت و همین طنین وحشت‌انگیز، این گروه غارتگر را با این حقیقت بسیار تلخ روبرو گردانید که یا باید مشروطیت تازه بدوران رسیده را نابود سازند و یا اینکه آینده خود و فرزندانشان را در جاهای دیگر جستجو نمایند.

مصدق در مورد دلائل خروجش از مستوفی‌گری چنین نوشته است:

> "... دو چیز سبب شد که من از خدمت دولت صرفنظر کنم، یکی این بود که از مسئولیت کاری که داشتم خود را خلاص کنم تا بهتر بتوانم تحصیل کنم، دیگر اینکه تبلیغات بر علیه مستوفیان روز بروز شدت میکرد و من خود را از جرگهٔ آنان خارج نمایم و علت شدت تبلیغات این بود که بعد از مشروطه این فکر در جامعه قوت گرفت که تجدید رژیم مستلزم تشکیلات جدید است. کارمندان قدیم باید از کار خارج شوند و جای خود را باشخاص جدید بسپارند ...
>
> روی این عقیده و فکر عده‌ای از هواخواهان تجدد زبان بانتقاد گشودند و از تشکیلات وزارت مالیه یگانه تشکیلات منظم مملکت[!!] و متصدیان آن تنقید نمودند و چون سبک سیاق این بود که در افراد خطوط افقی ترسیم کنند و سپس اقلام و ارقامی را ذیل آن خطوط بنویسند، مستوفیان را به لقب

درازنویس ملقب و بانها بدون استثناء دزد خطاب نمودند. بطوریکه لفظ مستوفی و دزد مترادف شده بود ... " (۱)

ترادف دو کلمه دزد و مستوفی بر خلاف واقع و نابجا نبوده است. بطوریکه قبلا" هم شرح داده شد مستوفیان آن زمان بدون تردید و بی اغراق، بزرگترین دزدان عصر به حساب می‌آمدند و از آن دزدانی بودند که تمام مردم از شاه تا گدا، همگی به نادرستی و دزد بودنشان اطمینان داشتند ولی این افراد بنحوی استفاده از وجود خود را ضروری و غیر قابل اجتناب ساخته بودند که هیچکس حتی شاه هم به آسانی قادر به برکناری تعویض هیچ یک از آنان نبوده است.

مستوفیان برای اینکار روشهائی به شرح زیر بوجود آورده بوده‌اند:

ابزار مقدماتی کار - در آن روزگار که تعداد افراد باسواد در کشور فوق‌العاده اندک بوده، مستوفیان اوراق و اسناد مالی را با خط مخصوصی بنام سیاق تنظیم میکرده‌اند که حتی باسوادان معدود آن زمان نیز قادر به خواندن و فهم آن نبوده و چیزی از آن درک نمیکرده‌اند. مستوفیان و سایر کارکنان دفتر استیفاء، این خط را در درجه اول به فرزندان و بستگان خود و در درجه دوم به افراد وفادار و حق‌شناسی که غالبا" همشهری آنان یعنی از اهالی آشتیان، گرکان و تفرش بودند می‌آموخته‌اند.

بدیهی است که بعدا" فرزندان و بستگان خود مستوفیان در مشاغل سطح بالا و سایرین در مشاغل پائینتر در دیوان استیفاء بخدمت اشتغال می‌یافتند.

روش انجام کار- انجام محاسبات معمولا" روی کاغذهای یک شکل و هم‌اندازه بنام "فرد" انجام میگرفته که بعدا" با روی هم گذاشتن آنها دفاتر محاسباتی را بوجود می‌آورده‌اند.

سیستم نگهداری حسابها و روشهای انجام محاسبات بقدری پیچیده و نامفهوم بوده که هر فرد شاغل در دیوان استیفاء بعد از سالها کارآموزی و بتدریج میتوانسته است از آنها سر در بیاورد. حتی افراد بسیار با سواد ولواینکه خط سیاق را نیز بخوبی فرا گرفته بودند، هرگز برایشان امکان نداشته است که بتوانند روشها و طرز کار مزبور را درک نمایند.

وجود رمزها و اصطلاحات خاص - در دیوان استیفاء معمولا" رمزها و اصطلاحات مخصوص مورد استفاده و گفتگو قرار میگرفته است که در هیچ جا نوشته نمیشده و هر فرد شاغل در آنجا بتدریج و بر حسب وظایفی که بعهده‌اش واگذار شده بوده از آنها آگاهی می‌یافته است.

نگهداری اوراق و اسناد در منزل - هر مستوفی درجه یک تمام اوراق و اسناد و مدارک و فرامین مربوط بخود را در خانه خود نگهداری میکرده و هیچکس جز خود او به آنها دسترسی نداشته است.

بایگانی محرمانه و مرموز اسناد و مدارک - هر مستوفی بطور بسیار محرمانه (و بنحوی که خود او و احتمالا" یکی دو نفر از فرزندانش از آن آگاهی داشته‌اند) با پیش و پس کردن حروف اول هفت رنگ اصلی یعنی بنفش، نیلی، آبی، سبز، زرد، نارنجی و قرمز (چون حرف اول رنگهای نارنجی و نیلی، " ن " میباشد، از این رو برای جلوگیری از اشتباه بجای یکی از آنها رنگ مشابه دیگر می‌نوشته مثلا" بجای نارنجی میگفته و می‌نوشته است پرتقالی) - کلمه یا کلماتی بی‌معنی یا بامعنی برای خود درست میکرده است.

حال فرض کنیم که یکی از مستوفیان کلمه " پزناسبق " را از حروف اول رنگهای اصلی بوجود آورده باشد.

آنوقت این مستوفی فرضی، با توجه بحرف "پ" یعنی اولین حرف از کلمه بی‌معنی مزبور که نماینده رنگ پرتقالی بوده، در سال اول کیسه‌هائی به رنگ پرتقالی پررنگ یا کم‌رنگ درست میکرده و تمام اسناد و مدارک مربوط به سال اول را در آنها جای میداده است و بر حسب اینکه چه اسنادی در هر کیسه جای داده بوده روی آن کیسه و یا مثلاً" در انتهای دست راست ته کیسه علامت یا حرفی که باز هم خودش از معنای آن آگاهی داشته مینوشته است. سال بعد، با توجه بحرف دوم کلمه مزبور یعنی "ز" که نماینده رنگ زرد بوده کیسه‌های زرد رنگ (پررنگ یا کم‌رنگ مطابق با سال قبل) تهیه میکرده است.

بهمین ترتیب سالهای بعد بر حسب حروف موجود در آن کلمه، به ترتیب کیسه‌هائی برنگ نیلی، آبی، سبز، بنفش و قرمز انتخاب مینموده و این امر تا ۷ سال ادامه می‌یافته است و در ۷ سال دوم بهمان ترتیب، ولی کیسه‌هائی که کم رنگتر یا پررنگتر بوده‌اند و یا علامتی که در پائین یا روی آنها میگذاشته با ۷ سال اول تفاوت داشته، تهیه مینموده است. هر سال هم که میگذشته کیسه‌های رنگارنگ سال قبل به وضعی نامرتب در لابلای دهها کیسه مربوط به سالهای قبل، که ممکن بوده مربوط به پدر یا اجدادش باشند، جا میداده است.

با این ترتیب برای هیچکس، حتی یک مستوفی درجه اول دیگر هم، به آسانی امکان نداشته است که بتواند به کار این مستوفی رسیدگی کند و یا بجای او و یا در ادامه کار او بخدمت مشغول گردد.

حال فرض کنید که این مستوفی فرضی در سال ۱۳۰۵ هجری قمری در حضور ناصرالدینشاه نشسته بوده و شاه از او سراغ فرمانی را میگرفته که مثلاً" در سال ۱۲۸۸ هجری قمری صادر شده بوده است.

این مستوفی فوراً" با کسر این دو تاریخ از یکدیگر متوجه

میشده است که سند مورد نظر مربوط به ۱۷ سال قبل میباشد.

حال فرضاً " رنگ کیسه‌های مورد استفاده آن مستوفی در آن سال نیلی یعنی سومین رنگ در کلمه بی‌معنی مزبور بوده است آن مستوفی با برگشتن این سه سال و دو دوره ۷ ساله بعقب فوراً " در می یافته که رنگ مورد استفاده در ۱۷ سال قبل اولین حرف از آن کلمه بی‌معنی یعنی " پ " و پرتقالی بوده است. آن وقت این آقای مستوفی در میان تعجب شاه و سایر حضار به پسر یا کارمند زیر دست خود دستور میداده است که بخانه او برود و در فلان اطاق، در فلان گنجه یا طاقچه و در فلان طرف کیسه‌ای به رنگ پرتقالی که در پائین آن سه خط و روی آن مثلاً " حرف " ف " نوشته شده است بردارد و بیاورد. بعد هم پس از آوردن کیسه مورد نظر مانند جادوگری ماهر، فرمان را از داخل کیسه در می‌آورده، به دست شاه میداده و او را از لیاقت و درایت خود به تحسین و تعجب وادار میکرده است.

---

(۱) - خاطرات و تاءلمات مصدق - به کوشش: ایرج افشار - صفحه ۵۵

تشکیل مجمع انسانیت

همینکه انبوه مستوفیان و کارکنان وابسته به آنان متوجه شدند که با پیشرفت مشروطه‌خواهان نه‌تنها بزودی راههای دزدی آنان مسدود خواهد گردید بلکه این افراد تازه بدوران رسیده عقیده دارند که همه افراد باید در تمام موارد از جمله در مقابل رسیدن بخدمات دولتی از حقوق و امکانات مساوی برخوردار باشند به ناگهان امنیت شغلی آنان که همواره شغل خود را موروثی و ابدی دانسته بودند به خطر افتاد و آسایش خاطری که طی سالهای طولانی در این طبقه بوجود آمده بود بر هم خورد. زیرا با تغییر وضع استخدامی آنان از نوکری دولت شاه به نوکری دولت مشروطه نه تنها آینده فرزندانشان بلکه ادامه خدمت خودشان را هم با تردید مواجه ساخت.

اما در آن زمان که قدرت مخالفت علنی علیه مشروطیت حتی از خود محمد علیشاه هم سلب شده بوده، دیگر برای این افراد امکان فعالیت علنی علیه مشروطیت وجود نداشته است. مخصوصا" اینکه همان داشتن عنوان "نوکری شاه" آنانرا منفور و مردم را از آنان گریزان و بر حذر و برای مبادرت به اقدامات مخالفت‌آمیز آماده و مهیا ساخته بوده است.

بتدریج که مشروطه‌خواهان تقویت یافته‌اند و انجمنهای زیادی مرکب از افراد تندرو و اهالی کوچه و خیابان تشکیل گردیده است، هر فردی که سری داخل سرها داشته، ولو اینکه به مشروطیت هم بیعلاقه بوده، خود را مجبور یافته است که به بمنظور حفظ خود و خانواده‌اش در یک یا چند انجمن عضو گردد و حتی تعدادی انجمن به ظاهر مشروطه‌خواه توسط استبدادطلبان درباری تشکیل گردیده است.

بالاخره تنها گروهی که در آخر بدون انجمن باقیمانده‌اند همین مستوفیان و نوکران دیوان بوده‌اند که از یکطرف میترسیده

-اند که در صورت قبول عضویت در انجمنها، موضوع توسط خفیه‌نویسان، یعنی جاسوسان دولتی، به مقامات مربوط اطلاع داده شود و از نوکری دیوان اخراج گردند و از طرف دیگر تشدید فعالیت مشروطه‌خواهان افراطی و افراد لجام گسیخته زندگی آنان و افراد خانواده آنانرا با خطر جدی مواجه ساخته بوده است.

تا اینکه، بالاخره مصدق راه چاره را پیدا کرده و آن تشکیل انجمنی از کارکنان دولت و مستوفیان و استخدام تعدادی تفنگدار بعنوان طرفداری از مشروطیت ولی در حقیقت برای حفظ جان و مال خود و اعضای خانواده و بستگان آنان بوده است.

مصدق، ضمن یکی از ملاقاتهای روزانه خود با محمد علی شاه، موافقت او را با انجام این امر جلب نموده و متعاقبا" مجمع انسانیت بعنوان انجمن اهالی آشتیان، تفرش و گرکان (که در واقع همگی یا اکثریت قریب باتفاقشان را مستوفیان و کارکنان دولت تشکیل میداده‌اند) بدون ترس از مجازات و وحشت از اخراج بعد از سایر انجمنها، تشکیل گردیده است.

روزنامه حبل‌المتین در شماره ۱۸۳ مؤرخ ۴ ذیقعده ۱۳۲۵ [۱۷ آذر ۱۲۸۶ - ۱۰ دسامبر ۱۹۰۷] گزارش داده است که:

" مردم تفرش و آشتیان و گرکان، انجمنی بنام مجمع انسانیت به ریاست مستوفی‌الممالک وزیر جنگ بر- بر پا داشتند. "

توضیحات مصدق در مورد عضویتش در مجمع انسانیت

مصدق در خاطرات خود در مورد مجمع انسانیت و وضع عضویت خود در آن مجمع توضیحات و یا در حقیقت اعترافاتی بشرح زیر بیان داشته است:

" ... یکی از آن اجتماعات که چندی بعد از

مشروطیت در خانه‌ی مستوفي الممالک، از اهالی آشتیان و گرکان و تفرش تشکیل گردید روی خود نام مجمع انسانیت نهاد که مستوفي بریاست و دو نفر دیگر از جمله من بسمت نواب رئیس انتخاب شدند. سپس نزدیک خانه رئیس محلی اجاره نمودند که جلسات مجمع در آنجا تشکیل میشد و مثل بعضی انجمنهای دیگر عده‌ای مسلح داشت بنام سرباز ملی تا موقع لزوم از آزادی [!] دفاع کنند.

جلسات مجمع را من اداره میکردم و هر وقت هم که کاری در خارج پیش می‌آمد عده‌ای از حضار پیشنهاد میکردند نایب رئیس دیگر آن را انجام دهد. تا اینکه روزی محمد علیشاه از شهر به باغشاه رفت و انجمن مظفری واقع در شمال میدان بهارستان از عموم انجمنها دعوت کرد هر کدام نماینده خود را با مهر انجمن به آنجا اعزام کنند که این مرتبه هیچکس پیشنهادی برای انتخاب آن نایب رئیس ننمود و حضار تقاضا کردند که اینکار را هم من انجام دهم.

انجمن مظفری نامه‌ای به شاه نوشته و درخاست [درخواست] کرده بود خود را از ملت جدا نکنند و به شهر مراجعت کند که من نیز مثل سایر نمایندگان آن را مهر کردم. سپس قرار شد هر یک از نمایندگان موضوع را در جمعیت خود طرح کند و هر انجمن یک نماینده دائمی برای تصمیماتی که در آن روزها میبایست اتخاذ شود انتخاب نماید.

مجمع انسانیت تشکیل شد و چون این بار هم کسی برای انتخاب آن نایب رئیس پیشنهادی ننمود به تقاضای حضار به نمایندگی خود ادامه دادم و بعد

چنین تصمیم گرفتند که هر انجمن یکی از طاقنماهای مسجد سپهسالار را برای خود تعیین کند که اعضاء در آن محل اجتماع نمایند که این کار شد و عده‌ای از تمام اجتماعات در مسجد حضور یافتند و بعد جمعیتی بنام کمیسیون حرب تشکیل گردید که من نیز بعضویت آن انتخاب شدم و محل آن در شبستان مسجد بود که به شور و مشورت میپرداختند و دو نفر از اعضای آن بشاه آنقدر فحش میدادند که سایرین از شنیدن آن کراهت داشتند.

کمیسیون تصمیم گرفت سربازان ملی در مسجد جمع شوند و برای دفاع از حملات احتمالی آماده باشند و از این تصمیم، حضار انجنها را مطلع کنند که ... (۱)

[در اینجا بی‌مناسبت نیست توضیحات مصدق را قطع کرده اضافه نماید که حاجی یحیی دولت‌آبادی در صفحات ۳۱۷ و ۳۱۸ جلد ۲ کتاب حیات یحیی، اسامی ۱۱ انجمن از انجمنهائی را که برای انجام جنگ در مقابل محمد علیشاه در داخل مسجد سپهسالار و مجلس شورای ملی و یا در محل انجمنهای خود (که در همان نزدیکی قرار داشته‌اند) متعهد شده بودند ذکر کرده که در بین آنها نام مجمع انسانیت نیز بچشم میخورد و بعلاوه ۷ نفر سربازان ملی مجمع مزبور را که بقول دولت‌آبادی در مسجد سپهسالار شامل جنگ میشده‌اند، نام برده است اما بسیاری از انجمنهای مزبور به تعهد خود وفا نکردند و رؤسا و مسئولین اغلب آنها که از مزدوران و ایادی دربار محمد علیشاه بودند در روز قبل از به توپ بسته شدن مجلس دستور یافتند که انجمنهای مربوط به خود را تعطیل کرده و از آن ببعد دیگر از رفتن به مجلس خودداری نموده و در روز بعد حتی در خیابانهای اطراف مجلس نیز تردد ننمایند که یکی از این انجمنها مجمع انسانیت بوده است.

هر چند که مصدق به این امر اعتراف کرده اما تلویحاً" گناه ارتباط با دربار را بگردن نایب رئیس دیگر انداخته است. در حالیکه ما میدانیم مصدق در آن زمان تقریباً" هر روز با محمد علیشاه ملاقات داشته و گزارشات مورد نظر را باطلاع او میرسانده و دستورات لازم را اخذ میکرده است. در هر حال باز هم نقل توضیحات مصدق را ادامه میدهد]

... برای اجرای این تصمیم به مجمع انسانیت رفتم و دم در سرایدار را دیدم که گفت: از اثاثیه تفنگ و فشنگ هر چه بود بدستور نایب‌رئیس دیگر بردند و اکنون چیزی نیست که بتوان جلسه تشکیل داد و دستور کمیسیون حرب را بموقع اجرا گذاشت.

و این کار نه فقط در مجمع انسانیت بلکه در بعضی از انجمنهای دیگر هم نظیر آن صورت گرفته بود.

روز بعد که عازم مجلس شدم هنوز بچهار راه لاله‌زار نرسیده بودم که صدای شلیک در اطراف مجلس و مسجد بلند شد که من نتوانستم براه ادامه دهم و از آنجا بخانه مراجعت کردم و آنوقت فهمیدم که نایب رئیس دیگر بیش از من در سیاست وارد بود و از همه جا اطلاع داشت[!!]. " (۳)

نکته بسیار تاءثرانگیز در اغلب جریانات سیاسی و اجتماعی این است که معمولاً" بلبلانیکه رنج پرورش گلهای مطلوب را تحمل کرده‌اند بهره‌ای از آن نصیبشان نشده است و در عوض بادهای گستاخ و وقیح که شاید قبل از آن جز رنج و ناراحتی چیز دیگری برای گلها فراهم نکرده بودند از گرد راه رسیده و خود را دلسوزتر از بلبلها جلوه داده و برگهای گل را تصاحب کرده و با خود برده‌اند.

بطوریکه میدانیم مصدق با برادرانش که از مادر دیگر

بوده‌اند نه تنها از نظر خلق و خوی متفاوت بوده، بلکه در امور سیاسی نیز با آنان کاملا" اختلاف سلیقه داشته است ولی مسلما" تعداد انگشت شماری در سر تا سر ایران میدانند که موثق‌السلطنه (برادر مصدق) و پسرش حیدر قلیخان در روز به توپ بسته شدن مجلس از انجمن مظفری دفاع میکرده‌اند. (۳) و بعلاوه در جریان همان واقعه :

" ... عباسقلی خان جوان تربیت‌شده و دانشمند پسر موثق‌السلطنه که خود و پسر دیگرش جزو مجاهدین انجمن مظفری بودند در خیابان بدست دشمن گرفتار شده او را همانجا میکشند ... " (۴)

ظاهرا" موثق‌السلطنه که خود و یکی از فرزندانش شخصا" در جنگ بر علیه محمد علیشاه شرکت داشته و فرزند دیگرش را در همین راه از دست داده است بعد از استقرار رژیم مشروطیت بهره‌ای از این رژیم نبرده و شاید حتی اکثریت فرزندزادگان میرزا هدایت‌الله وزیر دفتر نیز ندانند که سرنوشت این مرد فداکار بالاخره به کجا رسیده و در کجا مدفون شده است.

اما مصدق که در طرفداری او از محمد علیشاه و حکومت استبدادی جای کوچکترین بحث و تردیدی وجود ندارد در نظر مردم بعنوان یکی از مبارزان صمیمی مشروطیت و بعدا" قهرمان آزادی مردم ایران قلمداد گردیده و در بهره‌برداری از مزایای رژیم جدید به مشاغل عالی از وکالت و وزارت گرفته تا نخست وزیری کشور دست یافته است.

---

(۱) و (۲) ـ خاطرات و تاءلمات مصدق ـ به کوشش : ایرج افشار ـ صفحه ۶۳

(۳) ـ حیات یحیی ـ جلد ۲ ـ یحیی دولت‌آبادی ـ صفحه ۳۱۸

(۴) حیات یحیی ـ همان ـ صفحه ۳۳۹

مصدق و عضویت در مجلس شورای کبرای دولتی

الف ـ معرفی مجلس شورای کبرای دولتی

به منظور معرفی این مجلس از دو نفر مورخی که هر دو تاریخ مشروطیت ایران را نوشته‌اند، کمک میگیریم :

قسمت اول ـ بنا به نوشته احمد کسروی

" چنانکه گفته‌ایم محمد علیمیرزا چون مجلس را به توپ بست، برای بستن زبان دولتهای اروپا چنین وانمود که مشروطه را بر نینداخته و تنها مجلس را بهم زده که پس از سه ماه دو باره مجلس باز خواهد شد. لیکن چون سه ماه پایان یافت این بار هم بدو ماه دیگر نوید داده، در دوم مهرماه [۱۲۸۷] (۲۸ شعبان) [۱۳۲۶] فرمانی به نام صدر اعظم بیرون داد، در این زمینه که چون مجلس در نوزدهم شوال باز خواهد شد باید زمینه آن را آماده گردانید و در همان فرمان فهمانید که قانونها بحال خود باز نخواهد ماند و مشروطه بر وفق شرع انور خواهد بود. نیز در آن فرمان تبریز را بر کنار گردانیده آگاهی داد تا تبریز منظم و اشرار آنجا قلع و قمع نشود در انتخابات بهره نخواهد داشت.

سپس چون دو ماه نیز پایان یافته نوزده شوال نزدیک شد روز شانزدهم آبان [۱۲۸۷] (۱۲ شوال) [۱۳۲۶] در باغشاه نشستی بر پا گردانیده گروهی از سر جنبانان تهران را به آنجا خواندند و بنام

اینکه نوزدهم شوال نزدیک است و باید نمایندگانی
برای مجلس برگزیده شود سخن به میان آوردند و چون
از پیش با هم نهاده بودند حاجی شیخ فضل‌الله و
دیگران آواز بلند کردند که مشروطه با شریعت
سازگار نیست و تلگرافهای بسیار را که با دستور
حاجی شیخ فضل‌الله و به میانجیگری او، از ملایان
کرمان و همدان وشیراز و دیگر شهرها به فراوانی
رسیده بود، بیرون ریختند. شگفت‌تر آنکه گفته
میشود یک تلگرافی نیز بنام مردم تبریز خواندند.
نتیجه این نشست آن بود که چلوار بزرگی را گرفتند
و بروی آن عریضه‌ای بشاه نوشته خواستار شدند که
از مشروطه چشم پوشد و به ایران باز نگردانند و
همگی باشندگان خواهان و ناخواهان آنرا مهر کردند
و بدینسان نشست به پایان رسید.
سپس برای روز بیست و هشتم آبان [۱۲۸۷] (۲۴
شوال) [۱۳۲] مردم را باز برای نشست خواندند.
این بار خود محمدعلی میرزا نیز آمد. در آنجا نیز
گفتگو از نخواستن مشروطه رفت و باز درخواستی یا
عریضه‌ای به مهر مردم رسانیدند و چنین نهاده شد
که شاه در بالای آن پاسخ نویسد و آنرا بچاپ
رسانیده در شهر بپراکنند. اینکار را انجام دادند
و ما اینک [قسمتی از] نوشته شاهرا در پائین
میاوریم:
... حال که مکشوف داشتید تاءسیس مجلس با قواعد
اسلامی منافیست و حکم به حرمت دادید و علمای
ممالک هم بهمین نحو کتبا" و تلگرافا" حکم بر
حرمت نموده‌اند در اینصورت ما هم از این خیال
منصرف و دیگر عنوان همچو مجلس نخواهد شد ...

با همین رویه کاریهای خنک که ما کوتاه شده آنرا آوردیم خود را دل‌آسوده گردانیدند و محمدعلی میرزا بهانه‌ای بدست آورده از نویدی که درباره باز کردن مجلس داده بود بیکباره سر باز زد. لیکن با فهم و اندیشه کوتاه خود بر آن شد که مجلسی بنام مجلس شورای کبرای دولتی از درباریان و اعیان و بازرگانان پدید آورد که در دربار بنشینند و در کارهای دولتی به سگالش و گفتگو پردازند و این خود جانشین دارالشوری باشد. از این رو پنجاه تن کمابیش از آن کسان فهرست کردند و بهر یکی نامه فرستاده بباشندگی در آن مجلس خواندند که روز یکشنبه هشتم آذر[۱۲۸۶] (۴ ذوالقعده) [۱۳۲۶] که روز گشایش- آن مجلس خواستی بود به دربار روند و پس از آن هفته‌ای دو روز در مجلس باشند و گفتگو کنند ... " (۱)

قسمت دوم ـ بنا به نوشته دکتر مهدی ملکزاده

" ... مجلس شورای دولتی که اعضای آن را شاه شخصا" انتخاب میکرد و ملت در انتخاب آن کمترین سهمی نداشت دارای اختیاراتی بود در اصلاح امور مملکتی ولی بشرط آنکه کلیه مطالب از طرف دولت پیشنهاد شده باشد و بعد از تصویب مجلس شورای دولتی بعرض شاه برسد و در صورتی که شاه موافق باشد مصوبات را امضاء خواهد کرد و الا کان لم‌یکن خواهد بود.

با مداقه به آنچه در بالا گفتیم مجلس مذکور جز یک آلت فعلی مقام و موقعیت دیگری نداشت و

بکلی با آنچه ملت میخواست منافات داشت و غیر ممکن بود ملت ایران زیر بار چنین مجلسی برود و او را به رسمیت بشناسد. " (۲)

---

(۱) - تاریخ مشروطه ایران - جلد ۲ - احمد کسروی - صفحات ۸۲۶ تا ۸۲۸

(۲) - تاریخ انقلاب مشروطیت ایران - جلد ۵ - دکتر مهدی ملک زاده - صفحه ۱۰۳۳

مخالفت دولتهای روس و انگلیس

در آن زمان که دولتهای روس و انگلیس در اجرای قرارداد ۱۹۰۷، بمنظور تضعیف دولت مرکزی در ایران به غمخواری ملت ایران برخاسته و آزادیخواه‌تر از خود مردم این کشور شده بودند مشترکا" با مجلس شورای کبرای دولتی به مخالفت اقدام نموده‌اند.

ترجمانهای سفارتخانه‌های دو دولت مزبور روز قبل از افتتاح رسمی آن مجلس با محمد علیشاه ملاقات کرده‌اند.

چرچیل ترجمان سفارت انگلیس در گزارش مربوط به این ملاقات‌چنین نوشته است:

" ... مسیو بارانوسکی مجددا" بشاه اصرار نمود که ایفاء بعهد خود بنماید و همینکه شاه از مجلسی که فردا قرار است تشکیل بشود مذاکره نمود، مسیو بارانوسکی اظهار داشت: هیئتی که بتوسط خود شاه انتخاب شده‌اند آن نیست که وعده شده است و اعضاء مجلس را مردم بایستی انتخاب بنمایند. شاه تکرار نمود که: اکثریت مردم

مخالف مجلس اند.

مسیو بارانوسکی فقط جواب داد: که خیر مسئله اینطور نیست و دیگر شاه جوابی نداد ... " (۱)

سر جورج بارکلی که گزارش چرچیل را برای وزارت امور خارجه متبوع خود ارسال داشته، از طرف خود چنین اظهار عقیده نموده است:

" ... قسمت عمده آن مجمع متشکل از اشخاصی است که دارای نظریات ارتجاعی هستند و اگر شاه متقاعد بداخل نمودن اشخاص آزادیخواه در آن مجمع نشود، انتظار داشتن مساعدت از طرف آنها برای تجدید حیات مشروطیت بیفایده است ... " (۲)

متعاقبا" وزرای مختار دو دولت یادداشت مشترکی در تاریخ ۱۴ دسامبر ۱۹۰۸ (۲۲ آذر ۱۲۸۷ - ۱۹ ذیقعده ۱۳۲۶) بمنظور اعتراض به تشکیل مجلس مزبور برای محمد علیشاه فرستادند. ذیلا" قسمتی از متن این یادداشت را عینا" نقل می‌نماید:

" ... نمایندگان دولتین با کمال افتخار مبادرت ورزیده و خاطر آن اعلیحضرت را مستحضر میدارند که تشکیل مجلس اعیان را بهیچوجه نمی‌توان به منزله تکمیل مواعید آن اعلیحضرت محسوب داشت چونکه اعضای آن را مردم انتخاب ننموده‌اند لهذا از آن اعلیحضرت استدعا می‌نمایند که به آنها اطلاع بدهند چه وقت قصد دارند امر به تشکیل مجلس موعود بنمایند[!!]؟ ... " (۳)

باز هم سرجورج بارکلی که در نامه‌ایکه ضمیمه این یادداشت برای اطلاع وزیر امور خارجه انگلیس فرستاده چنین نوشته است:

" ... لازم نیست که خاطر محترم را برای ارسال

صورت اسامی آنها [اعضای مجلس شورای کبرای دولتی] تصدیع بدهم . همینقدر بس است عرض بکنم که قسمت بیشتر آن مرکب از مردمان جاهل ارتجاعی است ... " (۴)

ضمناً" متذکر میگردد که گزارشات و اقدامات مخالفت‌آمیز نمایندگان روس و انگلیس منحصر به آنچه که در بالا ذکر شد نمی‌باشد و در اسناد وزارت امور خارجه انگلیس موارد متعدد دیگری نیز در این رابطه دیده میشود .

---

(۱) و (۲) و (۳) و (۴) ــ کتاب آبی ــ گزارشهای محرمانه وزارت امور خارجه انگلیس در بارهٔ انقلاب مشروطیت ایران ــ جلد ۲ ــ به کوشش : احمد بشیری ــ به ترتیب صفحات ۳۵۵ و ۳۵۴ و ۳۷۵ و ۳۷۲

توضیحات مصدق در مورد عضویتش در مجلس شورای کبرای دولتی

" مشروطه خاتمه یافت و دوره‌ایکه باستبداد صغیر موسوم شد جانشین آن گردید . بودنم در جرگه آزادیخواهان[؟!!!] و اطلاعاتی که شاه از نظریاتم داشت[؟!!!] سبب شد محلی را در نظر بگیرم تا اگر خواستند مرا دستگیر کنند[؟!!!] خود را در آنجا مخفی نمایم که برای اینکار از خانه‌ی میرزا یحیی خان سرخوش شاعری دانشمند که سالها قبل از مشروطه با من آشنا بود جائی بهتر نیافتم و چنین قرار شد اگر خطری متوجه من بشود خود را به آنجا رسانیده مخفی نمایم و مدتی با کمال نگرانی بسر

بردم تا اینکه مجلسی بنام دارالشورای دولتی
تشکیل شد و بدون کوچکترین اقدامی از طرف من
دستخطی از شاه رسید که بعضویت آن تعیین شده
بودم و بعد معلوم شد که آن را حشمت‌الدوله
منشی مخصوص شاه (اکنون سناتور والاتبار)
صادر کرده است و اینکار را هم نه فقط نسبت
بمن که قرابت سببی داشت کرده بود بلکه با هر
کس که مورد تعرض دولتیها[!] قرار میگرفت از
هر گونه مساعدت دریغ نمیکرد .

مجلس شورای دولتی در عمارت خورشید محل کنونی
وزارت دارائی تحت ریاست میرزا عبدالوهابخان
نظام‌الملک تشکیل گردید . مشیرالسلطنه ، صدر -
اعظم آنرا افتتاح نمود و چون برنامه‌ای نداشت هر
کس بمذاق خود صحبت میکرد تا نوبت میرزا عباس
خان مهندس‌باشی رسید که با نظام‌الملک سابقه
داشت و او را مخاطب قرار داد و گفت :
ما نفهمیدیم این مدعی‌العمومی که در مشروطه ایجاد
شد چه صیغه‌ای بود ؟

نظام‌الملک در جواب گفت : در خدمت شاهان
سلجوقی کسی بود نامش ترخان و کارش این بود که
جان شاه را حفظ کند و برای انجام این وظیفه
میتوانست هر وقت و هر کجا حتی باطاق خود شاه
وارد شود و تحقیقات کند . این مدعی‌العموم مشروطه
هم کسی بود مثل ترخان که هر چه میخواست میکرد .
(البته با عبارتی مستهجن)

جلسه اول شورای دولتی باین ترتیب خاتمه یافت و
چون اطمینان حاصل شد که متعرض من نمیشوند به آن
یکمرتبه اکتفا کردم ... " (۱)

البته بعید نیست که حشمت‌الدوله والاتبار فهرستی از افراد واجد شرایط و مورد اعتماد جهت عضویت در مجلس شورای کبرای دولتی بعرض شاه رسانده و شاه از بین آنان تعدادی را تائید و انتخاب کرده باشد ولی در اینکه انتخاب افراد مذکور نهایتا" مورد تائید شخص محمد علیشاه بوده است جای هیچگونه تردید وجود ندارد. بطوریکه خواهیم دید ترس و نگرانی مصدق نیز در این ایام مربوط به پیروزیها و پیشرفتهائی بوده که مرتبا" نصیب مشروطه‌خواهان در شهرهای مختلف ایران میشده و او را که دیگر در همه جا بعنوان عامل محمد علیشاه و دربار میشناخته‌اند به وحشت دچار ساخته بوده و در نظر گرفتن خانه سرخوش منشی سفارت انگلیس برای مخفی شدن در صورت لزوم نیز بهمین جهت بوده است.

---

(۱) - خاطرات و تاءلمات مصدق - به کوشش: ایرج افشار - صفحات ۶۴ و۶۳

تصمیم مصدق به فرار از ایران

الف ـ علت ظاهری

مصدق در اواخر سال ۱۲۸۷ شمسی (حدود فوریه ۱۹۰۹ و محرم ۱۳۲۷) به ناگهان و با عجله ایران را ترک گفته و به همراه برادر خود ابوالحسن دیبا به فرانسه رفته است. مسلماً" برای مصدق امکان نداشته است که بعداً" علت واقعی این مسافرت ناگهانی را که فرار از ایران از ترس تسلط قریب‌الوقوع مشروطه‌خواهان بر این کشور بوده است ابراز و افشاء نماید. ولی چون وی در پاریس بنحوی غیر عادی و با نیرنگ موفق گردیده که وسائلی برای اخذ دکترای خود فراهم سازد از اینجهت بعداً" ادعا نموده که بمنظور تحصیل و اخذ همان مدرک دکترا از ایران خارج شده است.

در حالیکه مصدق در موقع عزیمت به اروپا مردی بوده سی ساله، متاءهل و فوق‌العاده گرفتار و نمیتوانسته است در هر لحظه که بخواهد مانند نوجوانی مجرد و بی‌مسئولیت که دیگری متکفل مخارج زندگی او می‌باشد کشور را ترک نماید. وی و مادرش نجم‌السلطنه و همسرش ضیاءالسلطنه هر یک جداگانه از ملاکین و فئودالهای بزرگ کشور محسوب میشده‌اند و او علاوه بر داشتن همسر و فرزند، مسئولیت سرپرستی املاک فراوان خود و مادر و همسرش را نیز بعهده داشته است.

مصدق یکدوره ده ساله‌ی خدمت در سمت مستوفی اول و یکدوره دوساله دوری از خدمات دولتی را پشت سر نهاده و با اینکه در این دو سال آخر به منظور آگاهی از دروس جدید قسمتی از کتابها و جزوه‌های درسی مدرسه سیاسی را مطالعه کرده بوده

ولی حتی کارنامه پایان تحصیلات دبستانی هم در دست نداشته است تا چه برسد به گواهینامه پایان تحصیلات متوسطه و دبیرستانی و بعلاوه جز مختصری زبان فرانسه هیچ زبان خارجی هم نمیدانسته است.

اما مصدق به ناگهان فعالیتهای سیاسی خود را رها کرده ، سرپرستی املاک فراوان خود - همسر و مادرش را به دیگران واگذار نموده - زن و فرزند و خانه و زندگی را ترک گفته و در زمانیکه سراسر ایران و اروپا را سرمای سخت فرا گرفته بوده، بدون ترس از برف و باران و یخبندان راهها با عجله بسوی اروپا حرکت کرده است.

مصدق که هرگز هیچکاری را بدون بررسی و تحقیق کافی انجام نمی‌داده و بعلت ارتباط نزدیک خانوادگی و طبقاتی با اکثر محصلین و تحصیل کرده‌های ایرانی آن روز اروپا به اطلاعات دست اول از وضع دانشگاههای اروپا و شرایط و رشته‌های تحصیلی در آنها دسترسی داشته، در زمانی از ایران حرکت کرده است که چند ماه از آغاز آن سال تحصیلی میگذشته و تا آغاز سال تحصیلی بعدی نیز ماهها باقیمانده بوده است و با این ترتیب اگر او دیپلم پایان تحصیلات متوسطه را هم داشت و زبانی خارجی هم بخوبی میدانست باز هم برایش امکان ورود بدانشگاه در خارج از کشور تا ماهها بعد وجود نداشته است.

هر چند که مصدق در این سفر پس از رسیدن به پاریس با یک نیرنگبازی عجیب موفق گردیده است که بصورت غیر-رسمی و بعنوان مستمع آزاد در دانشکده‌ای حضور یابد و بالاخره در سالهای بعد نیز مدرک دکترای حقوق خود را از سویس دریافت نماید اما بطوریکه متعاقبا" ملاحظه خواهد شد وسائل انجام تحصیلات و یا در حقیقت اقدامات مصدق بمنظور اخذ مدرک دانشگاهی، در پاریس بطور غیر عادی و غیر منتظره فراهم گردیده و تمام شواهد نشان میدهد که نیرنگ مصدق بمنظور فریب

دادن رئیس انستیتوی مطالعات سیاسی پاریس در مورد نداشتن مدرک تحصیلی، در همان پاریس و با توجه به اوضاع و احوال و مقتضیات زمان و مکان بفکر وی رسیده و بمورد اجرا گذاشته شده و تصادفاً" به نحوی بر خلاف انتظار به نتیجه مطلوب منجر گردیده است و این نیرنگبازی موضوعی عادی با نتیجه‌ای قابل پیش بینی نبوده که مصدق ادعا نماید که با علم غیب قبلاً" از آینده آگاهی داشته و میدانسته است که با نداشتن هیچ گونه مدرک تحصیلی و در وسط سال باز هم او موفق به ورود به دانشگاه خواهد گردید.

حتی ممکن است نیرنگهائیکه وی متعاقباً" بمنظور فریب دادن مسئولان دانشگاه نوشاتل سویس، برای ثبت نام و تحصیل در آن دانشگاه بکار برده بعداً" بفکر وی رسیده و او در زمان آغاز تحصیل در فرانسه چنین قصد و منظوری نداشته است.

در هر حال ادعای مصدق در مورد اینکه از همان ابتدا بقصد تحصیل از ایران خارج شده، مانند این است که مردی بیکار و بی‌پول به قصد پیداکردن کار با مزدی بخور و نمیر در ماه صفر به کویت برود و در آنجا تصادفاً" بدون رنج و زحمت و یا با حقه‌بازی و نیرنگ پول بسیار کلانی نصیبش گردد و ناگهان مستطیع و واجب‌الحج شود و چند ماه بعد یعنی در موقع حج به عنوان یک مسلمان پولدار و واجب‌الحج به عربستان رفته، پس از انجام مراسم حج به ایران برگردد و ادعا نماید که از همان ابتدا بقصد انجام مراسم حج و حاجی شدن از ایران عزیمت کرده بوده است.

ب - علت واقعی - فرار از ایران به علت ترس از پیروزی قریب‌الوقوع مشروطه‌خواهان

همانطور که میدانیم مصدق در گروه انگلو-اسلامیست‌های

امام جمعه‌ای و رجال درباری قرار داشته و مانند آنان از مخالفان مشروطیت محسوب میگردیده است. وی در آغاز همراه و همزبان با سایر رجال درباری به نفع استبداد فعالیت میکرده ولی همینکه پیشرفت سریع مشروطه‌خواهان رعب و وحشت شدیدی در این گروه بوجود آورده، او نیز مانند دیگر درباریان صلاح و صرفه خود را در موافقت ظاهری و یا حداقل عدم مخالفت علنی با هواخواهان رژیم جدید دیده است.

مصدق از مدت بسیار کوتاهی قبل از به توپ بسته شدن مجلس شورای ملی تظاهرات آزادیخواهانه خود را آغاز کرده و بعنوان نایب‌رئیس مجمع انسانیت (که اکثرا" از مستوفیان و سایر کارمندان دفتر استیفاء و دربار با موافقت محمد علیشاه تشکیل شده بود) در مجامع و محافل باصطلاح ملی شرکت مینموده‌است. او حتی غالبا" در مجلس شورای ملی حضور می‌یافته، پیامها و تلگرامهای دائی خود فرمانفرما را برای آگاهی شخصی و یا قرائت در مجلس در اختیار بعضی از سردمداران مشروطه میگذاشته و با این ترتیب با بسیاری از رجال مشروطیت آشنائی یافته و موجبات شهرت سریع خود را فراهم مینموده است.

اما مسلما" همان معروفیت مصدق بعنوان خواهرزاده فرمانفرما و نماینده سیاسی او در تهران و نیز بستگی و ارتباط او با خانواده سلطنتی و دربار و خاندان امام جمعه که از یکطرف او را در مدتی کوتاه در میان رجال تازه بدوران رسیدهٔ آن زمان به شهرت رسانده، از طرف دیگر مانع نفوذ وی در میان مشروطه‌خواهان و راه‌یابی او به مجامع و محافل محرمانه (که بیشتر تحت نفوذ مؤسسان بعدی فراماسونری رسمی ایران و جناحهای مردمی و غیر درباری انگلوفیلی و انگلواسلامیستی قرار داشته‌اند) و بطور کلی جلب اعتماد آنان گردیده است. رد شدن اعتبارنامه مصدق در مجلس و کمیته تحقیق را میتوان نمونه‌ای از مخالفت مشروطه‌خواهان با استبدادطلبان درباری (که مصدق در زمرهٔ آنان

بشمار میرفته است) بحساب آورد.

بعد از به توپ بسته شدن مجلس شورای ملی که محمد علیشاه ظاهرا" پیروز موفق شده بود، دوران کوتاهی از شادمانی برای استبدادطلبان درباری به وجود آمده است. مخالفان محمد علیشاه و استبداد به ناگهان از صحنه سیاسی کشور خارج شده‌اند تا مدتی از آنهمه هیجان و احساسات مشروطه‌خواهی در سرتاسر کشور (بجز مختصری در تبریز) اثری باقی نمانده است.

افراد متنفذ و مؤثر که قبل از آن تاریخ بناچار در یک یا چند انجمن عضویت داشتند و کم و بیش، بصورت ظاهر و یا با میل قلبی، به مشروطه‌خواهی پرداخته بودند، از پیشگاه مبارک همایونی! ملتمس عفو و اغماض شدند.

اما هرچه از تاریخ بتوپ بسته شدن مجلس سپری میکردیده مشروطه‌خواهان مجاهد و آزادیخواه در شهرستانها مخصوصا" در تبریز و اصفهان و رشت ترسشان بیشتر زائل میشده و قدرت زیادتری می‌یافته‌اند. البته دخالتهای ماءموران رسمی و ایادی روس و انگلیس را در جهت جلوگیری از اقدامات محمد علیشاه از طریق تهدید و ارعاب و اعمال فشار بر وی، و در جهت تشویق و حمایت مشروطه‌خواهان از طریق راهنمائیها و تاءمین نیازمندیها و وسائل مبارزه برای آنان، باید بعنوان عاملی مؤثر در اینمورد به حساب آورد.

پیشرفتهای مشروطه‌طلبان و محیط پر رعب و وحشتی که در اثر اقدامات آنان برای مخالفان مشروطه بوجود آمده بود، بتدریج رجال استبدادطلب درباری را بار دیگر به وحشت انداخته و بسیاری از آنان را به این نتیجه رسانده است که دوران استبداد محمد علیشاه بزودی پایان خواهد یافت.

مصدق هم که بعد از انحلال مجلس، مانند سایر درباریان، ادامه تظاهر به دوستی با مشروطه‌خواهان را ضروروی ندانسته و علنا" و عملا" در ردیف طرفداران محمد علیشاه به فعالیت

پرداخته بوده و در آن زمان در همه جا بعنوان عامل فعال دربار شناخته میشده برای نجات خود از حوادث وحشتناک بعدی تصمیم به فرار از کشور گرفته است، خاصه آنکه پس از انتصابش به به عضویت مجلس شورای کبرای دولتی، نام وی بعنوان نماینده این مجلس در ردیف سایر درباریان طرفدار محمد علیشاه بچاپ رسیده بوده و دیگر امکان انکار برایش وجود نداشته است.

ذیلا" بطور نمونه به شرح دو واقعه که مسلما" در تزلزل روحیه و ایجاد وحشت در مصدق مؤثر بوده است مبادرت میشود:

واقعه اول - پاره پاره شدن پرچمهای سلطنتی توسط کلاغها! و ارتباط آن با مصدق

بطوریکه دیدیم مراسم افتتاح مجلس شورای کبرای دولتی توسط صدراعظم وقت در تاریخ یکشنبه ۷ آذر ماه ۱۲۸۶ (۴ ذیقعده ۱۳۲۶ - ۲۹ نوامبر ۱۹۰۸) در عمارت خورشید که در محل فعلی وزارت دارائی و در کنار عمارت شمس‌العماره قرار داشت برگزار گردید.

دو روز بعد یعنی در روز سه شنبه ۹ آذر ۱۲۸۶ (۶ ذیقعده ۱۳۲۶ - ۱ دسامبر ۱۹۰۸) تشکیل اولین جلسه بعد از افتتاح این مجلس با واقعه‌ای تاریخی مقارن گردید که هر چند عملا" ممکن بود کوچکترین تاءثیری در اوضاع نداشته باشد اما درباریان استبدادطلب (مخصوصا" اعضای آن مجلس) آنرا نشانه‌ای بسیار شوم برای خود تلقی کرده و از این تفاءل بد پشتشان به لرزه افتاده است و در مقابل با همین ترتیب و تلقی و تفاءل بدی که مردم از آن نسبت به شاه و دربار زدند، مشروطه‌طلبان سراسر ایران از شنیدن خبر آن خوشحال و شادمان شده‌اند.

احمد کسروی داستان این واقعه را چنین شرح داده است:

" ... در این زمان در تهران یک داستان شگفتی رخ داد. یک داستانی که بخود معنائی نمیداشت، ولی مردم از دشمنی که با دربار میداشتند معانی به آن دادند. چگونگی آنکه:

بیرقهای سرخ رنگ دولتی (۱) که سه تا پهلوی هم بالای شمس‌العماره زده میشدی یکروز گروه انبوهی از کلاغها قار قار کنان به سر آنها ریختند و به پاره کردن پرداختند.

مردم به آواز قار قار گرد آمده به تماشا ایستادند و کم کم انبوه گردیدند. از ارگ سه تیر ه کلاغها انداختند ولی نتیجه نداد و دو بیرق را به یکبار تکه تکه کردند.

سپس تا یکهفته انبوهی کلاغها از بالای تهران کم نمیشد و به هر کجا که بیرقی میدیدند به سر آن گرد می‌آمدند و به پاره کردن میپرداختند.

مردم این را نشان بر افتادن خاندان قاجاری دانستند و به شهرهای دیگر نامه نوشته داستان را آگاهی دادند و چون در روزنامه‌های ناله ملت و انجمن شعرهای شوخی‌آمیزی در این باره بچاپ رسانیده‌اند، ما نیز در پائین میاوریم: ...

گویمت یک حکایت شیوا ــ کن روایت بدوستان از ما
بود بالای قصر پادشهی ــ شیر و خورشید بیدقی برپا
علم اول نشانه شاهیست ــ کاحترامش کنند در هرجا
سیصدوبیست‌وشش زبعدهزار ــ رفته از هجرت رسول‌خدا
در ششم روز از مه ذیقعد ــ تیره و تار گشت روی سما
بیشمار از گروه زاغ و زغن ــ وز کلاغان زشت بد سیما
چون ابابیل در حکایت فیل ــ لشکر حق فرود شد ز سما
جمع گشتند و حمله افکندند ــ گوشها گشت کر ز قاقاقا

چند تیر تفنگ خالی شد نمودند هیچ از آن پروا
همه با چنگل و پر و منقار بگرفتند پرده را یکجا
بدریدند و پاره بنمودند ماند چوب علم برهنه بپا
عبرتی گیر ای شه غافل نکته نغز هست در اینجا

بیگفتگوست که کلاغان نه آگاهی از مشروطه میداشتند و نه دشمنی با محمد علیمیرزا مینمودند. دانسته نیست بهر چه اینکار را کرده‌اند. لیکن راستی را محمد علیمیرزا رو بسوی برافتادن میداشت و روز بروز کارش دشوارتر میشد.

این زمان در بیشتر شهرها جنبش پدیدار میبود. گذشته از داستانهای اسپهان و رشت، در مشهد جنبشی رخ داده و در استرآباد شورشی پیدا شده و در شیراز سید عبدالحسین لاری پدید آمده بود ... " (۲)

---

(۱) - در آن زمان هنوز دولت و سلطنت از هم جدا نشده بودند و دربار سلطنتی دارای پرچم مخصوص با علامات ویژه نبوده ولی شمس العماره جزو قصرهای سلطنتی محسوب میشده است.

(۲) - تاریخ مشروطه ایران - جلد ۲ - احمد کسروی - صفحات ۸۷۹ و ۸۷۸

واقعه دوم - خروج اصفهان از تسلط دولت مرکزی و ارتباط آن با فرمانفرما و مصدق

تعدادی از مردم اصفهان در روز ۷ دیماه ۱۲۸۷ (۲۸ دسامبر ۱۹۰۹ - ۴ ذیحجه ۱۳۲۶) ظاهرا" بنا بر تحریک روحانیون ولی در حقیقت با الهام از کنسولگری انگلیس در آن شهر، به

تظاهراتی بر علیه اقبال‌الدوله حکمران وقت مبادرت نمودند.

در روزهای بعد بمنظور جلوگیری از فرونشستن این تظاهرات، تعداد زیادی از مردم دهات اطراف را به شهر آورده و به تظاهرات وادار ساختند.

اقبال‌الدوله با روحانیون به مذاکره پرداخت و موفق گردید که رضایت خاطر آنان را برای پایان دادن به تظاهرات جلب نماید ولی در روز ۱۰ دیماه ۱۲۸۷ (۳۱ دسامبر ۱۹۰۹ - ۷ ذیحجه ۱۳۲۶) درست در همان ساعتیکه اوضاع داشت بحال عادی باز میگشت به ناگهان یکی از خوانین بختیاری بنام ضرغام‌السلطنه، که مانند اغلب خوانین بختیاری از حقوق-بگیران و نوکران گوش بفرمان انگلیس بود، با تعدادی از سواران بختیاری بنام طرفداری از مردم به اصفهان حمله کرد و با سربازان دولتی بزد و خورد پرداخت و با این عمل اغتشاشی عظیم بوجود آورد. از یکطرف جمعی از اهالی دهات و روستاهای اطراف را که قبلا" به اصفهان آورده بودند بعنوان سرباز دولتی برای غارت بازارها روانه ساختند و از طرف دیگر ببهانه اینکه سربازان دولتی اینکار را بنا به دستور مستقیم اقبال‌الدوله انجام داده‌اند مردم را به انتقامجوئی تحریک کرده و به غارت دارالحکومه وادار نمودند.

اقبال‌الدوله بناچار مستعفی گردید و مجبور شد که به اتفاق تعداد زیادی از ماءموران و سربازان دولتی به کنسولگری انگلیس رفته و در آنجا پناهنده شود.

چند روز بعد صمصام‌السلطنه ایلخانی بختیاری در میان استقبال مردم به اصفهان وارد شد و شهر را به تصرف خود در آورد.

وزرای مختار روس و انگلیس در تهران با اقدامات مشترک خود محمد علیشاه را تحت فشار قرار دادند که صمصام‌السلطنه را رسما" به حکمرانی اصفهان منصوب سازد

ولی محمد علیشاه نه تنها از انجام اینکار سر باز زد بلکه صمصام‌السلطنه را از ایلخانی ایل بختیاری نیز معزول نمود و فرمانفرما، را، با موافقت خودش، به عنوان حکمران اصفهان انتخاب کرد.

فرمانفرما در هنگام پذیرفتن این سمت هنوز به درجهٔ مخالفت دو دولت روس و انگلیس با محمد علیشاه و وخامت وضع این پادشاه پی نبرده بوده و نمیدانسته است که آن دو دولت برای تضعیف دولت مرکزی ایران و آماده ساختن زمینه جهت تقسیم این کشور بدو منطقه نفوذ بر حسب مفاد قرارداد ۱۹۰۷، در مورد برکناری محمد علیشاه قلدر و خود سر بتوافق رسیده‌اند و بهمین جهت با اینکه از سرسپردگی بسیاری از سران ایل بختیاری به انگلیس بخوبی آگاهی داشت، در آغاز با اتکاء به سرسپردگی و تقرب بیشتر خودش در نزد همان دولت گمان میکرد که به آسانی در مورد بیرون راندن صمصام‌السلطنه از اصفهان توفیق خواهد یافت. اما خیلی زود وزرای مختار روس و انگلیس او را با این حقیقت وحشتناک آشنا ساختند و به او فهماندند که " این تو بمیری از آن تو بمیریها نیست " و حداقل تا زمانیکه محمد علیشاه بر سر کار قرار دارد نه تنها صمصام‌السلطنه از کار بر کنار نخواهد شد بلکه هر روز صمصام‌السلطنه جدیدی نیز در یک گوشه کشور ظهور خواهد کرد.

فرمانفرما پس از مذاکره با وزرای مختار روس و انگلیس به پایان کار محمد علیشاه در آینده‌ای نزدیک معتقد گردید و ضمنا " بخوبی دریافت که اگر خود او بفرض محال خلاف نظر وزرای مختار مذکور مایل به مقابله با بختیاریها هم باشد امکان تاءمین پول و سرباز و تجهیزات کافی برای انجام اینکار برایش وجود ندارد و این خود دلیل دیگری بر سقوط قریب‌الوقوع محمد علیشاه بشمار میرفته است.

در هر حال فرمانفرما با صلاحدید وزرای مختار روس

و انگلیس تصمیم گرفت که محمد علیشاه را در حال دو دلی و انتظار نگه دارد یعنی نه از سمت حکمرانی اصفهان مستعفی گردد تا محمد علیشاه تکلیف خود را بداند و شخصی دیگر را بجای او تعیین نماید و نه به اصفهان عزیمت کند و با اینکار آینده خود را به مخاطره بیاندازد. فرمانفرما بهمین روش تا پایان سلطنت محمد علیشاه ادامه داد.

مصدق راجع باین روش فرمانفرما چنین گفته است:

" ... آن وقت دولت در نظر گرفته بود که فرمانفرما را برای اسکات خوانین بختیاری به اصفهان روانه کند و اگر چه ظاهرا" تمرد نمیکرد باطنا" به معاذیری متعذر میشد و به آنجا نمیرفت ... " (۱)

تا اینکه بالاخره محمد علیشاه بنا به تصمیم مجلس عالی فوق‌العاده از سلطنت خلع گردیده و فرمانفرما توسط کمیسیونیکه اعضای آن از طرف همان مجلس انتخاب شده بودند، در اولین روزهای بعد از خلع محمد علیشاه بسمت وزیر عدلیه تعیین شده است.

ما میدانیم که مصدق در همه حال نماینده سیاسی فرمانفرما محسوب میشده است یعنی در موقع حضور فرمانفرما در تهران مأمور رساندن نامه‌ها و پیامهای او به اشخاص و مقامات مختلف بوده و در غیاب او نیز کارهای مربوط باو را انجام میداده است. یعنی مطالب، اخبار و دستورات لازم بصورت رمز برای مصدق مخابره یا ارسال میشده و او پس از کشف آنها، قسمتهای لازم را به مقامات ذیربط از جمله محمد علیشاه میرسانده است.

با این ترتیب تردیدی نیست، در این زمان که مصدق برای انجام وظایف نمایندگی فرمانفرما، پس از رفتن او به اصفهان، آماده میشده و بطور کامل در جریان فعالیتهای سیاسی

فرمانفرما قرار داشته است از علل تعلل فرمانفرما در عزیمت به آن شهر بخوبی آگاهی یافته و مانند خود فرمانفرما به این حقیقت تلخ و وحشتناک پی برده است که سقوط محمد علیشاه حتمی و نزدیک میباشد و به همین جهت بر جان خود بیمناک شده و صلاح و مصلحت خود را در فرار از کشور دیده است.

ذیلاً به نقل مطالبی از اسناد سیاسی وزارت امور خارجه انگلستان در ارتباط با اغتشاش اصفهان و انتصاب فرمانفرما به سمت حکمران آن استان مبادرت میشود.

چون مطالب مزبور همگی از جلد ۲ کتاب آبی - گزارشهای محرمانه وزارت امور خارجه انگلیس - بکوشش احمد بشیری نقل شده است از این جهت در بالای هر مطلب به ذکر شماره صفحه کتاب مزبور اکتفا گردیده و از اقدام به زیرنویس خودداری بعمل آمده است:

نقل از خلاصه وقایع ماهانه - ضمیمه نامه شماره ۱۹ مورخ ۳ دسامبر ۱۹۰۸ (۱۱ آذر ۱۲۸۷ - ۸ ذیقعده ۱۳۲۶) سر جورج بارکلی به سر ادوارد گری - صفحات ۳۵۱ و ۳۵۲ کتاب آبی

" اصفهان در هشتم نوامبر (۱۶ آبان - ۱۳ شوال) حکومت نظامی در اصفهان دائر گردید. ظاهراً بقصد اینکه از متهیج نمودن علماء، مردم را به ضد حکومت، جلوگیری بشود ... "

نقل از تلگرام شماره ۳۰ - اول ژانویه ۱۹۰۹ (۱۱ دی ۱۲۸۷ - ۸ ذیحجه ۱۳۲۶) سر جورج بارکلی به سر ادوارد گری - از نول جنرال قنسول انگلیس در اصفهان - صفحه ۳۶۰ کتاب آبی

" ... یکعده مردم از یک بابت برای هیجان ملی و از بابت دیگر برای تعرض و پرتست نسبت به

حکومت در جنرال قنسولگری روس متحصن شده اند ... "

نقل از تلگرام شماره ۳۱ - ۳ ژانویه ۱۹۰۹ (۱۳ دی ۱۲۸۷ - ۱۰ ذیحجه ۱۳۲۶) سر جورج بارکلی به سر ادوارد گری - از قول جنرال قنسول انگلیس در اصفهان - صفحه ۳۶۱ کتاب آبی

" ... دیروز بین قشون و مخالفین مجادله ای واقعشده، معلوم نیست تلفات چقدر بوده. سربازانی که بواسطه بی قدرتی صاحب منصبان عنان اختیارشان از کف ساقط شده، قسمت زیادتر بازارها را غارت نموده اند. الحال هرج و مرج کامل در شهر احاطه دارد. حاکم و سایر ماءمورین محلی در جنرال قنسولگری انگلیس متحصن شده اند ... "

نقل از تلگرام شماره ۳۳ - ۴ ژانویه ۱۹۰۹ (۱۴ دی ۱۲۸۷ - ۱۱ ذیحجه ۱۳۲۶) - سر جورج بارکلی به سر ادوارد گری، از قول جنرال قنسول انگلیس در اصفهان - (صفحه ۳۶۳ کتاب آبی)

" ... دیروز ... در جنگهای گاه بگاهی که روز و شب ممتد بوده چندین نفر سرباز مقتول شده. حاکم کوشش نموده که با مخالفین خود ترتیب صلحی بدهد. خبر رسید که امروز ظهر دویست نفر بختیاری دیگر [به سر کردگی ضرغام السلطنه] داخل شهر شده اند ... "

نقل از تلگرام شماره ۳۴ - ۴ ژانویه ۱۹۰۹ (۱۴ دی ۱۲۸۷ - ۱۱ ذیحجه ۱۳۲۶) - سر جورج بارکلی به سر ادوارد گری - از قول جنرال قنسول انگلیس در اصفهان - (صفحه ۳۶۳ کتاب آبی)

" ... امروز صبح اهالی شهر و سایرین[؟!]

دیوانخانه حکومت را غارت نمودند. حاکم مستعفی گردید و استعفای او قبول شده."

نقل از تلگرام شماره ۳۵ - ۵ ژانویه ۱۹۰۹ (۱۵ دی ۱۲۸۷ - ۱۲ ذیحجه ۱۳۲۶) - سر جورج بارکلی به سر ادوارد گری - از (صفحه ۳۶۴ کتاب آبی)

" ... ایلخانی [صمصام‌السلطنه] با هزار نفر بختیاری شهر را تصرف نموده ... من و همکار روسی خودم امروز مجدداً" [به محمد علیشاه] تاءکید نمودیم که ایلخانی موقتاً" بحکومت شهر منصوب بشود چون یگانه قوه‌ای که از عهده استقرار نظم بر آید او است ... "

نقل از تلگرام شماره ۳۷ - ۶ ژانویه ۱۹۰۹ (۱۶ دی ۱۲۸۷ - ۱۳ ذیحجه ۱۳۲۶) - سر جورج بارکلی به سر ادوارد گری (صفحه ۳۶۵ کتاب آبی)

" ... اعلیحضرت معظم اظهار داشت که به ایلخانی اطمینان ندارد و پیروی نصیحت ما را ننموده و معزی‌الیه را به حکومت اصفهان منصوب نخواهد نمود ... "

نقل از تلگرام شماره ۳۹ - ۷ ژانویه ۱۹۰۹ (۱۷ دی ۱۲۸۷ - ۱۴ ذیحجه ۱۳۲۶) - سر جورج بارکلی به سر ادوارد گری (صفحه ۳۶۵ کتاب آبی)

" شاه فرمانفرما را بحکومت اصفهان تعیین نموده ولیکن نواب معظم سریعاً" برای این ماءموریت خود حرکت کردنی نیست[!!]. او نایب‌الحکومه (را) به اتفاق سیصد نفر بختیاری در تحت سرکردگی

سردار ظفر و سایر رؤساء روانه خواهد نمود ... "

نقل از تلگرام شماره ۴۲ - ۸ ژانویه ۱۹۰۹ (۱۸ دی ۱۳۸۷ - ۱۵ ذیحجه ۱۳۲۶) سر جورج بارکلی به سر ادوارد گری صفحات ۳۶۶ و ۳۶۷ کتاب آبی

" ...من تردید دارم که با این وضع فلاکت و بی‌پولی او [محمد علیشاه] بتواند قشون به اصفهان بفرستد و یا اگر قشون به آنجا برود احتمال فائق آمدن آنها باشد.
غیر ممکن نیست که پس از اقدامات قهریه صمصام‌السلطنه در اصفهان، این عمل بختیاري را سایر طوایف هم تعقیب بنمایند. یعني ایل کلهر در کرمانشاه و ایل قشقائي در شیراز[!!] ... "

نقل از تلگرام شماره ۴۵ - ۹ ژانویه ۱۹۰۹ (۱۹ دی ۱۳۸۷ - ۱۶ ذیحجه ۱۳۲۶) سر جورج بارکلی به سر ادوارد گری صفحه ۳۶۸ کتاب آبی

" ... فرمانفرما از شارژدافر روس و من خواهش نموده که امروز بعد از ظهر ما را دیدن بنماید.
نواب معظم از من خواهش خواهد نمود که به صمصام‌السلطنه اصرار بنمایم از اصفهان خارج بشود و تجدید تعیین او به ایلخانی‌گری منوط بخارج شدن از اصفهان است ... من قصد دارم به فرمانفرما اطلاع بدهم که بدون تعلیمات جدید از وزیر امور خارجه، من صلاح خود را نمیدانم به صمصام‌السلطنه صلاح اندیشی دیگری بنمایم. "

نقل از تلگرام شماره ۴۷ - ۹ ژانویه ۱۹۰۹ (۱۹ دی ۱۳۸۷-

۱۶ ذیحجه ۱۳۲۶) سر جورج بارکلی به سر ادوارد گری
صفحه ۳۶۹ کتاب آبی

" در ملاقات امروز بعد از ظهر ما فرمانفرما ... اظهار میدارد که نایب‌الحکومه او به معیت ۴۰۰ نفر بختیاری فردا از طهران حرکت خواهد نمود. از قرار مفهوم، نواب معظم بخیال این است که چند هفته دیگر به سرکردگی یکعده‌ء کافی قشون برای مقابله با قشون بختیاری حرکت بنماید. "

نقل از تلگرام شماره ۴۸ - ۱۰ ژانویه ۱۹۰۹ (۲۰ دی ۱۲۸۷
۱۷ ذیحجه ۱۳۲۶) سر جورج بارکلی به سر ادوارد گری
صفحه ۳۶۹ کتاب آبی

" جنرال قنسول انگلیس دیروز با صمصام‌السلطنه ملاقاتی نموده ... مختصرا" صمصام اظهار داشت که اگر شاه قشون به مقابله او بفرستد نه او میتواند اهالی اصفهان را ترک بنماید و نه هم آنها از او دست برخواهند داشت.

من در صددم که مفاد شرح فوق را به اطلاع شاهزاده فرمانفرما برسانم.

[تا فکر فرستادن نیرو به سرکردگی نایب‌الحکومه یا خودش به اصفهان را از سر بدر کنند]

نقل از نامه شماره ۶۲ - ۲۰ ژانویه ۱۹۰۹ (۳۰ دی ۱۲۸۷ -
۲۷ ذیحجه ۱۳۲۶) سر ادوارد گری به سر نیکلسن
(سفیر انگلیس در روسیه) - صفحه ۳۹۳ کتاب آبی

" در سیزدهم شهر حال [ماه جاری] سفیر کبیر دولت روس به این اداره آمده و در باب اصفهان با سر هاردینگ مذاکره نمود. سرهاردینگ به

کنت بنکدرف [سفیر روسیه در انگلیس] اظهار داشت که بموجب اطلاعاتی که به وزارت امور خارجه رسیده صمصام السلطنه و بختیاریهای او در اصفهان خود را طرفدار ملتیان قلمداد کرده اند و عجالتا" فرمانفرما قصد رفتن به اصفهان را ندارد و بختیاریهائی که به اتفاق نایب الحکومه رفته اند با صمصام معاند نیستند[؟!] ...
مادامیکه شاه حکومت خود را اصلاح ننموده و اساس آن را بر مبنائی نگذارده که باعث اعتماد[؟!] باشد حاکم یا قشون فرستادن به اصفهان برای او بی‌ثمر است[؟!!] ... "

وضع کلی کشور ایران از نظر وزیر امور خارجه روسیه در آن زمان

نقل از یاداشت مورخ ۱۶ ژانویه ۱۹۰۹ (۲۶ دی ۱۳۸۷ - ۲۳ ذیحجه ۱۳۲۶) ایسولسکی (وزیر امور خارجه وقت روسیه) به سر نیکلسن (سفیر کبیر وقت انگلیس در روسیه) که ضمیمه نامه شماره ۶۳ مورخ ۱۷ ژانویه ۱۹۰۹ توسط سر نیکلسن به سر ادوارد گری فرستاده شده است. (صفحه ۳۹۵ کتاب آبی)

" اوضاع ایران، دور از بهبودی، روز بروز مغشوش‌تر میشود و حال مملکت خیلی سخت و جالب اهمیت شده است اوضاع در آذربایجان رو به بدتر شدن میرود، قدرت شاه فقط اسمی است. کوشش و کشمکش بین دستجات احزاب کماکان باقی است.
واردات تجارتی متدرجا" رو به تنزل است دسته شورشیان به تازگی کمپانی تلگراف هند و اروپ را

مجبور نموده‌اند که تمام وجوهات مدیونی خود را به انجمن محلی تبریز بپردازد.

تازگی در اصفهان هم اغتشاش بروز نموده و الحال آن شهر در تصرف بختیاریها است

اهالی مشهد از پرداخت مالیات امتناع دارند.

اوضاع گیلان و سایر ولایات کمتر از نقاط مذکوره تهدیدآمیز نیست.

یک قسمت از مجتهدین نجف مشغول اشاعه‌دادن اشتهارنامه در تمام مملکت هستند برای اینکه مردم را علیه شاه برانگیزانند و آنها را دعوت بنمایند که از حقوق و منافع شخصی خودشان دفاع بنمایند.

از طرف دیگر خزانه شاه خالی است. قشون و به همچنین ادارات بدون تاءدیه حقوق مانده و مجبورند که بواسطه غارت و شکار کردن مردم بی‌آزار زندگانی بنمایند.

اگر حوادث به اینطریق مداومت بنماید هیچکس نمی‌تواند پیشگوئی بکند که سرانجام این بی‌نظمی مملکت قاجاریه به کجا منتهی خواهد شد ... "

مسافرت اول به اروپا و تحصیلات عالیه!!

تهیه مقدمات سفر و عزیمت به پاریس

(۱) - کسب اجازه از پیشگاه مبارک ملوکانه! و صدور گذرنامه

بر طبق روشی که در آن زمان وجود داشته، رجال و درباریان درجه اول و بستگان خاندان سلطنتی و بطور کلی کسانیکه مستقیماً" با پادشاه وقت سر و کار و ارتباط داشته‌اند معمولاً" در هنگام مسافرت خود و یا یکی از بستگان درجهٔ اولشان بخارج از کشور مجبور بوده‌اند که مراتب را به پیشگاه مبارک ملوکانه! معروض داشته و از حضور قبله عالم! کسب اجازه نمایند و این عمل ممکن بوده است که بصورت کتبی یا شفاهی انجام گیرد.

بر حسب این رسم برای مصدق هم که حداقل از تاریخ انحلال دوره اول مجلس شورای ملی ظاهرسازی را کنار گذاشته و علناً" بصورت یکی از مشاوران دائمی و محارم محمد علیشاه و از ارکان سلطنت او در آمده و بطوریکه دیدیم بعضویت مجلس شورای کبرای دولتی نیز انتخاب شده بوده امکان نداشته است که بدون جلب موافقت و کسب اجازه از حضور شاه از ایران خارج گردد، به اینجهت مصدق به این بهانه که قصد دارد برادر مادری ۱۳ ساله خود ابوالحسن ثقه‌الدوله را برای ثبت نام و تحصیل در یک مدرسه شبانه‌روزی به اروپا ببرد موافقت محمد علیشاه را با مسافرت خود به اروپا، برای مدتی کوتاه، جلب نموده است.

ضمناً" چون در آن زمان سعدالدوله تازه بوزارت امور خارجه منصوب شده بوده و مصدق بعلت اختلافاتی که از گذشته بین او و سعدالدوله وجود داشته، احتمال میداده است که در

کار صدور گذرنامه‌اش کارشکنی شود از اینجهت ترتیب داده که دستخطی به امضای محمد علیشاه بعنوان سعدالدوله صادر گردد که ضمن آن صریحا" دستور صدور گذرنامه برای مصدق گنجانده شود.

مصدق ضمن تقریرات خود در اینمورد چنین بیان نموده است (قبلا" لازم میداند توضیح دهد که در متن زیر مطالبی که در داخل پرانتز آورده شده و ضمن آن مصدق سابقه مخالفت سعدالدوله با خود را شرح داده است مربوط به انتصاب سعد-الدوله به سمت وزیر امور خارجه در کابینه مشیرالسلطنه بعد از وقوع قتل اتابک میباشد):

" ... ناچار بودم که از شاه اجازه بگیرم. زیرا بدون اخذ اجازه، صدور تذکره برای من ممکن نبود. باز آقای حشمت‌الدوله والاتبار دستخطی بامضای شاه رسانید که برای من تذکره صادر کنند.

ولی اشکالی هم وجود داشت و آن این بود که درین وقت سعدالدوله که متمایل به سیاست روس بود وزیر امور خارجه شده بود (و اعضای وزارت امور خارجه [که مایل به سیاست انگلیس بودند!] با او مخالفت میکردند. سعدالدوله با یکی از اعضای انجمن آذربایجان [در تبریز] موسوم به میرزا آقا نفتی که بعدها به اعتمادالملک ملقب شد، مربوط بود و ضمنا" در همان ایام دائی من عبدالحسین میرزا فرمانفرما والی آذربایجان بود.

انجمن آذربایجان در نتیجهٔ اقدامات میرزا آقا مرا به تلگرافخانه خواستند[؟!] و بوسیله من پیغام دادند(۱) که اگر سعدالدوله بوزارت امور خارجه نرود بازار تبریز تعطیل خواهد شد محمد علیشاه از این جریان خود از طریق تلگرافخانه

مطلع بود .

اتفاقاً" فردای آن روز که من به دربار رفتم(۲) شاه از من پرسید که شما در تلگرافخانه بودید چه خبری دارید) مقصودش از این سؤال آن بود که من او را رسماً" از نظریات انجمن آذربایجان مطلع کنم تا او بتواند سعدالدوله را در مقام خود استوار کند .

در جواب گفتم که : خبری نبود[!].) (۳)

سعدالدوله از مخالفت من با خود مطلع بود . پس ممکن بود که از صدور تذکره خودداری کند .

(ضمناً" مطلب دیگری هم پیش آمده بود که ممکن بود موجب عدم صدور تذکره باشد و آن این بود که در همین ایام که سعدالدوله به وزارت خارجه رسیده بود و بعلت مخالفت اعضاء نتوانسته بود به کار ادامه دهد مبلغ دو هزار و هشتصد تومان خود را از دولت برای خرید اثاثیه جهت وزارت امور خارجه طلبکار میدانست و این مبلغ را معاون‌الدوله وزیر خزانه حواله کرده بود که متصدیان کارهای فرمانفرما (۴) از محل مالیات املاک فرمانفرما در کرمانشاه بپردازند . اما چون حوالجات دیگری از طرف معاون‌الدوله در قبال مالیات مذکور صادر شده بود و این حوالجات پرداخت شده بود و از آن سعدالدوله لاوصول مانده بود) سعدالدوله این امر را از چشم من میدید .

بهر تقدیر تذکرهٔ مسافرت برای من صادر شد و سعدالدوله هیچ نوع اظهار مخالفتی نکرد ... " (۵)

---

(۱) - بطوریکه ملاحظه میشود ، مصدق در آن زمان به اندازه‌ای

در دربار ذینفوذ و در نزد محمد علیشاه مقرب بوده است که هنگامیکه مردم شهرستانها میخواستهاند مطلبی را به استحضار محمد علیشاه رسانده و یا درخواستی از وی بعمل آورند، او را به تلگرافخانه میخواستهاند و با مبادلهٔ تلگرام حضوری، مطالب و درخواستهای خود را از طریق او به استحضار محمد علیشاه میرساندهاند.

(۲) - از این جمله نیز کاملا" استنباط میشود که مصدق هر روز با محمد علیشاه ملاقات داشته است، زیرا اگر گفته بود: " اتفاقا" فردای آن روز به دربار رفتم. " میشد تصور کرد که روزهای دیگر نمیرفته و رفتن وی در این روز به دربار اتفاقی بوده است. ولی بودن حرف ربط " که " بعد از کلمات " آن روز " مشخص میسازد که مصدق روزهای دیگر هم به دربار میرفته ولی شاه اتفاقا" در روز بعد از روز دریافت تلگرام حضوری از انجمن آذربایجان، از او در مورد جریان تلگرافخانه پرسش بعمل آورده است.

(۳) - از همین یک پاسخ بخوبی میتوان به میزان راستگوئی و امانتداری! مصدق پی برد. زیرا با اینکه انجمن آذربایجان، به او اعتماد کرده و مطالبی را که در حکم امانت بوده، توسط او برای محمد علیشاه فرستاده است، اما مصدق با وجود قبول رساندن آن مطلب، به همین سادگی که ملاحظه میفرمایند، از رد امانت و رساندن مطالب مزبور خودداری کرده و به دروغ پاسخ داده است که: خبری نبود.

(۴) - بطوریکه میدانیم خود مصدق متصدی تامالاختیار کار-های فرمانفرما بوده و از این جهت سعدالدوله حق داشته است که لاوصول ماندن مطالبات خود را از چشم مصدق به بیند.

(۵) - تقریرات مصدق در زندان - یادداشت شده توسط جلیل بزرگمهر - صفحات ۱۴ تا ۱۶

(۲) - خداحافظی و کسب اجازه حرکت از محمد علیشاه

راجع به این خداحافظی خود مصدق در تقریرات خود چنین گفته است:

" موقع حرکت لازم بود که من یک اجازه حضوری هم علی‌الرسم از شاه گرفته باشم. برای اینکار به باغشاه رفتم. اتفاقا" موقع توقف در آنجا جلوی چادر نیرالسلطان فراشباشی محمد علیشاه بودم ...

در این اثنا ارشدالدوله که در اوایل مشروطیت یکی از آزادیخواهان بود و بعد در زمره هواخواهان محمد علیشاه قرار گرفته بود آمد و در آنجا نشست. بعد از آن دو نفری که در کمیسیون حرب بیش از همه سنگ آزادی و مشروطیت را به سینه میزدند و آن کلمات توهین‌آمیز را به پادشاه میگفتند آمدند و با ارشدالدوله داخل مذاکره و نجوا شدند. حضور این دو نفر سبب شد که من فوق‌العاده نگران و متوحش شدم و یقین حاصل کردم که آنها گزارش روزهای کمیسیون حرب را هم به شاه میداده‌اند. با خود میگفتم چطور ممکن است که من امروز بدون حادثه‌ای از این معرکه خلاص شوم؟ (۱)

شاه در اندرون خود که باغ وزیر افخم و مقابل باغشاه واقع شده بود منزل داشت.

در این وقت یکی از خواجه‌های او موسوم به عبدالله‌خان (۲) که از زمان ناصرالدینشاه من

او را دیده بودم و میشناختم و در دستگاه عزیز-السلطان بود و پس از قتل ناصرالدینشاه به تبریز رفته بود و جزو خواجه سرایان حرم محمد علیشاه شده بود، از آنجا گذشت. به او گفتم:
آیا ممکن است که امروز من شرفیاب شوم چونکه فردا باید حرکت کنم.
با سابقه‌ای که داشت فورا" رفت و بعرض شاه رسانید.
شاه در دالان باغ وزیر افخم مرا پذیرفت. پس از شنیدن از علت مسافرت گفت:
تصور میکردم که شما یک فیلسوفی هستید و اکنون اقرار میکنید که هیچ نمیدانید و تازه میخواهید بروید در اروپا تحصیل کنید. این هم بهانه‌ای است برای فرار از ایران،(۳) چون شما از وضعیت امروز خوشحال نیستید. بروید. من دیگر چیزی نمی‌گویم و شما را بخدا می‌سپارم. " (۴)

---

(۱) - بطوریکه میدانیم خود مصدق هم مانند ارشدالدوله و آن دو نفر دیگر، از آزادیخواهان و مشروطه‌طلبان قلابی بوده و خود او هر روز گزارشهای لازم از شرکت خود و دیگران در کمیسیون حرب را به محمد علیشاه میداده است.

(۲) - عبدالله خان خواجه بعد از قتل ناصرالدینشاه، توسط مظفرالدینشاه به نجم‌السلطنه مادر مصدق بخشیده شده و جزو خواجه سرایان نجم‌السلطنه در آمده است.

این شخص در هنگام مسافرت نجم‌السلطنه جهت انجام

مراسم حج (ذیحجه ۱۳۱۶ - اردیبهشت ۱۲۷۸ - مارس ۱۸۹۹) به عنوان خدمتگزار همراه او بوده و از آن ببعد به حاج عبدالله خان معروف شده است. (صفحه ۱۳۸ - سفرنامه امین‌الدوله - به کوشش اسلام کاظمیه) - حاج عبدالله خان بعد از خلع محمد علی شاه به اصفهان رفته و در حرم سرای ظل‌السلطان مشغول خدمت شده است. (صفحه ۱۵ - تقدیر یا تدبیر - خاطرات اعزاز نیک‌پی).

(۳) - اگر جملات قبل از این جمله را، مصدق از خود و از قول محمد علیشاه ساخته باشد، به احتمال قوی از این جمله ببعد را محمد علیشاه بیان داشته و به مصدق گفته است که تو با توجه به اوضاع ناخوش آیند فعلی و به علت ترس از آینده در حال فرار از کشور میباشی.

(۴) - تقریرات مصدق در زندان - همان - صفحات ۱۶ و ۱۷

(۳) - مسافرت به پاریس

مصدق ضمن تقریرات خود جریان مسافرتش از راه رشت و انزلی تا پاریس را شرح داده است. بموجب این تقریرات مصدق قبل از حرکت از تهران نامه‌ای از ممتحن‌السلطنه البرز ژنرال کنسول ایران در تفلیس دریافت داشته که در آن ممتحن‌السلطنه از وی درخواست کرده بوده است که حواله حقوق او از وزارت امور خارجه (توسط حاج دبیرالوزاره متصدی کار-های مصدق) بگیرد تا او بتواند آن حقوق را از صندوق تذکره برداشت نماید.

مصدق اینکار را انجام داده و حواله‌ء مزبور را با خود

به تفلیس برده و در آنجا به ممتحن‌السلطنه تحویل داده و ضمناً در کنسولگری مهمان او شده است.

در موقع ناهار شخصی بنام صادق اف از مجاهدان قفقاز حضور داشته، که ممتحن‌السلطنه، مصدق را به عنوان خواهرزاده فرمانفرما به او معرفی نموده است. بعد از ظهر آن روز هنگامیکه مصدق به اتفاق ژنرال کنسول و چند نفر دیگر از اعضای کنسولگری از خرید لباس بر میگشته‌اند غفلتاً شخصی از پشت درختی در جلو کنسولگری خارج شده و نامه‌ای باو میدهد که در آن نوشته شده بوده است: "دائی شما فرمانفرما میخواهد برود با آزادیخواهان جنگ کند. شما باید یکصد و هشتاد هزار منات بدهید تا بتوانید از اینجا حرکت کنید" در پائین آن نامه نیز عکس طپانچه‌ای به رنگ قرمز رسم شده و در زیر آنهم نوشته بوده‌اند: "ممتنع با این اسلحه به مجازات میرسد."

مصدق بعد از خواندن این نامه سخت به ممتحن‌السلطنه که او را به صادق اف معرفی کرده بوده است اعتراض میکند و بلافاصله در صدد عزیمت به باطوم بر می‌آید.

او قبل از حرکت از ممتحن‌السلطنه درخواست میکند که اگر آدم مطمئنی را در باطوم سراغ دارد او را به آن شخص معرفی نماید تا در صورت لزوم از مساعدتش برخوردار شود. ولی ممتحن‌السلطنه پاسخ داده است که به نامه احتیاجی نیست زیرا به کنسول ایران در آنجا تلگراف خواهد کرد تا از او استقبال و احتیاجاتش را رفع نماید. اما مصدق اظهار میدارد که احتیاج به پول دارد و میخواهد انگشتر الماس خود را بفروشد و بدان وسیله رفع احتیاج نماید و بعلاوه با استقبال کنسول ایران در باطوم از خودش، نیز جداً مخالفت ورزیده است.

ممتحن‌السلطنه، شخصی بنام رضا یوف تاجرباشی را به مصدق معرفی کرده و مصدق در همان تفلیس موفق شده است که مبلغ سیصد منات از او بگیرد و انگشتر خود را به او بدهد تا

پس از فروش بقیه وجه آنرا به پاریس برای مصدق حواله کند. بعلاوه ممتحن‌السلطنه نامه‌ای هم بعنوان شخصی بنام شیخ حسن یزدی در باطوم نوشته و مصدق را به او معرفی کرده است.

مصدق پس از ورود به ایستگاه راه‌آهن باطوم کنسول ایران در آن شهر را مشاهده میکند که بنا بر تلگرام ممتحن‌السلطنه باستقبال او آمده بوده است. عصر آن روز که مصدق بخانه شیخ حسن یزدی رفته بوده، در خانهٔ او زده شده و سه نفر از مجاهدان آن شهر نامه‌ای برای مصدق آورده‌اند که در آن نوشته شده بوده است: " هر جا که بروید آسمان همین رنگ است. در تفلیس حاضر نشدید صد و هشتاد هزار منات بدهید، اینجا باید سیصد و شصت هزار منات بدهید تا بتوانید حرکت کنید. "

مصدق در حضور آورندگان آن نامه که خود را نمایندگان انجمن معرفی کرده بوده‌اند به کنسول ایران بسختی اعتراض کرده که چرا ورود او را به انجمن اطلاع داده است و بعد هم به حاج حسن گفته است: " اگر من میتوانستم از عهدهٔ پرداخت این پولها برآیم انگشتر خود را در مقابل سیصد منات نزد رضا یوف تاجرباشی گرو نمی‌گذاشتم که بفروشد و بقیه وجه آن را برای من بفرستد و اینهم نوشته رضایوف تاجرباشی است. " و بالاخره بقدری تشدد به خرج داده که آن مجاهدان را از آوردن نامه پشیمان ساخته است. آنان به اتفاق کنسول بیرون رفته و پس از مذاکره با انجمن کار را با پنجاه منات جهت کمک به مدرسه ختم نموده‌اند.

مصدق بعد از این جریان از توقف بیشتر در باطوم منصرف شده، لوازم و اثاثه خود را برداشته به کشتی که قرار بوده است دو روز بعد از باطوم حرکت کند برده و این دو روز را در همان کشتی توقف میکند و سپس با آن به مارسی و از آنجا

مصدق تصادفاً" از این تخلف بزرگ آگاهی یافته بود، آنوقت در عالم خیال میتوانید الم‌شنگه و هیاهوی عظمیی را که او بعنوان حمایت از راستگوئی و درستکاری و پاکدامنی بر پا مینموده است، مجسم کنید.

در هر حال مصدق با تسلیم گواهی خلاف واقع وزارت مالیه ایران به انستیتوی مطالعات سیاسی پاریس به امتیازات متعددی جهت تحصیل در آن مؤسسه نائل گردیده که دانشجویان رسمی از آنها بی‌بهره بوده‌اند. از جمله اینکه:

۱ – از ارائه مدرک پایان تحصیلات دبیرستانی، که شرط لازم برای آغاز تحصیل در آن انستیتو بوده، معاف گردیده است.

۲ – از گذراندن امتحان زبان فرانسه معاف شده است.

۳ – مدتی بعد از آغاز سال تحصیلی، در مدرسه پذیرفته شده است.

۴ – ملزم به حضور مرتب در کلاس و رعایت مقررات مربوط بحضور و غیاب نگردیده است.

امتیازات مزبور علنی بوده و باین علت به مصدق داده شده که وی بموجب اعلام وزارت مالیه ایران و ادعای خودش قصد گرفتن مدرک دانشگاهی را نداشته و فقط قرار بوده است که به مدت دو سال در چند امتحان شرکت نماید ولی این امتیازات علنی ، مزایای نامرئی دیگری به دنبال داشته، از قبیل اینکه استادان انستیتو در مورد دانشجویان رسمی سختگیری خیلی بیشتری بعمل می‌آورده‌اند تا در مورد مصدق، و در مورد این شخص که گمان میکرده‌اند فقط قصد ارائه مدرکی به دولت ایران را دارد، نمره‌ء قبولی مورد نظر را ارفاقاً" اعطاء مینموده‌اند.

---

(۱) – تقریرات مصدق در زندان – همان – صفحات ۲۵ و ۲۶

تحمل رنج و زحمت و کسب معلومات جدید در رشته‌های مورد نظر نبوده بلکه او صرفا" بدنبال اخذ مدرک تحصیلی میگشته و قصد داشته است که حتی‌الامکان آنرا هم بدون رنج و کوشش و کسب معلومات بدست آورد.

در هر حال چنین بنظر میرسد که آغاز تحصیل مصدق بطور غیررسمی و به عنوان مستمع آزاد در اوائل سپتامبر ۱۹۰۹ (اوائل دهه دوم شهریور ۱۲۸۸ - اواسط شعبان ۱۳۲۷) بوده است.

مصدق بعد از آغاز تحصیل غیر رسمی در انستیتوی مطالعات سیاسی پاریس، نامه‌ای به عموزاده خود میرزا حسن مستوفی‌الممالک (که بعد از خلع محمد علیشاه وزیر مالیه شده بود) نوشته و از او خواهش کرده است که با صدور یک گواهی خلاف واقع، ادعای خلاف واقع او را تائید و از انستیتوی مطالعات پاریس درخواست کند که به او حق شرکت در امتحانات هم داده شود.

خود مصدق مطلب مزبور را چنین بیان نموده است:

"... ناچار شدم نامه‌ای به مرحوم مستوفی‌الممالک بنویسم (تصور میکنم آن وقت وزیر مالیه بود) از او تمنی کردم شرحی از طرف وزارت مالیه به مدیر مدرسه بنویسد به این مضمون که: چون من بورسیه دولت‌ام و مخارج تحصیلات مرا دولت میدهد و بیش از یکسال دیگر خرج تحصیل نخواهند داد در صورتیکه مدرسه موافقت کند و من امتحانات خود را بدهم زحمات من بهدر نمیرود.
وقتی این نامه را که به فرانسه در طهران تهیه شده بود بمدیر مدرسه دادم، قبول شد ... " (۱)

حال اگر فرض بفرمائید که این گواهی سراسر دروغ و خلاف حقیقت را مستوفی‌الممالک و یا یکنفر وزیر مالیه دیگر "از طرف وزارت مالیه" برای شخصی غیر از مصدق صادر کرده و

در هر حال بعد از اینکه خیال مصدق از آینده خودش تا حد زیادی راحت شده و به اصطلاح دل و دماغی پیدا کرده، به این فکر افتاده است که در صورت امکان راهی برای بدست آوردن مدرکی دانشگاهی که مدتها در آرزوی آن بسر میبرده، پیدا نماید تا پس از مراجعت بایران به استناد آن بتواند به مشاغل عالی مالی دست یابد. بالاخره بعد از حدود چهار ماه اقامت در پاریس، در اواسط ماه ژوئیه ۱۹۰۹ (اواخر تیر ماه ۱۲۸۸ - اواخر جمادی‌الثانی ۱۳۲۷) که امتحانات ترم دوم سال تحصیلی ۹-۱۹۰۸ در جریان بوده به انستیو مطالعات سیاسی پاریس مراجعه کرده و ضمن ارائه ترجمهٔ رسمی مدارک واقعی مربوط به سوابق خدمت خود در شغل عالی مستوفی‌گری در وزارت مالیه ایران، بر خلاف واقع و به دروغ مدعی شده است که اولاً" هنوز آن شغل را در اختیار دارد و کارمند رسمی دولت ایران محسوب میشود و ثانیاً" دولت ایران او را برای تحصیل غیررسمی در رشته‌های مربوط به امور مالی و مالیه عمومی به پاریس فرستاده و تا دو سال هم هزینه تحصیل و اقامت او را خواهد پرداخت و هرگاه نتواند در این مدت در جائی به تحصیل بپردازد مورد مؤاخذه و مجازات قرار خواهد گرفت. به عبارت دیگر مصدق وانمود کرده است که به هیچوجه قصد تحصیل رسمی و گرفتن لیسانس و حتی کسب معلومات مربوط را ندارد بلکه در مقابل وجوهی که به عنوان بورس تحصیلی دریافت میکند مایل و مجبور است که مدارکی به دولت خود ارائه دهد.

هر چند که مصدق با این قبیل ادعاهای دروغی موافقت ترحم‌آمیز رئیس انستیتوی مزبور را با شرکت خود به عنوان مستمع آزاد در کلاسهای آن مؤسسه بدون داشتن حق شرکت در امتحانات جلب نموده است اما چون ترتیب مزبور منظور اصلی او را تحقق نمی‌بخشیده، از این جهت آنرا موقتاً" پذیرفته و در عین حال در صدد پیدا کردن راه دیگری هم بر آمده است. زیرا قصد مصدق

(۱) ـ تقریرات مصدق در زندان ـ همان ـ صفحه ۱۸
(۲) ـ خاطرات و تاءلمات مصدق ـ به کوشش ایرج افشار ـ صفحه ۶۸
(۳) ـ تقریرات مصدق در زندان ـ همان ـ صفحه ۱۴

تحصیلات دانشگاهی در پاریس (فرانسه) و نوشاتل (سویس)

قبلا" هم گفته شده است که مصدق مردی فوق‌العاده زیاده‌طلب بوده و همواره به دنبال چیزهائی میرفته که شرایط احراز و استحقاق آنها را نداشته و غالبا" هم با نیرنگ و حقه‌بازی آنها را به دست می‌آورده است. جریان تحصیلات مصدق در فرانسه و سویس شاهدی غیرقابل انکار بر این مدعا و نمونه‌ای حیرت‌انگیز از یک روش فریبکارانه و پرخدعه میباشد که شاید هرگز نتوان نظیر و مشابهی برای آن در تاریخ آموزش و پرورش آن دو کشور پیدا نمود.

وضع مصدق در ایام تحصیل و اقدامات وی جهت دریافت مدرک تحصیلی دانشگاهی بشرح زیر میباشد:

در سال تحصیلی ۱۰ ـ ۱۹۰۹

الف ـ ترم اول

به پاریس میرود. (۱)

(۱) - تقریرات مصدق در زندان - همان - از صفحه ۱۸ ببعد

(۴) - زمان مسافرت

مصدق به ترتیب در تقریرات خود گفته و در خاطرات خود نوشته است که در اوائل سال ۱۹۰۹ (۱) میلادی از تهران عزیمت نموده و در ماه مارس (۲) همان سال به پاریس وارد شده است.

از تقریرات مصدق چنین استنباط میشود که وی در زمانی تصمیم به مسافرت از ایران گرفته که " سعدالدوله وزیر امور خارجه شده بود " (۳) و بدون تردید هنگامی هم بقصد رشت و انزلی از تهران خارج شده که هنوز شهر رشت به تصرف شورشیان مخالف محمد علیشاه در نیامده بوده است زیرا در غیر این صورت مصدق جرئت خروج از ایران، از این راه را، در خود نمیدیده است.

ما میدانیم که سعدالدوله در تاریخ ۱۳ ذیحجه ۱۳۲۶ (۱۶ دی ۱۲۸۷ - ۶ ژانویه ۱۹۰۹) به سمت وزیر امور خارجه منصوب گردیده و شورشیان رشت نیز در تاریخ ۱۶ محرم ۱۳۲۷ (۱۹ بهمن ۱۲۸۷ - ۸ فوریه ۱۹۰۹) حکمران آن شهر را کشته و شهر را به تصرف خود درآورده بوده‌اند. از اینجهت میتوان حدس زد که همه چیز از اتخاذ تصمیم به مسافرت و تهیه مقدمات و وسائل سفر و اخذ گذرنامه و خروج از ایران در فاصله همین دو تاریخ صورت گرفته است و مصدق در یکی از روزهای ماه مارس ۱۹۰۹ (که از ۱۱ اسفند ۱۲۸۷ مطابق با ۸ صفر ۱۳۲۷ شروع و به ۱۱ فروردین ۱۲۸۸ مطابق با ۹ ربیع‌الاول ۱۳۲۷ ختم میگردد) به پاریس وارد شده است.

(۲) - تحصیل غیر رسمی

با تلفیق قسمتهائی از تقریرات و خاطرات مصدق، خلاصه‌ای نسبتاً" کامل از وضع تحصیل وی در سال تحصیلی ۱۰-۱۹۰۹ بشرح زیر بدست آمده است:

" برنامه مدرسه که به پنج قسمت تقسیم شده بود یکی مربوط بعلوم مالی بود که سابقه‌ی خدمتم در وزارت مالیه ایجاب نمود این قسمت را انتخاب کنم و چون تا آخر سال تحصیلی بیش از چهار ماه نمانده بود مدیر چنین مصلحت دید بطور مستمع آزاد ثبت نام کنم. از بیانات استادان در هر کلاس که میخواستم استفاده نموده و از ۱۵ نوامبر که اول سال تحصیلی مدرسه بود در قسمت مربوط به امور مالی شروع نمایم که بدینطریق اقدام شد.

من همه روزه بمدرسه میرفتم و در تمام کلاسها از بیانات استادان بقدر مقدور استفاده میکردم. تا اینکه با یکی از دانشجویان قسمت علوم مالی آشنا شدم که مرا تشویق نمود بدروس مربوط به آن قسمت حاضر شوم و خود را برای امتحانات ماه نوامبر حاضر نمایم. این کار مشکلی نبود چونکه عده‌ی دانشجو زیاد بود و صرف مینمود درسها را طبع کنند و در اختیار آنان بگذارند بنا بر این میتوانستم از دروسی هم که قبل از ورود من بمدرسه داده شده بود استفاده کنم ... " (۱)

" ... بالاخره با همان دو سه ماهی که در مدرسه بعنوان مستمع آزاد بودم و مطالعاتی که در مدت تعطیل تابستان کردم موفق شدم که خود را برای هفت امتحان حاضر کنم ولی مدرسه قبول نمیکرد ... " (۲)

" ... چنین بنظر رسید اگر وزیر مالیه ایران بنویسد که من با خرج دولت آمده‌ام و دولت بیش از دو سال بمن مخارج تحصیل نمیدهد مورد قبول واقع شود، که آن وقت مستوفی‌الممالک وزیر مالیه بود و نامه‌ای باین مضمون نوشت که برای امتحان دعوتم کردند ... " (۳)

" ... در موقع امتحان حاضر شدم و از هفت امتحان شش امتحان را بخوبی گذرانیدم و نمره‌های خوب گرفتم ...

اما درس دیگر حقوق بین‌الملل عمومی بود و در تهران هم آن را از روی پروگرام مدرسه سیاسی مطالعه کرده بودم و امید داشتم بخوبی بگذرانم خوب نشد و در امتحان پانزدهم نوامبر ۱۹۰۹ نمره یازده گرفتم ... " (۴)

" ... حداکثر شماره‌های مدرسه عدد ۲۰ بود که در مالیه عمومی به من ۱۶ داده شد و فقط در یکی از امتحانات شماره ۱۱ داشتم که چون به ۱۲ نمیرسید میبایست آنرا سال بعد تجدید کنم ...

این بود جریان تحصیل من در سال اول ... " (۵)

بطوریکه در بالا ملاحظه شد مصدق در حدود چهار ماه قبل از پایان سال تحصیلی و یا ترم تحصیلی که به نوامبر ۱۹۰۹ ختم میشده به انستیتوی مطالعات سیاسی پاریس مراجعه کرده ولی ظاهراً" از زمان آغاز کارش بعنوان مستمع آزاد تا موقع امتحانات نوامبر بیش از دو سه ماهی نبوده و او در همین مدت کوتاه (که ما حد وسط آن یعنی ۲/۵ ماه را در نظر میگیریم) خود را برای ۷ امتحان آماده کرده و ۶ امتحان را با موفقیت گذرانده است یعنی کاریکه حتی دانشجویان رسمی اهل فرانسه نیز که مسلماً" همگی دیپلم دبیرستان هم داشته‌اند قادر بانجام آن

نموده‌اند. این امر مؤید آن است که استادان انستیتو با تصور اینکه مصدق در صدد ادامهٔ تحصیلات دانشگاهی نیست، نسبت به او ترحم کرده و با دادن نمرات قبولی ارفاقی و دروغی به او، به خیال خود او را از مجازات دولت ایران رهائی بخشیده‌اند.

---

(۱) - خاطرات و تألمات مصدق - همان - صفحه ۶۸
(۲) - تقریرات مصدق - همان - صفحه ۲۵
(۳) - خاطرات و تألمات مصدق - همان - صفحه ۶۹
(۴) - تقریرات مصدق - همان - صفحات ۲۶ و ۲۷
(۵) - خاطرات و تألمات مصدق - همان - صفحه ۶۹

ب - ترم دوم

(ا) - کمتر از یک ماه شرکت در کلاسهای درس

تقریرات و خاطرات مصدق تصریح دارد که وی پس از گذراندن امتحانات نوامبر ۱۹۰۹، از آغاز ترم تحصیلی بعد در کلاسهای درس شرکت نموده و به تحصیل پرداخته است ولی ظاهرا" بعلت فعالیت شدیدی که برای فراگیری و گذراندن امتحانات ترم قبل انجام داده بوده، به سختی مریض و به ناچار بستری شده و از تحصیل باز مانده است.

این مطلب نیز با تلفیق قسمتهائی از تقریرات و خاطرات وی بشرح زیر بیان میگردد:

" گذراندن امتحانات سال اول موجب تشویق من شد.
ولی برای مواد امتحانی سال ۱۹۰۹ - ۱۹۱۰ چندان کار کرده بودم که سخت مریض شدم. نظرم هست روزی که برای دیدن پرفسور هایم فیزیولوژیست معروف فرانسه رفته بودم، چون نتیجه تجزیه ترشحات معدی خود را باو نشان دادم بسیار تعجب کرد. گفت: من اولین مریضی است که می‌بینم ترشحات معدی او بدین حد بی‌نظم و مختل شده است. بمن گفت که: تا سه ماه میبایست استراحت کامل داشته باشید ... " (۱)

" ... سپس آدرس مؤسسه‌ای را داد که هم آن جا دوش بگیرم و هم استراحت نمایم و موقع خداحافظی که پرسیدم: چه وقت خواهم توانست بکار ادامه دهم گفت: تا آخر سال. در صورتیکه از سال هنوز ده روز بیشتر نرفته بود و تاریخ نسخه‌ایکه بمن داد ۱۰ ژانویه [۱۹۱۰] بود ... " (۲)

بموجب تقریرات و خاطرات مصدق، امتحانات ترم اول انستیتوی مطالعات سیاسی پاریس در ۱۵ نوامبر هر سال آغاز میشده و احتمالا" تا پایان آن ماه بطول می‌انجامیده است.

حال اگر اول دسامبر ۱۹۰۹ را آغاز ترم دوم انستیتوی مزبور در آن سال به حساب بیاوریم تا تاریخ ۱۰ ژانویه ۱۹۱۰ که مصدق نسخه را دریافت کرده بود، جمعا" یکماه و ده روز میباشد و هر گاه حداقل دو هفته تعطیلات مربوط به کریسمس و ژانویه را از آن کسر نمائیم متوجه میشویم که مدت شرکت در کلاس درس تا زمان دریافت نسخه به یکماه نرسیده است. بطوریکه بعد از این بر مبنای شواهد ملاحظه خواهد شد، مصدق بعد از مراجعه به پزشک نیز بیش از چند روزی قادر به حضور در کلاس نشده است.

(۲) - نیرنگ و دروغ جهت ثبت نام در دانشگاه نوشاتل سویس

بطوریکه ملاحظه شد، مصدق به علت نداشتن مدرک تحصیلی دبیرستانی با ارائه گواهی نامه‌ای به انستیتوی مطالعات سیاسی پاریس، بر خلاف واقع مدعی شده بود که بورسیه دولت ایران میباشد و بمدت دو سال کمک هزینه تحصیلی دولتی دریافت میدارد و با این ترتیب به هیچوجه قصد تحصیل رسمی و گرفتن مدرک لیسانس ندارد بلکه صرفاً" مایل و مجبور است گواهی‌نامه‌ای، مبنی بر اینکه در اینمدت در کلاسهای درس شرکت کرده و قبولشده است، به دولت ایران تسلیم نماید.

مصدق با این ادعای دروغی و با برانگیختن حس ترحم در مدیر و استادان انستیتوی مزبور و در حدود دو ماه و نیم شرکت در کلاسهای مربوط در ۶ درس نمره قبولی دریافت کرده بوده است.

اما شواهد نشان میدهد که مصدق فوق‌العاده برای دریافت مدرک تحصیلی دانشگاهی عجله داشته است زیرا وی بلافاصله پس از دریافت گواهی‌نامه‌ای که انستیتوی مطالعات سیاسی پاریس بعنوان وزارت مالیه ایران (در اواخر سال ۱۹۰۹ میلادی) صادر کرده بود سؤاستفاده و با ارائه آن به دانشگاه نوشاتل، در آنجا بر خلاف واقع وانمود کرده است که وی فردی دیپلمه بوده و با داشتن شرایط لازم برای ورود و تحصیل در دانشگاه - در انستیتوی مطالعات سیاسی پاریس پذیرفته شده و دانشجوی رسمی انستیتوی مزبور میباشد و دانشگاه نوشاتل نیز گواهی صادره توسط انستیتوی مطالعات سیاسی پاریس را بعنوان کارنامه ترم اول تحصیل پذیرفته، واحدهای گذرانده شده را مورد قبول قرارداده و نام مصدق برای ادامه تحصیل در ترم زمستانی

۱۹۱۰ یعنی ترم دوم سال تحصیلی ۱۰ - ۱۹۰۹ ثبت نموده است.

اعترافات مصدق در اینمورد نیز به شرح زیر میباشد:

" ... برای ثبت نام میبایست در دانشگاه مدرک تحصیل ارائه دهم که چون از مدارس ایران مدرکی نداشتم یعنی آنوقت که من میبایست تحصیل کنم ایران مدرسه نداشت از تصدیقنامه مدرسه سیاسی پاریس برای امتحاناتی که سال اول داده بودم استفاده [یا در حقیقت سؤاستفاده] کردم و بنام یک محصل رسمی در دانشکده حقوق [دانشگاه نوشاتل] که یک مؤسسه دولتی است ثبت نام نمودم ... " (۳)

مصدق حتی به این هم اکتفاء نکرده و بطوریکه بعدا" روشن خواهد شد وی در صدد برآمده است که ترم دوم سال تحصیلی ۱۰ - ۱۹۰۹ را در دو جا بحساب بگذارد یعنی هم در دانشگاه نوشاتل بعنوان دانشجوی رسمی در کلاسهای مربوط شرکت و تحصیل نماید و هم چون در انستیتوی مطالعات سیاسی پاریس دانشجوی مستمع آزاد محسوب میشده و اجباری به شرکت در کلاس نداشته است، فقط در هنگام برگزاری امتحانات پایان ترم آن مؤسسه، به پاریس رفته و با شرکت در آن امتحانات، مانند ترم اول، ملتمسانه نمراتی دریافت کند و آنها را بجای نمرات دروس و واحدهای دوره لیسانس به دانشگاه نوشاتل بقبولاند.

اما موقتا" تقدیر با تدبیر او جور درنیامده و او بعلت بیماری شدید مجبور به ترک تحصیل و مراجعت به ایران شده است.

---

(۱) - تقریرات مصدق در زندان - همان - صفحه ۲۷

(۲) - خاطرات و تاءلمات مصدق - همان - صفحه ۶۹

(۳) - همان - صفحه ۷۷

ترک تحصیل اجباری

دوران ترک تحصیل اجباری مصدق که مدت کوتاهی پس از آغاز ترم دوم سال تحصیلی ۱۰ - ۱۹۰۹ آغاز گردیده در بقیه مدت این ترم و در تمام ترم اول سال تحصیلی ۱۱ - ۱۹۱۰ و در قسمتی از ترم دوم این سال یعنی در حدود ۱۵ ماه ادامه داشته است تفصیل بیشتری از این دوران بشرح زیر میباشد:

استراحت سه ماهه در آپارتمانی در پاریس

ادامه بی‌فاصله خاطرات مصدق که در بالا زیر عنوان "کمتر از یکماه شرکت در کلاسهای درس" نقل شده بود، بشرح زیر میباشد:

" با این حال از فرط عشقی که داشتم دست از کار نکشیده و دستور معالج را اجرا نکردم. همه روزه مرتبا" بمدرسه میرفتم تا اینکه حالم طوری شد که از حرکت عجز پیدا کرده و از روی ناچاری به مؤسسه‌ای که پرفسور گفته بود مراجعه نمودم. این مؤسسه که در کوچه‌ای متصل به خیابان سن دنی و در بحبوحه شهر واقعشده بود. هوای خوب نداشت و پنجره‌ی اطاقی هم که میخواستند بمن بدهند در طبقه اول بنا بود و بحیاطی باز میشد که آفتاب نداشت و برای این اطاق در هر ماه یکهزار فرانک(۱) میبایست بپردازم که من برای یک اطاق رو به آفتاب و شام و ناهار که در اول ورودم به پاریس در کوچه وانو گرفته بودم بیش از صد و هشتاد

فرانک در ماه نمی‌پرداختم که چون غیر از استراحت کامل و گرفتن دوش کاری نداشتم و استراحتی که چند روز در خانه کردم مؤثر شده بود از گرفتن دوش صرفنظر کرده، (۲) تصمیم گرفتم محلی اجاره کنم و آنجا استراحت کنم. ولی نمیدانستم چطور میشود باینکار موفق گردم.

برای کسب اطلاع به پانسیونی که در اول ورود خود به پاریس بودم رفته با یکی از خدمتکاران از نظر شناسائی با یک پرستار مذاکره نمودم که گفت کارم در اینجا زیاد است، چنانچه بخواهید خودم میتوانم از عهده‌ی اینکار بر آیم که قرار شد محلی پیدا کند و اثاثیه مورد احتیاجم را خریده مرا به آنجا منتقل نماید که عصر روز بعد آمد و مرا به محلی که تهیه کرده بود. منتقل کرد... اقامتم در آنجا سه ماه طول کشید ... " (۳)

---

(۱) و (۲) - مصدق دارای خست فوق‌العاده‌ای بوده است. وی ، بعد از شهرت و مقام، برای پول ارزش زیادی قائل میشده و، جز در راه رسیدن به مقام و شهرت، به سختی امکان داشته است که حتی از یکشاهی صرفنظر نماید.

با اینکه وی در راه عزیمت به پاریس از ثروت گزافی برخوردار بوده و شخصا" یکی از ۹۵ فئودال بزرگ ایران محسوب میشده است، معهذا در پاریس به صورت یک دانشجوی ساده زندگی میکرده و حتی به منظور صرفه‌جوئی از گرفتن دوش، که برای سلامتی وی مفید بوده، خودداری نموده است.

(۳) - خاطرات و تاءلمات مصدق - همان - صفحه ۷۰

استراحت دو ماهه در خارج از پاریس

بقیه داستان به نقل از خاطرات مصدق بشرح زیر میباشد:

"...زمستان در آن محل [آپارتمان] بد نبود ولی بعد چون وسعتی نداشت محتاج به محل بهتری بودم که بدستور طبیب در بیمارستانی واقع در بلوود بین پاریس و ورسای وارد شدم که از حیث هوا و غذا هر دو خوب و دو ماه بود آنجا بسر میبردم ... " (۱)

---

(۱) - خاطرات و تاءلمات مصدق - همان - صفحه ۷۰

مسافرت به تهران

خاطرات مصدق بی‌فاصله بشرح زیر ادامه می یابد:

" که روزی دکتر خلیل‌خان ثقفی اعلم‌الدوله دوست و همسایه من در طهران از من عیادت نمود و این ملاقات سبب شد که من تصمیم بگیرم به ایران مراجعت کنم و از یک دکتری که به میل و اراده خود می‌آید در عرض راه استفاده نمایم.

اعلم‌الدوله قبول نمود باین شرط که صبح روز چهارم بایستگاه شهر لوزان برسیم و گفت جای خود را در ترن گرفته‌ام چنانچه در ساعت مقرر آنجا وارد نشوید چاره جز حرکت ندارم که وقتی رفت دیدم از این مسافرت باید صرفنظر کنم. چونکه در هر سه ماه شش صد تومان [!!] (۱) از طهران

برایم میرسید که از وجه ارسالی اخیر چیزی نمانده بود بیک پرستار هم احتیاج داشتم که توجه باین مشکلات حالی برایم باقی نگذاشته بود که سبب شد پرستار از من سؤال کند علت افسردگی و ناراحتی چیست؟ که پس از بیان مطلب گفت: در یکی از بانکها مختصر وجهی پس‌انداز دارم که میتوانم از شما کارگشائی بکنم و باز مثل همین جا پرستاری نمایم تا شما را بخانه‌ی خود برسانم. که بلافاصله شروع بکار کرد.

آپارتمانی که در پاریس داشتم به مستاءجر اول تحویل نمود. کتابهای مرا بوسیله کمپانی حمل و نقل از طریق مارسی - باطوم به ایران فرستاد و سه هزار فرانک هم آورد که دیگر کاری نبود جز اینکه پرفسور هایم را به بینم و برای اقامت در طهران از او دستور بگیرم. او هم زودتر از چند روز وقت نمیداد که به همت سیف‌الدین بهمن آن وقت دانشجوی دانشکده حقوق در پاریس، کارم از ملاقات طبیب و امضای گذرنامه‌ها و بلیط راه آهن و جا در واگون تمام بخوبی گذشت. شب از پاریس حرکت کردیم و صبح روز چهارم وارد ایستگاه لوزان شدیم و از آنجا با دکتر اعلم‌الدوله به طهران حرکت نمودیم." (۲)

"... حالتم طوری بود که فواصل کوتاه عرض راه را نمیتوانستم با پای خود بروم. در سرحد روسیه چرخ خاککشی آوردند و بدینوسیله مرا از ترن اطریش به ترن روسیه رسانیدند. در پهلوی حمالی از کشتی مرا بدوش گرفت و محلی که میبایست با کالسکه حرکت کنم بزمین گذاشت. ورودم به طهران

مصادف بود با روزهای گرم آخر خرداد [۱۲۸۹] ... "(۳)

روز آخر خرداد ۱۲۸۹ با ۲۱ ژوئن ۱۹۱۰ مطابقت دارد و چون مصدق در روزهای آخر خرداد در این سال در تهران بوده است از این جهت با یکی دو روز تقریب میتوان فرض کرد که وی در روز ۱۵ ژوئن ۱۹۱۰ به این شهر وارد شده است. فاصله این روز تا روز ۱۰ ژانویه ۱۹۱۰ که مصدق در پاریس به پروفسور هایم مراجعه کرده بود، ۵ ماه و ۵ روز میباشد. با توجه به مدتی در حدود ۵ ماه بستری بودن و استراحت در پاریس و حومهٔ آن و مدت مسافرت از پاریس به تهران با وسائل آن زمان مشخص میشود که مصدق بعد از مراجعه به پزشک، بعلت شدت بیماری بیش از چند روز قدرت ادامه شرکت در کلاسهای درس را نداشته است.

---

(۱) - طرز خرج یکی از بزرگترین فئودالهای وقت ایران که پسر و شوهر دو فئودال دیگر هم بوده است!

(۲) - خاطرات و تاءلمات مصدق - صفحه ۷۱

(۳) - همان - صفحه ۷۲

استراحت پنج ماهه در تهران و افجه

" پس از رسیدن به طهران و دو ماه استراحت در دهکده افجه، حال من بعلت سازگاری هوای آنجا بهبودی یافت. اقامت من در طهران بیش از پنج ماه طول نکشید ... " (۱)

(۱) - تقریرات مصدق در زندان - همان - صفحه ۳۱

مراجعت به اروپا

" پس از قریب پنج ماه اقامت در طهران ، با خانواده خود بعزم سویس و توقف در آنجا که آب و هوایش مناسبتر بود حرکت کردم. قصدم آن بود که تحصیلات خود را باتمام برسانم. مادر من هم که میخواست به یکی از متخصصین چشم آن روز بنام De le Personne مراجعه کند با من همسفر شد ... " (۱)

(۱) - تقریرات مصدق در زندان - همان - صفحه ۳۴

عزیمت به پاریس برای گذراندن امتحان درس حقوق بین‌الملل عمومی

مصدق در خاطرات خود چنین نوشته است:

" ... از طریق روسیه و اطریش به شهر فریبورگ

وارد شدیم و بعد خود منفرداً" برای تحقیقات به بلژیک رفتم و پس از مراجعت شهر نوشاتل را برای محل اقامت و تحصیل اختیار کردم ... " (۱)

اما چنین بنظر میرسد که مصدق پس از رسیدن به فریبورگ در اطریش، مادر و زن و فرزندانش را در آن شهر گذارده و خود به تنهائی برای شرکت در امتحانات ۱۵ نوامبر ۱۹۱۰ ببعد انستیتوی مطالعات سیاسی پاریس و گذراندن درس حقوق بین‌الملل عمومی که استاد مربوط به آن بر خلاف سایر استادان در سال اول نمرهٔ قبولی به وی نداده بود به پاریس رفته و این دفعه نمره‌ای کمتر از سال قبل دریافت داشته است.

تقریرات خود او در اینمورد بدین شرح میباشد:

" ... سال دیگر این ماده را [درس حقوق بین‌الملل عمومی را که در پانزدهم نوامبر ۱۹۰۹ با نمرهٔ مردودی امتحان داده بود] مجدداً" به تفصیل مطالعه کردم [! کی؟ و در کجا؟] و یقین داشتم که از تمام مواد امتحانی آن را بهتر میدانم.

در موقع امتحان استادم Charles Dupuis تاریخ سالی را که مربوط به عملیات ژنرال دوفور Dufour راجع به صلیب احمر بود از من پرسید.

چون این تاریخ را درست بخاطر نداشتم و مدت امتحان هم زیاد نبود که سؤالهای دیگری از من بکند به من نمره هشت [یعنی سه نمره کمتر از نمره مردودی سال قبل] داد ... " (۲)

---

(۱) - خاطرات و تألمات مصدق - همان - صفحه ۷۵

(۲) - تقریرات مصدق در زندان - همان - صفحه ۲۷

مراقبت چهار ماهه از مادر در سویس

" ... چون مادرم حاضر نشده بود رفع حجاب کند، در روسیه یک شال پشمی که دهقانان بسر میکنند برایش خریدم ... پس از چندی توقف [در سویس] از دولاپرسن کحال معروف پاریس وقت گرفتم و او را با همان لباس به پاریس بردم که پس از یک معاینه دقیق تشخیص داد که هر دو چشم او آب آورده ولی نرسیده است که باید مدتی بعد عمل شود و چون نتیجه عمل معلوم نیست بهتر این است که گاهی بیدالوز مصرف کند تا حتی‌الامکان دیرتر برسد که چندی پس از ورود مادرم به طهران دکتر دمخین کحال لهستانی بطهران آمد و عمل کرد. نتیجه‌ی مطلوبه حاصل شد.

توقف مادرم در سویس در حدود چهار ماه طول کشید که تا بادکوبه او را مشایعت کردم و بعد برای اینکه در رفت و آمد به شهر وقتم تلف نشود محلی در شهر و نزدیک دانشگاه اجاره نمودم که بقیه مدت اقامتم در آنجا گذشت. " (۱)

بطوریکه قبلا" هم گفته شد در هر زمان که مصدق بیش از یکبار راجع به یک موضوع صحبت کرده و یا مطلبی نوشته باشد، هر گاه در دفعه‌های بعد از گفته‌های دفعه اولش نوشته‌ای جهت مراجعه در اختیار او نبوده، غالبا" مطالبی را که ابراز داشته است با گفته‌های قبلی او مغایر بوده و تفاوت بسیار در آنها مشاهده میشده است. مثلا" در همین متن بالا در مورد مادرش گفته است: " تا بادکوبه او را مشایعت کردم " در حالیکه در تقریرات او راجع به همین مطلب چنین میخوانیم:

" ... من او را تا سرحد ایران مشایعت کردم و در انزلی به کسانیکه در انتظار ایشان بودند سپردم تا

به طهران بیاید. خودم مجدداً" به سویس باز گشتم ... "(۲)

در هر حال چنین بنظر میرسد که مادر مصدق بعد از نوروز سال ۱۲۹۰ شمسی یعنی در اوائل بهار این سال و حدود آوریل ۱۹۱۱ به ایران برگشته و مصدق پس از مشایعت مادر تا سرحد ایران و مراجعت به نوشاتل در نزدیک دانشگاه آن شهر خانه‌ای اجاره نموده و از حدود ماه مه ۱۹۱۱ (اردیبهشت/خرداد ۱۲۹۰ - جمادی‌الاول ۱۳۲۹) بطور تمام وقت فرصت تحصیل پیدا کرده است.

---

(۱) - خاطرات و تاءلمات مصدق - همان - صفحات ۷۵ و ۷۶

(۲) - تقریرات مصدق در زندان - همان - صفحه ۳۴

در سال تحصیلی ۱۱-۱۹۱۰

ترم اول

ترم اول سال تحصیلی ۱۱ - ۱۹۱۰ در حالی آغاز گردیده که مصدق در دهکده افجه نزدیک تهران مشغول استراحت بوده و تنها در پایان این ترم موفق گردیده است که خود را به پاریس برساند و در امتحان درس حقوق بین‌الملل عمومی (که در ترم اول سال تحصیلی قبل موفق بگذراندن آن نشده بود) شرکت نماید و بطوریکه دیدیم این بار نمره‌ای کمتر از سال قبل گرفته و باز هم بگذراندن آن درس توفیق نیافته است.

ترم دوم

مصدق در این ترم موفق گردیده نقشه‌ای را که برای

اجرا از دومین ترم تحصیلی سال قبل کشیده بود، بمرحله عمل در آورد. یعنی همان مدت دو ماه و نیمی را که تا پایان ترم دوم آن سال تحصیلی وقت بوده و او بعنوان دانشجوی رسمی در دانشگاه نوشاتل حضور یافته بوده بحساب یک ترم کامل تحصیل در آن دانشگاه گذاشته و بعلاوه چون قسمتی از این ترم تحصیلی در داخل دو سالی قرار داشته که مصدق قبلا" برای " انستیتوی مطالعات سیاسی پاریس به دروغ ادعای دریافت بورس از دولت ایران بمنظور تحصیل در آن انستیتو کرده بود، از اینجهت با سفر به پاریس و شرکت در امتحانات آن مؤسسه، به عنوان همان دانشجوی مستمع آزاد سال قبل و در ادامه همان ادعا که :اگر با نمره قبولی به کشور خود برنگردم مورد مؤاخذه دولت ایران قرار خواهم گرفت و مجبور به استرداد وجوه دریافتی خواهم بود،! (مسلما" باز هم ملتمسانه) تعدادی نمرهء قبولی دیگر نیز دریافت کرده و آنها را در دانشگاه نوشاتل به حساب آورده است.

با توجه به اینکه ظاهرا" امتحانات ترم دوم هر دو مؤسسه آموزشی مزبور در ماه ژوئن هر سال برگزار میشده و از اینجهت برای مصدق در یک زمان امکان حضور در دو مؤسسه وجود نداشته است چنین بنظر میرسد که مصدق نخست در امتحانات دانشگاه نوشاتل که وی دانشجوی رسمی آن محسوب میشده، شرکت کرده و بعد با مسافرت به پاریس و مراجعه بمدیر و استادان انستیتوی مطالعات سیاسی و ارائه مدارک مربوط به بیماری و بستری بودن طولانی خود که او را از درس خواندن و فراگیری بازداشته بوده و، همانطور که گفته شد، ادعای اینکه اگر نمرات قبولی تعدادی درس را به وزارت مالیه ایران ارائه ندهد مورد مؤاخذه قرار خواهد گرفت، با خواهش و التماس در تمام درسهای مورد نظر (حتی حقوق بین‌الملل عمومی!) نمرهء قبولی گرفته است.

توضیح مصدق در مورد این تحصیل مضاعف و همزمان در دو دانشکده، بشرح زیر میباشد:

"... نظر باینکه سه ماه [منظور همان کمتر از یکماه است] از سال دوم مدرسه سیاسی [انستیتوی مطالعات سیاسی] را بدروس استادان حاضر شده بودم در ژوئیه ۱۹۱۱ (مرداد ۱۲۹۰) برای دادن امتحان به پاریس رفتم و چند امتحان دادم که در تمام موفق شدم[!!] ... " (۱)

---

(۱) - خاطرات و تاءلمات مصدق - همان - صفحه ۷۷

در سال تحصیلی ۱۲-۱۹۱۱

مصدق در این سال دانشجوی رسمی دانشگاه نوشاتل بوده و هرگاه وی موفق میشده است از دروسی که انتخاب کرده بوده نمرهء قبولی دریافت نماید به دریافت لیسانس نائل میگردیده است.

خود او نیز در خاطرات خود ادعا دارد که به این امر توفیق یافته است اما پروندهء تحصیلی وی در دانشگاه نوشاتل حاکی از آن است که او در این سال از عهدهء انجام اینکار بر نیامده و دریافت مدرک لیسانس توسط وی به مدت یکسال به تعویق افتاده است.

خاطرات مصدق در مورد این سال تحصیلی بدین شرح میباشد:

"... در ژویه ۱۹۱۲ داوطلب امتحان دو سالهی لیسانس شدم که بواسطه پیش آمدی تصور نمیکردم توفیق حاصل کنم ...

... ولی از این نظر که شانس کمترین اثری نداشت (۱) برای دادن امتحان حاضر شدم و در تمام موفق گردیدم و فقط شانس در یکی از آنها مساعدت کرد و این بود که کار زیاد فرصت نمیداد روزهای قبل از امتحان، انستیتو دو ژوستی‌نین را از ابتدا تا انتها بخوانم و معنای هر کلمه‌ای را که از نظرم رفته بود بفرهنگ مراجعه کرده و بخاطر بسپارم.

چونکه من مثل سایر دانشجویان زبان لاتن را در دبیرستان تحصیل نکرده بودم که موقع امتحان دچار این مشکل نباشم.

در هر جلسه استاد به ترتیب فصلی از آن کتاب را مطرح مینمود و هر یک از دانشجویان را به نوبت صدا میکرد تا قسمتی از آن را ترجمه کنند و من قبل از رفتن بدانشکده آن فصل را با معلم خود حاضر مینمودم و از سایرین بهتر ترجمه میکردم. ولی در روز امتحان که معلوم نبود کدامیک از فصول، موضوع ترجمه قرار خواهد گرفت مشکل بود از عهده برآیم.

برای اینکار خیالم راحت نبود و همیشه بخود میگفتم چه کاری بکنم که از عهده این امتحان برآیم. اینطور بنظرم رسید کتاب ضخیمی را که مرکب بود از دیژست، انستیتو دو ژوستی‌نین، نوول و کد یعنی چهار کتاب امپراطور ژوستی نین که همیشه روی میز در جلوی استاد بود چند بار باز کنم و ببینم کدامیک از فصول انستیو دو ژوستی‌نین بیشتر احتمال دارد که باز بشود به همانها مراجعه نمایم که فصل ۴ و ۵ و ۶ بیش از همه باز شد و من نیز همین سه فصل را برای امتحان حاضر کردم که

بر حسب اتفاق یکی از این فصول مورد ترجمه قرار گرفت و از عهده برآمدم ... " (۲)

---

(۱) ـ زمانیکه مصدق در امتحان حقوق بین‌الملل عمومی موفق نشده بود، ادعا میکرد که " در پاریس امتحانات بیشتر روی شانس میگذرد. " (تقریرات مصدق در زندان ـ صفحه ۲۶) ولی حالا که توفیق یافته، مدعی است که " شانس کمترین اثری نداشت. "

(۲) ـ خاطرات و تاءلمات مصدق ـ همان ـ صفحات ۷۷ و ۷۸ ـ نیرنگ بازی در ذات و خون مصدق وجود داشته و او همیشه از راههای ساده‌ای که به ذهن دیگران نمیرسیده ، استفاده میکرده است.

مثلاً" در این جا به این وضع و حالت که در هر کتاب وجود دارد و معمولاً" بر حسب وضع دوخت و صحافی، در هنگام باز کردن آن، صفحات معینی بیشتر باز میشود، توجه نموده و از آن استفاده به عمل آورده است.

در سال تحصیلی ۱۳-۱۹۱۲

در این سال مصدق به دریافت مدرک لیسانس نائل شده است و همانطور که گفته شد تصور میرود خاطراتیکه از مصدق راجع به سال تحصیلی قبل نقل گردید، مربوط به این سال بوده باشد.

تاءلیف تز دکترا

چنین بنظر میرسد که در دانشگاه نوشاتل تا اخذ گواهینامه لیسانس لازم بوده است که دانشجویان در گذراندن امتحانات مربوط به تعدادی از دروس، موفق گردند ولی برای دریافت مدرک دکترا دیگر امتحانی وجود نداشته و تنها شرط لازم در اینمورد تهیه جزوه‌ای (در مورد مطلبی که مورد قبول دانشکده قرار گرفته بوده) و پذیرفته شدن آن از طرف شورای دانشکده مربوط بوده است.

مصدق با تصویب شورای دانشکده " وصیت در حقوق اسلامی " را برای نوشتن تز دکترا انتخاب کرده بوده که احتیاج به تحقیق و زحمت زیاد نداشته و تنها کافی بوده است که شخص به یکی از مراکز دینی مراجعه کند و از روی کتب و منابع متعدد و فراوان مطالبی را انتخاب و رونویسی نماید.

وی برای اینکه ترتیب اینکار را بدهد به تهران مسافرت کرده و انجام آنرا به شخصی بنام علی اصغر ماجدی محول ساخته و ضمنا" از کمکها و راهنمائیهای افرادی دیگر از جمله محمدعلی کاشانی استفاده نموده است. با این ترتیب مصدق در مدتی بسیار کوتاه تز دکترای خود را تهیه کرده و پس از مراجعت به سویس نیز آنرا توسط یکی از دانشجویان ایرانی دانشگاه نوشاتل به زبان فرانسه ترجمه نموده است.

لطفا" بخاطرات خود مصدق در این رابطه توجه فرمایند:

" ... موضوع تز را هم که دانشکده حقوق تصویب

کرده بود راجع به وصیت در حقوق اسلامی بود که
در طهران بهتر میتوانستم کار کنم، یعنی اول به
فارسی تهیه کنم و متخصصین اظهار نظر کنند سپس
آنرا ترجمه کرده بدانشکده پیشنهاد نمایم . این بود
که تصمیم گرفتم اشرف و احمد دختر و پسر بزرگم
را در خانواده ای که دو سال آنجا بودند بگذارم . با
خانم و پسر کوچکم غلامحسین حرکت نمایم .
ایام مسافرت و روزهای دید و بازدید در طهران
موجب تعطیل کار شد و پس از رفع خستگی توانستم
خوب کار کنم و از عهده بر آیم ...
نمیدانم چه پیش آمده بود که نتوانستم آن را با
کمک استاد خود شادروان شیخ محمد علی کاشانی
تهیه کنم .

با شادروان شمس العلماء قریب مشورت کردم .
علی اصغر ماجدی را در نظر گرفت و من نه فقط
از معلومات بلکه از صحت عمل او هم در کاری که
مادرم در عدلیه داشت استفاده نمودم و بعد مقدمه ی
آن را هم که مربوط بمدارک حقوق اسلامی است با
نظر استاد خود شیخ محمد علی تهیه کردم که
دیگر کاری نداشت جز اینکه ترجمه شود و آن را در
سوئیس بهتر میتوانستم بانجام رسانم .
توقفم در طهران بیش از سه ماه طول نکشید که
خانواده را طهران گذاشته و باز همان شهر نوشاتل
را محل اقامت قرار دادم و در ضمن ترجمه تز در
دارالوکاله ی یکی از وکلاء موسوم به ژان رولـه
کارآموزی کردم ...
من در تمام مدت اقامتم همه روزه تا ظهر بکار
-آموزی مشغول بودم و عصرها هم با یکی از

دانشجویان همدوره‌ی خود به ترجمه تز اشتغال داشتم
که بعد از طی مراحل و تصویب شورای دانشکده چند
روز قبل از حرکتم به ایران در پاریس به طبع رسید
و منتشر گردید ... " (۱)

یعنی مصدق در مدت سه ماه اقامت در تهران (که قسمتی از آن هم بقول خودش به دید و بازدید و رفع خستگی گذشته بود) پایان نامه دکترای خود را توسط دیگران بفارسی تهیه کرد و بعد هم در سویس توسط دیگری آنرا به فرانسه ترجمه نمود و بهمین سادگی و آسانی از مرحله لیسانس به مرحله دکترا ارتقاء یافت و به اخذ درجه دکترای حقوق نائل گردید!

---

(۱) - خاطرات و تاءلمات مصدق - همان - صفحات ۷۹ و ۸۰

تائیدنامه‌های واصله از مؤسسات آموزشی مربوط

نگارنده در تاریخ اکتبر ۱۹۸۳ (مهر ۱۳۶۲ - محرم ۱۴۰۴) از انستیتوی مطالعات سیاسی پاریس و دانشگاه نوشاتل درخواست کرد که در مورد وضع تحصیل مصدق اطلاعاتی در اختیار وی قرار دهند.

ترجمه پاسخهای رسیده را ذیلاً" نقل و عین آنها را در صفحات بعد بچاپ خواهد رساند:

الف - پاسخ واصله از انستیتو مطالعات سیاسی پاریس

انستیتو مطالعات سیاسی پاریس

۷ دسامبر ۱۹۸۳

آقای عزیز،

بازگشت به نامهٔ اکتبر ۱۹۸۳ شما، به اطلاع میرساند که آقای محمد مصدق طی سالهای تحصیلی ۹-۱۹۰۸، ۱۰-۱۹۰۹، ۱۱-۱۹۱۰ دانشجوی مستمع آزاد علوم سیاسی بوده و در بخش اقتصاد و مالیه ثبت نام نموده بود، اما تحصیلاتش را در مدرسه علوم سیاسی به پایان نرسانید.

با احترام - مدیر انستیتو

ب ـ پاسخ واصله از دانشگاه نوشاتل

دانشگاه نوشاتل

آقا، ما نامهٔ مورخ اکتبر ۱۹۸۳ شما را در مورد تحصیلات محمد مصدق در دانشگاه نوشاتل دریافت کردیم.

پروندهای دانشجویان آن زمان در اختیار ما نیست، زیرا دیپلمهای دانشجویان در پایان تحصیلات به صاحبانشان داده شده است.

معذلک این مطلب را تائید می‌نمائیم که محمد مصدق اهل تهران از زمستان ۱۹۱۰ لغایت تابستان ۱۹۱۳ در دانشگاه نوشاتل ثبت نام نموده است.

ایشان در ۷ ژوئن ۱۹۱۳ [۱۷ خرداد ۱۲۹۲ - ۲ رجب ۱۳۳۱] موفق به اخذ مدرک لیسانس و در ۸ ژوئیه ۱۹۱۴ [۱۷ تیر ۱۲۹۳ - ۱۴ شعبان ۱۳۳۲] موفق به اخذ مدرک دکترا گردید.

به پیوست فتوکپی فیش دانشجوئی ایشان بشماره ۱۸۶ و دو فیش مربوط به لیسانس و دکترای ایشان که به ترتیب در سالهای ۱۹۱۳ و ۱۹۱۴ موفق به اخذ آنها گردید، ارسال میگردد.

بلاشک اطلاع از نامه‌ایکه محمد مصدق در مه ۱۹۵۳ برای یک دانشجوی ایرانی دانشگاه نوشاتل، عضو انجمن دانشجویان خارجی، نگاشته است. برای شما جالب خواهد بود.
این نامه در اولین شماره بولتن انجمن فوق منتشر گردید و در مارس ۱۹۷۸ در بولتن اطلاعات دانشگاه نوشاتل انتشار مجدد یافت.

امیدواریم که این اطلاعات برای شما مفید افتد.

با احترام ـ مدیر کل

(خوانندگان گرامی تصویر نامه‌های واصله از پاریس و نوشاتل را که مشتمل بر نامهٔ مورخ مه ۱۹۵۳ خود مصدق نیز میباشد در صفحات بعد ملاحظه خواهند فرمود.)

کارآموزی وکالت، تحصیل تابعیت کشور سویس و دریافت پروانه وکالت

طرفداران مصدق در کتابهائیکه راجع به او نوشته‌اند تقریباً" بالاتفاق در مورد تحصیل تابعیت سویس توسط مصدق، سکوت اختیار نموده و بعلاوه غالباً" چنین وانمود کرده‌اند که کارآموزی وکالت یکی از شرایط ضروری برای دریافت مدرک دکترا بوده است. در حالیکه این کارآموزی فقط برای دریافت پروانهٔ وکالت بوده و در حال حاضر نیز ضروری میباشد (و در آن زمان و هم اکنون) فقط آن عده از لیسانسیه‌های حقوق که اهل یا تبعه سویس می‌باشند اجازه و حق داشته و دارند در این مورد اقدام نمایند. علت ضروری بودن تابعیت کشور سویس برای دریافت پروانه وکالت و کارآموزی مربوط به آن این است که این پروانه به منزلهٔ اجازه کار تلقی میشود و اتباع خارجی حق ندارند از طریق اشتغال به حرفه وکالت و تنظیم و تسلیم دادخواست و دفاعیه و حضور در دادگاههای سویس بمنظور دفاع از دعاوی مطروحه کسب درآمد نمایند.

بموجب خاطرات خود مصدق تحصیل تابعیت سویس مستلزم سه سال اقامت در سویس بوده و ما میدانیم که وی در زمان اخذ مدرک لیسانس هنوز این شرط ضروری را نداشته است.

ما در عین حال میدانیم که مصدق قبل از اخذ مدرک دکترا ، یعنی زمانیکه هنوز بعنوان کارآموز وکالت خدمت میکرده، در دادگاهها حضور می‌یافته و بعنوان وکیل از طرف یکی از طرفین دعوا در مورد پرونده‌های مطروحه به دفاع می‌پرداخته است و این

FONDATION NATIONALE DES SCIENCES POLITIQUES

INSTITUT
D'ÉTUDES POLITIQUES
DE PARIS

PARIS, LE   7 Décembre 1983
27, RUE SAINT-GUILLAUME
75341 PARIS CEDEX 07

Cher Monsieur,

En réponse à votre lettre du mois d'Octobre 1983, qui m'est bien parvenue, je puis vous indiquer que Monsieur Mohammad MOSSADEGH été élève de l'Ecole Libre des Sciences Politiques durant les années scolaires 1908-1909, 1909-1910, 1910-1911 ; il a été inscrit dans la section Economique et Financière mais n'a pas achevé ses études à l'Ecole des Sciences Politiques.

Veuillez agréer, Cher Monsieur, l'expression de mes sentiments les meilleurs.

Le DIRECTEUR de l'INSTITUT :

UNIVERSITÉ DE NEUCHATEL

Avenue du 1er - Mars 26

Tél. (038) 25 38 51

Chèques postaux 20 - 1125

Monsieur,

Nous avons bien reçu votre lettre d'octobre 1983, concernant le passage
à l'Université de Neuchâtel de Mohammad Mossadegh.

Les dossiers des étudiants de l'époque ne sont plus en notre possession,
les diplômes d'étudiants étant rendus à leur possesseur à la fin des
études.

Nous pouvons toutefois vous confirmer que Mohammad Mossadegh, venant de
Téhéran, a été immatriculé à l'Université de Neuchâtel de l'hiver 1910 à
l'été 1913. Il a obtenu sa licence en droit le 7 juin 1913 et le doctorat
en droit le 8 juillet 1914.

Vous trouverez, en annexe, photocopie de la fiche d'étudiant no 186 et des
deux fiches concernant les licences en droit délivrées en 1913 et les doc-
torat en droit décernés en 1914.

Il vous intéressera sans doute aussi de prendre connaissance de la lettre
adressée par le Docteur Mossadegh en mai 1953 à un étudiant iranien de
l'Université de Neuchâtel, membre de la Société des étudiants étrangers USI,
telle qu'elle a été publiée dans le premier numéro du bulletin de ladite
société et reproduite dans le bulletin des informations de l'Université de
Neuchâtel en mars 1978.

Nous espérons que ces quelques documents vous seront utiles et vous prions
d'agréer, Monsieur, l'expression de nos sentiments très distingués.

Le secrétaire général :

M. Vuithier

ÉDITORIAL

Le comité de rédaction du Bulletin a décidé de demander à chacun des doyens d'accepter de rédiger un éditorial. Il s'y est pris trop tard pour ce numéro et/ou a sous-estimé les charges décanales. C'est la raison pour laquelle il a fait exceptionnellement appel à une personnalité moins directement attachée à l'Université, mais docteur d'icelle.   (La Rédaction)

"La lettre d'un membre iranien de votre Société me demandant d'écrire quelques lignes pour être insérées dans votre bulletin, m'a rappelé le doux souvenir du temps où j'étais un étudiant comme vous. Aussi, en dépit des lourdes charges et des occupations politiques, qui ne me laissent pas le moindre loisir de m'occuper des affaires personnelles qui me tiennent à coeur, est-ce avec le plus grand plaisir que je m'empresse d'envoyer ce bref message, en hommage pour mes éminents professeurs, en souvenir de mes chers condisciples, ainsi qu'à l'intention des étudiants actuels de l'Université qui, à leur tour, y passent la délicieuse époque de la vie estudiantine.

Le nom de l'Université de Neuchâtel me rappelle les plus doux souvenirs de ma vie passée. Si, en effet le charme de l'existence provient des délices de l'heure présente ou de la lumière de l'espérance ou de la perspective des désirs, tout cela est une chose acquise pour l'homme durant sa vie d'étudiant, car, durant cette époque, à chaque instant découvrant quelque vérité et enrichissant son esprit de nouvelles connaissances, il goûte à de nouvelles délices, et, grâce à l'instinct de jeunesse, il voit briller les lueurs de l'espoir, de l'immense champ des désirs et des ambitions à réaliser.

Si, actuellement, à cause de mes occupations politiques, je suis privé des délices de la lecture et des études, je suis cependant très heureux d'avoir réalisé mon grand désir, lequel était de rendre quelques services pour le progrès de mon pays et pour le bonheur de mes chers compatriotes, et de voir prendre corps ce que j'ai toujours espéré: le mouvement national iranien contre l'injustice et la violence des étrangers.

Je suis certain que vous aussi, étudiants actuels de l'Université de Neuchâtel, vous aspirez comme moi, à rendre service à la Société, et j'espère que vous réussirez tous à réaliser vos ambitions sociales."

Théréan, mai 1953.   Dr. M. MOSSADEGH

Extrait du Bulletin de la Société des Etudiants étrangers, U.S.I. 1953, no 1.

امر مؤید آن است که وی در آن ایام تابعیت سویس را کسب کرده و مجاز به شرکت در دادگاهها بوده است.

خاطرات مصدق راجع به مطالب مورد بحث این قسمت بشرح زیر میباشد:

"... ضمن ترجمه تز در دارالوکاله یکی از وکلاء موسوم به ژان روله کارآموزی کردم. ابتدا به اموری که مربوط به مقدمات کار و تهیه پرونده بود میرسیدم. سپس از طرف او از دعاوی کوچکی که کمتر احتمال برد داشت دفاع میکردم و علت این بود که صاحبان دعاوی بزرگ نمی‌خواستند کارآموزی که معلوم نبود دارای چه معلوماتی است از آنها دفاع کنند ...

من در تمام مدت اقامتم همه روزه تا ظهر به کار-آموزی مشغول بودم و عصرها هم با یکی از دانشجویان همدوره‌ی خود به ترجمه‌ی تز اشتغال داشتم ...

مدت کارآموزی شش ماه بود و من نه ماه در آن دارالوکاله کار کردم و در عالیترین دادگاه نوشاتل در محاکمه‌ای شرکت نمودم و تصدیقنامه وکالت خود را بشرط تابعیت سوئیس از آن دادگاه گرفتم.

نظر به اینکه تحصیل تابعیت سوئیس مستلزم ترک تابعیت اصلی نیست و هر واجد شرطی بدون از دست دادن تابعیت اصلی میتواند آن را تحصیل کند و شرط تحصیل تابعیت هم این بود که درخواست-کننده مدت سه سال در سوئیس اقامت کرده و در محل اقامت سابقه‌ی بد نداشته باشد. از شهربانی نوشاتل تصدیق گرفتم و آن را به ضمیمه درخواست خود به دولت مرکزی سوئیس فرستادم که مورد قبول

واقعشد ..." (۱)

(۱) - خاطرات و تاءلمات مصدق - همان - صفحات ۸۰ و ۸۱

مراجعت به ایران بلافاصله بعد از اخذ مدرک دکترا

بموجب نامهء رسمی دانشگاه نوشاتل (که در صفحات قبل به چاپ رسیده است) مصدق در تاریخ ۸ ژوئیه ۱۹۱۴ [۱۷ تیر ۱۲۹۳ - ۱۴ شعبان ۱۳۳۲] مدرک دکترای خود را دریافت داشته است و چون بموجب تقریراتش (با وسائل زمینی و دریائی آن زمان) در تاریخ ۲ اوت ۱۹۱۴ [۱۰ مرداد ۱۲۹۳ - ۹ رمضان ۱۳۳۲] همان سال یعنی بعد از ۲۴ روز به تهران وارد شده است از اینجهت میتوان نتیجه گرفت که عزیمت وی از سویس بلافاصله و یا مدت بسیار کوتاهی بعد از گرفتن درجه دکترا بوده است.

خود او در خاطرات و تقریراتش، راجع به مراجعت خود به ایران چنین گفته و نوشته است:

" ... نظر باینکه ایام تعطیل شروع شده بود و عده‌ای از فرزندان خویشان و دوستانم که آنجا تحصیل میکردند میخواستند با من به ایران بیایند، انجام کار را ببعد موکول نمودم و همه با هم حرکت کردیم و یکروز قبل از اعلان جنگ جهانی اول وارد طهران شدیم ... " (۱)

" ... روز ورودم به طهران مصادف بود با دوم اوت ۱۹۱۴- یک روز پس از آن جنگ بین‌الملل اول در گرفت ... " (۲)

---

(۱) ـ خاطرات و تاءلمات مصدق ـ همان ـ صفحه ۸۱
(۲) ـ تقریرات مصدق در زندان ـ همان ـ صفحه ۳۷

انتخاب خط مشی سیاسی

مصدق در زمانی به کشور مراجعت نموده که ایادی علنی و پنهانی انگلیس تقریبا" تمام مواضع حساس در صحنه سیاسی ایران را باشغال خود در آورده بوده‌اند و او که در گذشته بعلت مخالفت با سیاست انگلیس مجبور به فرار از کشور شده بود، بمنظور جلوگیری از افشای رسوائیهای گذشته‌اش در پادوئی دربار محمد علیشاه، خود را ناگزیر یافته که به همرنگی با جماعت درآید مخصوصا" اینکه برای رسیدن بجاه و مقام و ارضای حس جاه‌طلبی فوق‌العاده خود چاره‌ای جز این کار نمیدیده است.

مصدق از همان آغاز مشروطیت که به سیاست روی آورده ، دائی خود عبدالحسین میرزا فرمانفرما را بعنوان رهبر و سرمشق خود انتخاب کرده و در آن زمان که فرمانفرما بظاهر مشروطه‌خواه و در باطن طرفدار محمد علیشاه و ادامه حکومت استبدادی در ایران بوده است، مصدق جوان، جز در مدت کوتاهی قبل از انحلال مجلس شورای ملی، تمام اقدامات و فعالیتهای علنی و ظاهری خود را بر اساس نیات باطنی خود و سایر درباریان از جمله فرمانفرما انجام میداده و بعلت بی‌احتیاطیهائیکه در اثر جوانی و بی‌تجربگی مرتکب شده بوده بعنوان خواهرزاده فرمانفرما و جاسوس و عامل دربار محمد علیشاه در همه جا شهرت داشته است.

اما پس از مراجعت مصدق از اروپا که دیگر با خروج محمدعلیشاه از صحنهء سیاسی کشور، رودربایستی‌ها و محظورات

سابق مفقود و با وجود عبدالحسین میرزا فرمانفرما به صورت رهبر بزرگترین باند متنفذ سیاسی طرفدار انگلیس، هر نوع مقتضی برای تغییر جهت سیاسی مصدق موجود شده بوده است، چنین به نظر میرسد که وی نیز بصورت یکی از اعضای فعال باند دائی خود به فعالیت پرداخته باشد.

ص ۲۰۲

[۱] - " ... در طهران آن روز دو طبقه گردانندهء دستگاه مملکت بودند، یکی تفرشیها، آشتیانیها و گرکانیها - و دیگر طالقانیها.

دستهء اول تمام ادارات آن روز را از هر کاری عهده‌دار بودند. چون رجال آن روز، که هنوز [در زمان نوشتن این متن] هم حاضرند، از آن سه محل می‌آمدند و مصادر امور مملکت بودند، به این جهت هر کس از تفرش و گرکان و آشتیان می‌آمد، در خانهء فلان مستوفی یا دبیر یا وزیر وارد میشد، با یک لباس کهنه و به قول خودشان یک چارق و یک پا گیوه بود.

تا چندی مشغول کار و نویسندگی میشدند، خوب که آشنا میگردیدند، او را به یکی از عزب‌دفترها میسپردند، رفته رفته ترقی کرده، میشدند مستوفی‌الممالک یا وزیر دفتر یا منصور-الملک یا قوام‌السلطنه و وثوق‌الدوله یا میرزا زین-العابدین خان مستوفی و امثال آنها ... "

(خاطرات من یا یا روشن شدن تاریخ صد ساله - جلد ۱ - حسن اعظام قدسی - صفحهء ۲۱)

در اینجا باید تذکر داد که هر چند اکثریت مستوفیان و سایر کارکنان دولت، از اهالی همان سه شهر اول، یعنی تفرش، آشتیان و گرکان - و تا اندازه‌ای هم فراهان - بوده‌اند و به همان ترتیبی که در بالا ذکر شده، توسط بستگان و همشهریان خود، به خدمت گرفته میشده‌اند ولی صاحبان القاب و سمت‌هائی که اعظام قدسی ذکر کرده، از اعضای چند خانوادهء معدود بوده و که مقامات عالی را به صورت ارث اشغال کرده بوده‌اند و اکثر افراد عادی از اهالی شهرهای مزبور، و دیگر شهرها، از مستوفی درجه ۲ به بالاتر ترقی نمیکرده‌اند.

ص ۱۸۳ [۲] - سلطان حسین میرزا نیرالدوله، پسر پرویز میرزا نیرالدوله میباشد، که شخص اخیر پسر پنجاه و سوم فتحعلیشاه بوده و سالهای متمادی در آخر عمر، حکومت سبزوار و نیشابور را داشته است.

بعد از وفات پرویز میرزا نیرالدوله، که در ۱۱ شعبان ۱۳۰۵ (۴ اردیبهشت ۱۲۶۷ - ۲۲ آوریل ۱۸۸۸) واقع گردیده، لقب و مشاغل وی به پسرش سلطان حسین میرزا (که از چندی قبل از آن نیز، به نیابت از طرف پدر، عملاً" وظایف مربوط به مشاغل مزبور را عهده دار بوده) واگذار شده است.

"... از سال ۱۳۰۹ هـ. ق. [۱۲۷۰/۱ ش. - ۱۸۹۱/۲ م.] تا چند سالی بعد حکومت سرولایت سبزوار و غیره ضمیمهء حکومت نیشابور گردید و در این مدت اکثر املاک خوب و مرغوب نیشابور را به تصرف خود در-آورد و اول ملاک نیشابور گردید ... "

(شرح حال رجال ایران - جلد ۲ - مهدی بامداد - صفحه ۸۷)

" ... نیرالدوله شخصی بوده است متفرعن و خود-پسند و مانند اکثر حکام ولات و وزراء این مملکت، بلکه میتوان گفت مانند اکثر ممالک عقب‌افتادهء مشرق زمین، طماع و اخاذ.

در زمان حیات خود یکی از ملاکین عمده و از متمولین درجهء یک ایران محسوب میشد ... "

(همان ماخذ - صفحه ۸۸)

" ... در سال ۱۳۱۸ هـ. ق. [۱۲۷۹ ش. - ۱۹۰۰ م.] که محمد تقی میرزا رکن‌الدوله، برادر ناصرالدینشاه، درگذشت، نیرالدوله با دادن پیشکشی (رشوه) قابلی به شاه و صدر اعظم به جای وی به حکومت خراسان تعیین گردید. [آغاز حکومت او بر خراسان ۲۰ شوال

۱۳۱۸ - ۲۱ بهمن ۱۲۷۹ - ۱۰ فوریه ۱۹۰۱ بوده است] و در سال ۱۳۲۱ قمری [حدود ربیع‌الاول ۱۳۲۱ - خرداد ۱۲۸۲ - ژوئن ۱۹۰۳] از حکومت خراسان معزول و به تهران آمد ... " (همان ماخذ - صفحه ۸۸)

وی در سومین سفر مظفرالدینشاه به اروپا همراه با او بود. بعد از پایان مهاجرت صغری و عزل میرزا احمد خان علاء-الدوله (در تاریخ جمعه ۱۶ ذیقعده ۱۳۲۳ - ۲۱ دی ۱۲۸۴ - ۱۱ ژانویه ۱۹۰۶) به جای او به حکمرانی تهران منصوب گردید و تا مدت کوتاهی بعد از مهاجرت کبری و امضای فرمان مشروطیت در این سمت باقی بود و در تاریخ پنجشنبه ۲ رجب ۱۳۲۴ - ۳۱ مرداد ۱۲۸۵ - ۲۳ اوت ۱۹۴۷، معزول گردید. در مورد این انتصاب او خطاب به مظفرالدینشاه چنین گفته شده است:

خسروا! خبط و نابجا تا کی؟
نیرالدوله و حکومت ری؟
او نشابور هم زیادش بود،
به!، به به!، عجب عجب!، هی هی!

نیرالدوله در نیمهء دوم خرداد ۱۲۸۶ (مقارن با ژوئن ۱۹۰۷ - اواخر ربیع‌الثانی یا اوائل جمادی‌الاول ۱۳۲۵) به جای نظام‌السلطنه به حکمرانی اصفهان منصوب گردیده و تا تاریخ ۲۵ بهمن ۱۲۸۶ (۱۵ فوریه ۱۹۰۸ - ۱۱ محرم ۱۳۲۶)، که مستعفی گردید، در این سمت باقی بوده و در دوران همین حکمرانی، محمد مصدق را، در اواخر رمضان ۱۳۲۵ (نیمهء اول آبان ۱۲۸۶ - اواخر اکتبر ۱۹۰۷) به عنوان وکیل اعیان و اشراف اصفهان معرفی کرده است.

خلاف قانون بودن وکالت، وزارت، و نخست‌وزیری

محمد مصدق

به موجب قوانین ایران، **مصدق** با داشتن تابعیّت کشور سویس حق نداشته است که در ایران وکیل، وزیر و یا نخست‌وزیر گردد و به عبارت دیگر وکالت ایشان در دوره‌های ۱٤ و ۱٦ در مجلس شورای ملی ایران و نیز نخست‌وزیری ایشان برخلاف قانون بوده است.

لطفاً به مواد زیر از **قانون مدنی ایران** (که مصوب دورهٔ نهم قانون‌گذاری، در تاریخهای ۲۸ بهمن و ۲۱ اسفند ۱۳۱۳- و با اصلاحات بعدی در فروردین‌ماه ۱۳۱٤ میباشد و حداقل تا پایان سلطنت **محمد رضا شاه پهلوی** معتبر بوده است) توجه فرمائید:

ماده ۹۸۸ – اتباع ایران نمیتوانند تبعیّت خود را ترک کنند مگر به شرایط زیر:

۱ - به سن ۲۵ سال تمام رسیده باشند.
۲ - هیئت وزراء خروج از تابعیت آنان را اجازه دهد.
۳ - قبلاً تعهد نمایند که در ظرف یک سال از تاریخ ترک تابعیّت، حقوق خود را بر اموال غیرمنقول که در ایران دارا میباشند و یا ممکن است دارا شوند ولو قوانین ایران اجازهٔ تملک آن را به اتباع خارجه بدهد، به نحوی از انحاء، به اتباع ایرانی منتقل کنند.
زوجه و اطفال کسی که بر طبق این ماده ترک تابعیّت مینمایند، اعم از اینکه اطفال مزبور صغیر یا کبیر باشند از تبعیّت ایرانی خارج نمیگردند، مگر اینکه اجازهٔ هیئت وزرا شامل آنها هم باشد.
٤ - خدمت تحت سلاح خود را انجام داده باشند.

*ماده ۹۸۹ - هر تبعهٔ ایرانی که بدون رعایت مقررات قانونی **بعد از تاریخ ۱۲۸۰ شمسی** تابعیّت خارجی تحصیل کرده باشد، تابعیّت خارجی او کان‌لم‌یکن بوده و تبعهٔ ایران شناخته میشود ولی در عین حال کلیهٔ اموال غیرمنقولهٔ او با نظارت مدعی‌العموم محل به فروش رسیده و*

*پس از وضع مخارج فروش قیمت آن به او داده خواهد شد و **بعلاوه از اشتغال به وزارت و معاونت وزارت و عضویت مجالس مقننه و انجمنهای ایالتی و ولایتی و بلدی و هر گونه مشاغل دولتی محروم خواهد بود.***

****

مصدق به خوبی از مواد قانونی بالا آگاهی داشته، ولی تا آخرین روز حیات خود از افشای داستان اخذ تابعیّت سویس خودداری کرده بوده است اما شاید از ترس اینکه مبادا این راز رسوائی برانگیز پس از مرگ وی همراه با انتشار اسناد شخصی و خانوادگی‌اش برملا شود و موجبات بدنامی و رسوائی بیشتری را برایش فراهم سازد، به شرحی که پیشتر ذکر شد، در وصیتنامهٔ خود به آن اشاره کرده است.

****

در هر حال، هرگاه روزی بخواهند تنها به حساب دوران نخست‌وزیری آقای **مصدق** رسیدگی کنند، راجع به آنهمه تصویب‌نامه و لوایح که توسط این نخست‌وزیر غیرقانونی و هیئت دولت او تصویب و صادر شده بوده است چه حکمی میتوان صادر نمود؟

کتاب‌هایی از همین پژوهشگر:

۱- پنج ترور تاریخی راه‌گشای صدارت مصدق
۲- اسرار مستند قتل سرتیپ محمود افشارطوس
۳- خاندان آیت‌الله طالقانی و اسرار مرگ او
٤- گفته‌نشده‌ها درباره روح‌الله خمینی
٥- زندگی‌نامه محمد مصدق –
از تولد تا پایان تحصیلات و اخذ تابعیّت سویس
٦- حافظنامه

برای سفارش کتاب‌های بالا به سایت www.Lulu.com و یا دیگر سایت‌های کتاب‌فروشی‌های اینترنتی بروید.

۷- راه رضاشاه بزرگ
۸- راه‌آهن سرتاسری ایران،
رضا شاه بزرگ و محمد مصدق
۹- بلای سلمان رشدی و آیات شیطانی،
بلایی دیگر از سوی خمینی
۱۰- اسرار قتل میرزا علی‌اصغر خان اتابک،
معرفی قاتلان واقعی و آمران و شرکای جنایت
۱۱- شناخت مظفرالدین‌شاه و احمدشاه برپایه‌ی اسناد
۱۲- خاندان (امام) خمینی
۱۳- قرارداد بسیار زیانبخش آرمیتاژسمیت، از مقدمات تا اجراء
۱٤- نویافته‌هایی در ارتباط با محمد مصدق
۱٥- خاندان مستوفیان آشتیانی،
از بالاترین نیا تا محمد مصدق

برای سفارش این کتابها می توانید با آدرس زیر تماس بگیرید:

P.O.Box 866672
PLANO TX. 75086-6672
U.S.A.